피그마
스타터

처음부터
차근차근
배 우 는

Figma

UI UX
디자인

엄은영 지음

아티오
ArtStudio

엄은영

서울과학기술대학교 디자인학박사를 졸업하였으며, 현재 동양미래대학교 웹응용소프트웨어공학과 겸임교수로 재직
중에 있다. 웹디자인, UI / UX 디자인, 웹퍼블리싱 등 다수의 강의 경력을 가지고 있으며, 주요 저서로는 개더타운과
이프렌드에서 메타버스 세상탐험(아이콕스), 왕초보 유튜버 되기(스토리비전), ACA 일러스트레이터CC(성안당) 등
다수가 있다. 컬러리스트 기사, 멀티미디어콘텐츠제작 전문가, 웹디자인 기능사 등 다수의 자격증을 보유하고 있다.

## 피그마 스타터 : 처음부터 차근차근 배우는 UIUX 디자인

2025년 3월  5일 1판 인쇄
2025년 3월 10일 1판 발행

**펴낸이** | 김정철
**펴낸곳** | 아티오
**지은이** | 엄은영
**검 토** | 김수진
**마케팅** | 강원경
**표 지** | 김지영
**편 집** | 이효정
**인 쇄** | 조은피앤피
**전 화** | 031-983-4092~3
**팩 스** | 031-696-5780
**등 록** | 2013년 2월 22일
**정 가** | 27,000원
**주 소** | 경기도 고양시 일산동구 호수로 336 (브라운스톤, 백석동)
**홈페이지** | http://www.atio.co.kr

* 아티오는 Art Studio의 줄임말로 혼을 깃들인 예술적인 감각으로 도서를 만들어 독자에게 최상의
  지식을 전달해 드리고자 하는 마음을 담고 있습니다.

## 디자인 혁신의 시작, 피그마(Figma)!!

피그마는 웹 기반의 강력한 UI/UX 디자인 툴로, 팀원 간의 협업과 실시간 작업이 가능하여 편리한 디자인 환경을 제공합니다. 별도로 설치하지 않아도 웹 브라우저에서 바로 사용할 수 있으며, 디자이너뿐만 아니라 기획자, 개발자 등 다양한 직군이 함께 프로젝트를 진행할 수 있도록 최적화되어 있습니다.

이 책은 피그마를 처음 접하는 사용자부터 실무에서 활용하려는 전문가까지 모두를 위한 실용적인 가이드를 제공합니다. 기본적인 인터페이스 설명부터 실전 예제까지, 단계별 학습을 통해 디자인 역량을 키울 수 있도록 구성되었습니다. 본 교재를 토대로 다양한 디자인 기획 및 응용을 하여 이 분야의 전문가가 되시길 기원합니다.

이제 피그마를 활용하여 효율적인 디자인 작업을 시작해 보세요!

## PART

전체를 7 Part로 나눈 다음, 각 Part 별로 Section 을 나누어 피그마를 순서대로 학습할 수 있도록 배치하였습니다.

## 따라하기 실습

본문 내용들을 하나씩 따라해 가면서 실습하다 보면 자연스럽게 관련 기능을 습득할 수 있도록 하였습니다.

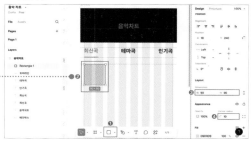

넘버링을 하여 한눈에 작업 순서를 파악하고 보 다 편하게 실습할 수 있습니다.

## Check point

피그마를 좀더 깊게 이해하여 실무에 활용할 수 있도록 저자가 다년간의 강의 경험으로 터득한 다양한 노하우를 담았습니다.

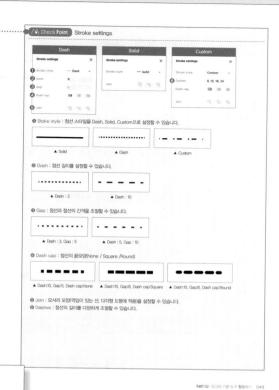

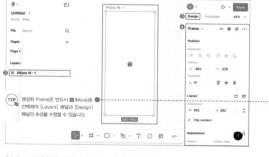

**03** 작업영역에는 iPhone 16-1(393×852)의 Frame 화면이 만들어집니다. [Layers] 패널에서는 Frame 레이어가 보이며, [Design] 패널에서는 Frame의 속성이 나타납니다.

**TIP** 생성된 Frame은 반드시 ▶(Move)로 선택해야 [Layers] 패널과 [Design] 패널의 속성을 수정할 수 있습니다.

## Tip

실습을 따라하는 과정에서 놓치기 쉽거나 알아두면 도움이 되는 내용을 담았습니다.

**04** Frame의 배경색을 변경하기 위해 [Design] 패널의 [Fill]에서 Hex 컬러 코드 입력란에 'FFF500'을 입력하면 다음과 같이 색이 변경됩니다.

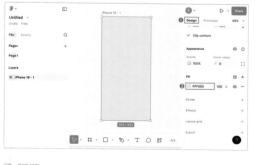

# 피그마(Figma) 시작하기

이번 단원에서는 피그마의 개념과 사용 정책, 가입 방법, 기본화면 및 인터페이스에 대해 알아보고, 사용자가 피그마를 활용하는 데 필요한 사용자 인터페이스(UI: User Interface) 디자인과 디바이스(Device)의 이해, 그래픽을 표현하는 방법에 대해서 살펴봅니다.

# 01 피그마의 개요

피그마는 클라우드 기반의 디자인 프로토타입 제작 프로그램입니다. 사용자 인터페이스(User Interface)와 사용자 경험(User Experience) 분야의 디자이너에게 유용하게 사용되는 도구로 앱 디자인, 웹디자인, 디자인 기획, 랜딩페이지, 카드뉴스 등 다양한 디자인 분야에서 사용됩니다. 피그마는 별도의 설치 없이 웹에서 작업을 할 수 있고 팀원 간 협업이 쉬워서 인기가 높아지고 있습니다.

## ◆ 피그마 사용 정책 알아보기

사용 방식에 따라 3가지 방식(Starter, Professional, Organization)이 제공됩니다. 초보자가 사용하는 Starter 방식은 무료이며 파일 3개, 페이지 3개, 프로젝트 1개를 사용할 수 있습니다. 팀 작업 및 공유 작업을 할 때는 유료인 Professional을 사용하는데, 월별/년별 사용료를 내야 하고 파일, 페이지, 프로젝트 모두 무한으로 사용 가능합니다. 조직 단위로 폭넓게 사용해야 할 때는 Organization을 사용하고 년 단위로 사용료를 냅니다(단, 사용료는 피그마의 정책에 따라 변경될 수 있습니다).

| | Starter | Professional Most popular | Organization |
|---|---|---|---|
| 사용량 한도 | 3개 파일, 제한된 페이지 및 1개 프로젝트 | 무제한 파일 및 프로젝트 | 무제한 파일 및 프로젝트 |
| 버전 기록 | 30일 | ∨ | ∨ |
| 라이브러리 | | 팀 전체 | 조직 전체 |
| 사용자 정의 파일 및 사용자 권한 | | ∨ | ∨ |
| 개발자 모드에 대한 전체 액세스 권한 | | ∨ | ∨ |
| 오디오 대화 | | ∨ | ∨ |
| SSO, 고급 보안 | | | ∨ |
| 디자인 시스템 분석 | | | ∨ |
| 맞춤 템플릿 | | | ∨ |

# 02 | UI 디자인과 디바이스의 이해

## 1. UI 디자인의 이해

UI(User Interface: 사용자 인터페이스)는 사용자와 시스템, 컴퓨터 프로그램 등 사이에서 원활하게 소통할 수 있도록 해주는 물리적, 가상적 매개체를 의미합니다. 예를 들어 아래의 이미지 A에서 'CLICK'을 터치하면 이미지 B의 'Beautiful SPACE' 화면으로 바로 이동합니다. 이는 이미지 C가 컴퓨터 시스템(프로그래밍한 페이지)으로서 사용자의 눈에는 보이지 않지만, 이미지 A에서 이미지 B로 화면이 이동될 수 있도록 시스템이 작동되어 도와줍니다. 이때 이미지 A와 B는 UI가 되고, 눈에 보이지 않는 이미지 C는 컴퓨터 시스템입니다.

▲ 이미지 A      ▲ 이미지 B      ▲ 이미지 C

이처럼, 사용자가 기기를 사용하기 쉽도록 화면의 가독성, 원활한 상호작용성 등이 반영된 인터페이스 디자인을 제작하는 것이 중요합니다. 그러므로, UI 디자이너는 UI 안에서의 항목별 색상 및 크기, 레이아웃 등을 잘 반영하여 디자인 작업을 해야 합니다. UI는 반응형 웹에서도 매우 중요한데, 반응형 웹은 PC, 태블릿, 스마트폰 등 다양한 디바이스 종류에 따라 화면과 구성요소의 크기가 자동으로 조정되어 사용이 쉽습니다.

## 2. 디바이스의 이해

피그마를 활용하여 모바일, 테블릿, PC용의 UI 디자인을 제작하기 위해서는 기기 화면의 기본 크기를 알아야 합니다. 특히, 앱 디자인 작업할 때 디자이너는 기종별로 다른 스마트폰의 화면 작업 크기를 어떻게 정해야 하는지 궁금할 것입니다. 아래의 표는 피그마에서 기본적으로 제공하는 스마트폰 디자인을 기반으로 기종별 크기, 실제 작업 크기(포토샵), 기종별 디스플레이 적용 화면크기를 정리한 것입니다.

| | iPhone 16 iPhone 14 &15 pro | iPhone 16 Pro | iPhone16 Pro Max | iPhone 16 Plus iPhone 14 &15 pro Max | iPhone 13 &14 |
|---|---|---|---|---|---|
| 화면크기 | | | | | |
| 기종별 화면크기 | 393 × 852 | 402 × 874 | 440 × 956 | 430 × 932 | 390 × 844 |
| 실제 작업 크기 (포토샵) | 1179 × 2556 | 1206 × 2622 | 1320 × 2868 | 1290 × 2796 | 1170 × 2532 |
| | 기종별 화면크기에서 @3× (예시 : 430 × 3 =1290) | | | | |
| 기종별 디스플레이 적용 화면 | | | | | |

| | iPhone 14 Plus | iPhone 13 mini | iPhone SE | Android Compact |
|---|---|---|---|---|
| 화면크기 |  |  |  |  |
| 기종별 화면크기 | 428 × 926 | 375 × 812 | 320 × 568 | 412 × 917 |
| 실제 작업 크기 (포토샵) | 1284 × 2778 | 1125 × 2436 | 960 × 1704 | 1236 × 2751 |
| | 기종별 화면 크기에서 × 3 (예시 : 430 × 3 =1290) | | | |
| 기종별 디스플레이 적용 화면 | | | | |

| iOS | 최소 크기 | 375 × 667 @3× (1125 × 2001) |
|---|---|---|
| | 기본 크기 | 375 × 812 @3× (1125 × 2436) |
| Android | 최소 크기 | 360 × 640 @3× (1080 × 1920) |
| | 기본 크기 | 360 × 800 @3× (1080 × 2400) |

iOS 운영체제를 사용하는 iPhone의 경우, iPhone X를 기점으로 모서리가 둥근 디스플레이로 출시 되었습니다. 둥근 모서리 부분은 낭비 공간이 아니라 배터리, 시간, 데이터 표시 등의 상태 바 영역으로 사용되고 있습니다. 따라서, 이 모서리 공간에도 배경이 다 채워지게 제작합니다(단, 상태 바 영역은 텍스트나 일반 다른 아이콘 등 디자인이 적용되지 않는 영역입니다).

▲ iPhone X 이후 출시 기종 모서리가 둥근 디스플레이          ▲ iPhone X 이전 출시 기종

구글 운영체제를 사용하는 Android는 해상도에 따라 dp, px 계산이 다릅니다. Android는 160DPI를 기준으로 해상도는 mdpi(Medium)를 사용하는데, 최신 기기의 해상도가 높기 때문에 480DPI(160DPI×3) 또는 640DPI(160DPI×4)를 사용해야 합니다.

| DPI | 해상도 | 작업 배율 |
| --- | --- | --- |
| 160DPI (안드로이드 기준) | mdpi(Medium) | 1px = 1dp |
| 240DPI (160×1.5) | hdpi(High) | 1.5px = 1dp |
| 320DPI (160×2) | xhdpi(Etra-High) | 2px = 1dp |
| 480DPI (160×3) | xxdpi(Etra-Etra-High) | 3px = 1dp |
| 640DPI (160×4) | xxxdpi(Etra-Etra-Etra-High) | 4px = 1dp |

포토샵에서 UI 제작할 경우에는 기종에 따른 기본 크기를 2~4배의 작업 크기로 제작해야 합니다. 그러나, 피그마에서 작업할 때는 기본 크기로 작업한 후에 Export에서 원하는 크기와 파일의 종류를 선택하여 결과물을 얻을 수 있기 때문에 디자이너는 기본 크기로 작업하면 됩니다.

**TIP** 해상도(Resolution)
해상도란 화면에 표시되는 픽셀의 개수를 말합니다. 즉 1 Inch 안에 들어있는 픽셀의 수가 많을수록 선명도가 증가됩니다. '그림 a'와 '그림 b'를 살펴보면 '그림 a'가 해상도가 높은 것을 확인해 볼 수 있습니다.

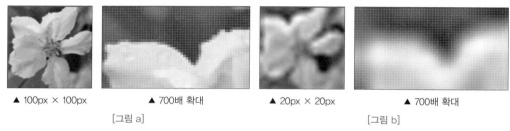

▲ 100px × 100px          ▲ 700배 확대          ▲ 20px × 20px          ▲ 700배 확대

[그림 a]          [그림 b]

# 03 | 그래픽 표현 방식의 **이해**

## 1. 그래픽 디자인 프로그램

디자이너가 가장 많이 쓰는 그래픽 프로그램은 Adobe 사의 Photoshop과 Illustrator이며 두 개의 프로그램에서 작업한 원본 파일은 해당 프로그램이 설치되어 있지 않으면 전자기기로 볼 수 없습니다(단, SVG 파일은 볼 수 있습니다). 따라서, 디자이너는 이 프로그램을 활용하여 제작한 디자인 완성작을 전자기기로 볼 수 있도록 이미지로 변환해야 합니다. 일반적으로 이러한 이미지를 비트맵(Bitmap)이라고 부릅니다. 비트맵 이미지는 색상정보를 담고 있는 사각형의 작은 픽셀(Pixel)들이 모여서 형태를 알아볼 수 있게 만들어진 이미지를 말합니다.

|  | Photoshop | Illustrator |
|---|---|---|
| 아이콘 | Ps | Ai |
| 원본 파일 저장 확장자 | Psd | Ai |
| 비트맵 이미지 저장 확장자 | PNG, JPEG, GIF | PNG, JPEG, GIF |
| 벡터 저장 확장자 | - | SVG |
| 각각의 프로그램에서<br>확대 시 모양 | ● | ● |

Illustrator의 경우 비트맵 이미지로 저장하지 않고, 그대로 작업상태를 확대할 경우는 이미지가 선명하게 보입니다. 반면에 Photoshop에서 작업 중인 상태를 확대할 경우는 이미지의 색상정보를 담고 있는 사각형의 Pixel이 보입니다.

## 2. 그래픽 컬러의 이해

컴퓨터 디자인으로 제작한 결과물은 TV, 모니터, 모바일기기, 키오스크 등의 디스플레이 화면에서 잘 보이도록 제작을 해야 합니다. 이때, 일반적으로 사용되는 컬러 체계는 RGB입니다. RGB는 빛의 삼원색으로 Red, Green, Blue이며, 3개의 기본색이 섞여서 다양한 색상으로 만들어집니다. 반면에 인쇄용으로 사용되는 컬러 체계는 CMYK입니다. CMYK는 물감의 4원색으로 Cyan, Magenta, Yellow, Black 입니다. HEX는 16진수의 의미를 가지며 0~9, A~F까지 16개의 숫자와 로마자를 조합하여 컬러를 생성합니다.

HSL(Hue:색조, Saturation:채도, Lightness:명도)와 HSB(Hue:색조, Saturation:채도, Brightness:밝기)는 3차원 색 공간에서 색을 표현하고, 디스플레이에 적용 가능합니다. 아래의 표는 색체계 종류별로 사용 방법을 정리한 것입니다.

| | RGB | | | 해상도 | | | | CSS | HEX | HSL | HSB |
|---|---|---|---|---|---|---|---|---|---|---|---|
| | | | | | | | | Red, Green, Blue + alpha | RR/GG/BB | | |
| | R | G | B | C | M | Y | K | rgba | HEX | H,S,L | H,S,B |
| R(Red) | 255 | 0 | 0 | 0 | 100 | 100 | 0 | rgba(255,0,0,1) | FF0000 | HSL(0,100,50) | HSB(0,100,100) |
| G(Green) | 0 | 255 | 0 | 100 | 0 | 100 | 0 | rgba(0,255,0,1) | 00FF00 | HSL(120,100,50) | HSB(120,10,100) |
| B(Blue) | 0 | 0 | 255 | 100 | 100 | 0 | 0 | rgba(0,0,255,1) | 0000FF | HSL(240,100,50) | HSB(240,100,100) |
| Y(Yellow) | 255 | 255 | 0 | 0 | 0 | 100 | 0 | rgba(255,255,0,1) | FFFF00 | HSL(60,100,50) | HSB(60,100,100) |
| C(Cyan) | 0 | 255 | 255 | 100 | 0 | 0 | 0 | rgba(0,255,255,1) | 00FFFF | HSL(180,100,50) | HSB(180,100,100) |
| M(Magenta) | 255 | 0 | 255 | 0 | 100 | 0 | 0 | rgba(255,0,255,1) | FF00FF | HSL(300,100,50) | HSB(300,100,100) |
| W(White) | 255 | 255 | 255 | 0 | 0 | 0 | 0 | rgba(255,255,255,1) | FFFFFF | HSL(60,0,100) | HSB(60,0,100) |
| K(Black) | 0 | 0 | 0 | 0 | 0 | 0 | 100 | rgba(0,0,0,1) | 000000 | HSL(240,100,0) | HSB(240,100,0) |
| 단위 | 0 ~ 255 | 0 ~ 255 | 0 ~ 255 | 0 ~ 255 | 0 ~ 255 | 0 ~ 255 | 0 ~ 255 | rgba (0~255,0~255,0~255) | 0~9 A~F | 단위(도, %, %) | 단위( 도, % %) |

1) alpha은 0~1사이의 값을 입력가능하며 투명도를 설정   2) HSL, HSB 그림은 네이버지식백과의 내용을 토대로 재구성

피그마에서 색상 설정은 HEX, RGB, CSS, HBL, HSB 사용하며, ❶은 투명도를 조정하는 영역으로 0~100% 사이의 값을 입력합니다.

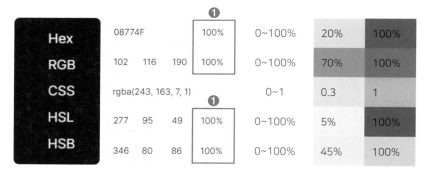

| | | ❶ | | | | |
|---|---|---|---|---|---|---|
| Hex | 08774F | 100% | 0~100% | 20% | 100% | |
| RGB | 102  116  190 | 100% | 0~100% | 70% | 100% | |
| CSS | rgba(243, 163, 7, 1) | | 0~1 | 0.3 | 1 | |
| HSL | 277  95  49 | 100% ❶ | 0~100% | 5% | 100% | |
| HSB | 346  80  86 | 100% | 0~100% | 45% | 100% | |

# 04 | 피그마 시작하기

피그마를 활용하여 UIUX 디자인 프로토타입을 만들기 위해 피그마에 가입하는 방법에 대해 알아봅니다.

**01** 크롬 브라우저를 실행하여 주소 입력창에 "https://figma.com"을 입력합니다. 피그마 사이트에 접속한 후, [Start for free now]를 클릭합니다. 구글의 한글 번역 자동화 기능에 의해 한글로 번역되어 나올 수도 있습니다.

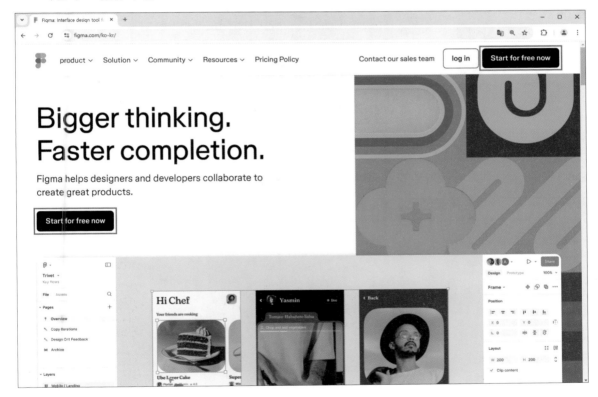

**02** 아래와 같이 로그인 화면이 나타나면 [Continue with your Google Account]를 클릭합니다. 이후 나타나는 화면에서 가입에 따르는 몇 가지 사항을 차례대로 입력합니다.

> **TIP** 구글 계정에 로그인이 되어 있지 않으면 구글 로그인 화면이 나타납니다. 구글 계정이 없으면 구글 계정에 가입한 후 작업을 진행하면 됩니다.

**03** 가입이 완료된 후 새로운 디자인 작업을 하기 위해 [New design file] 메뉴를 클릭합니다.

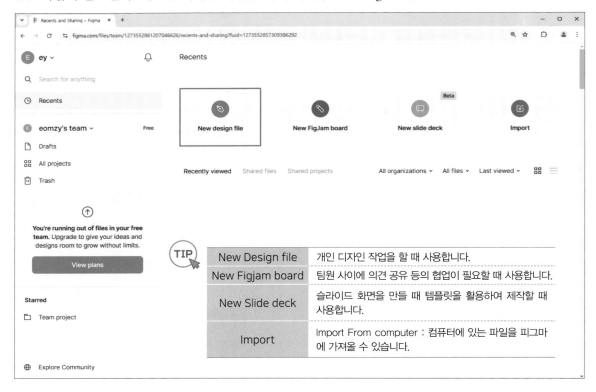

**04** 다음과 같이 피그마의 기본 작업 화면이 열린 것을 확인합니다.

# 05 피그마 인터페이스 살펴보기

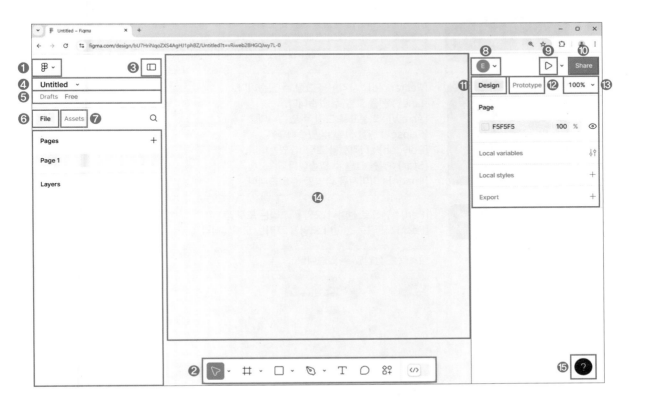

❶ ⧉ 메인 메뉴 [Main Menu] : 아이콘을 클릭하면 File, Edit, View, Object, Text, Arrange, Vector, Plugins, Widgets, Preferences, Library, Get desktop app, Help and account 13개의 메인 메뉴가 나옵니다.

 TIP [Main Menu] 중에서 화살표가 표시된 메뉴는 하위 메뉴가 있음을 나타냅니다.

❷  Tool 바 : 디자인 작업을 할 수 있는 기본 도구입니다.

| | |
|---|---|
| ✓ ▷ Move    V<br>✋ Hand tool    H<br>🔲 Scale    K | [Move] : 개체를 원하는 위치로 이동하는 도구입니다.<br>[Hand tool] : 작업 화면을 이동하는 도구입니다.<br>[Scale] : 프레임의 크기를 비율에 맞춰 키우는 도구입니다. |
| ✓ ⊞ Frame    F<br>▢ Section    Shift+S<br>✎ Slice    S | [Frame] : 디자인 작업할 공간을 만드는 도구로 그림, 텍스트 등을 포함합니다.<br>[Section] : 여러 개의 프레임을 담는 영역으로, 한 번에 이동하기 편합니다.<br>[Slice] : 완성된 작업물에서 원하는 부분만 이미지로 저장할 수 있습니다. |
| ✓ ▢ Rectangle    R<br>/ Line    L<br>↗ Arrow    Shift+L<br>○ Ellipse    O<br>△ Polygon<br>☆ Star<br>🖾 Image...    Ctrl+Shift+K | [Rectangle] : 사각형을 그릴 수 있습니다.<br>[Line] : 선을 그릴 수 있습니다.<br>[Arrow] : 화살표를 그릴 수 있습니다.<br>[Ellipse] : 원을 그릴 수 있습니다.<br>[Polygon] : 다각형을 그릴 수 있습니다.<br>[Star] : 별을 그릴 수 있습니다.<br>[Image] : 이미지를 삽입할 수 있습니다. |
| ✓ ✒ Pen    P<br>✏ Pencil    Shift+P | [Pen] : 펜으로 선이나 모양을 그리는 도구입니다.<br>[Pecil] : 연필로 선이나 모양을 그리는 도구입니다. |
| T 텍스트 도구 | 텍스트를 삽입할 수 있습니다. |
| ▢ 코멘트 도구 | 팀 협업할 때 수정사항 등을 이 도구로 쓰면, 누가 무슨 내용을 썼는지 알 수 있어 확인 가능합니다. 협업한 사람의 정보는 이니셜로 보입니다. |
| 🎛 Actions | Assets, Plugins & widgets을 삽입할 수 있습니다. |
| ‹/› 개발자 도구 | 디자인 작업한 내용을 웹 코딩으로 볼 수 있습니다(유료). |

❸ ▢ **최소화 UI** : 전체 화면에서 레이어 패널과 디자인 패널이 감춰져서 넓은 화면으로 활용할 수 있습니다. 다시 버튼을 클릭하면 감춰졌던 패널들이 보입니다.

❹ **Untitled** ˅ : 파일의 이름을 입력하거나 수정할 수 있습니다.

❺ Drafts Free : 개인이 작업하는 영역으로, 작업이 완성되면 팀 공유가 가능합니다.

**❻ File 패널 :**

페이지, 레이어 등을 관리합니다.

**❼ Assets 패널 :**

라이브러리의 활용이 가능합니다.

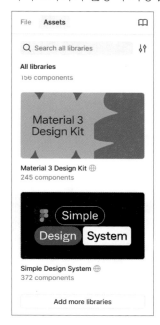

**❽** 🅔ˇ **Multiplayer tools :** 현재 접속한 팀원 또는 작업자의 작업 화면을 볼 수 있도록 합니다.

[Multiplayer tools]–[Spotlight me]의 버튼을 클릭하면, 작업 영역에 파란색 테두리가 생기고, 팀원들과 함께 볼 수 있는 화면으로 전환됩니다.

**TIP** 🅔ˇ Multiplayer tools가 활성화되면 ⚙ˇ Multiplayer tools 주변이 파란색 점선으로 바뀐 것을 확인할 수 있습니다.

**❾ Prototype view :**

[Present] : 프로토타입을 팀원에게 공유하거나, 프레젠테이션을 제작하고 확인할 때 사용됩니다.

[Preview] : 디자인 작업 중 화면의 흐름을 빠르게 확인할 수 있습니다.

❿ Share :

★팀원 간의 협업을 위해 팀원을 초대할 수 있습니다.

(1) 개발 모드 링크 복사
(2) 프로토타입 링크 복사
(3) 커뮤니티에 게시
(4) 임베드 코드 받기

⓫ Design 패널 :

레이어, 프레임, 텍스트 등의 세부 디자인을 설정할 수 있습니다.

⓬ Prototype 패널 :

세부 디자인 안에서 프레임, 개체 간의 인터랙션 등을 설정할 수 있습니다.

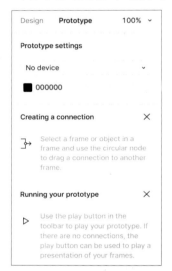

⓭ 100% ﹀ : 작업 화면의 비율을 확대, 축소 설정할 수 있습니다.
⓮ 피그마 프로그램에서의 디자이너 디자인 작업 영역입니다.
⓯ Help and Resource : 디자이너가 작업 중에 궁금한 사항을 해결할 수 있습니다.

PART

# 02

# 피그마 기본 도구
# 활용하기

이번 단원에서는 피그마의 기본 도구인 기본 도형, 텍스트 등의 기본 사용 방법을
익히고, layers 패널과 Design 패널을 활용하여 디자인을 제작하는 기초 방법에 대
해서 살펴봅니다. 그리고 피그마에서 디자인의 일관성을 위해 필요한 색상, 텍스
트, 효과, 그리드 등을 스타일에 등록하는 방법과 디자인시스템 라이브러리를 관리
하는 방법에 대해서 알아봅니다.

# 01 도형 도구를 활용하여 제작하기

피그마의 기본 도형을 활용하여 KIDS CAFE 앱의 시작 화면인 스플래시 스크린을 제작하는 방법에 대해서 알아봅니다.

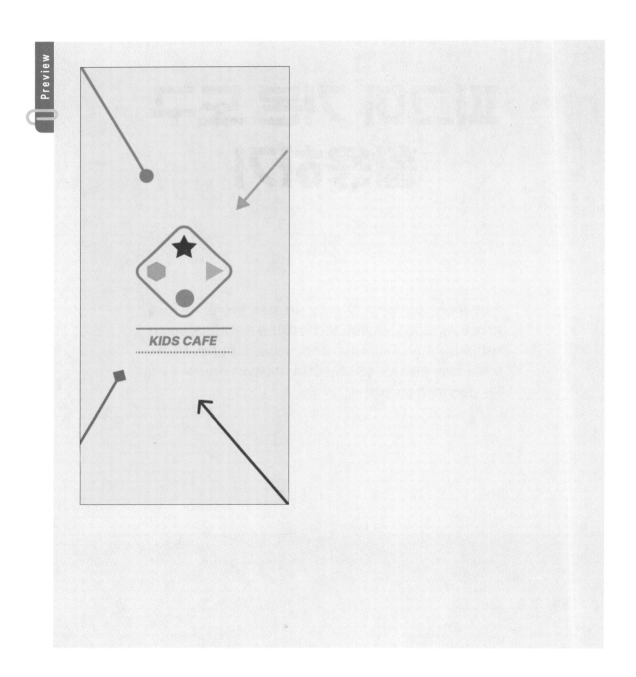

## 1. 작업 영역 만들기

**01** 새로운 디자인을 제작하기 위해, 피그마 시작 화면에서 [New design file]을 클릭합니다.

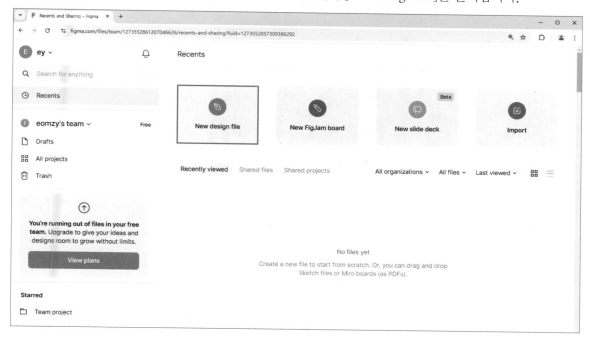

**02** 스플래시 화면의 작업영역을 만들기 위해 ⊞(Frame)을 클릭하고, [Design] 패널의 [Phone] 그룹에서 [iPhone 16(393×852)]을 선택합니다.

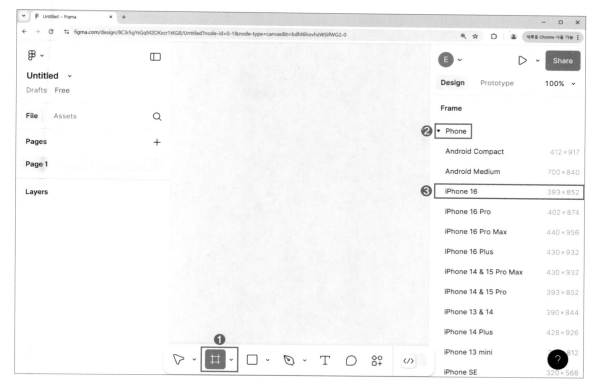

**03** 작업영역에는 iPhone 16–1(393×852)의 Frame 화면이 만들어집니다. [Layers] 패널에서는 Frame 레이어가 보이며, [Design] 패널에서는 Frame의 속성이 나타납니다.

TIP 생성된 Frame은 반드시 ▶(Move)로 선택해야 [Layers] 패널과 [Design] 패널의 속성을 수정할 수 있습니다.

**04** Frame의 배경색을 변경하기 위해 [Design] 패널의 [Fill]에서 Hex 컬러 코드 입력란에 'FFF500'을 입력하면 다음과 같이 색이 변경됩니다.

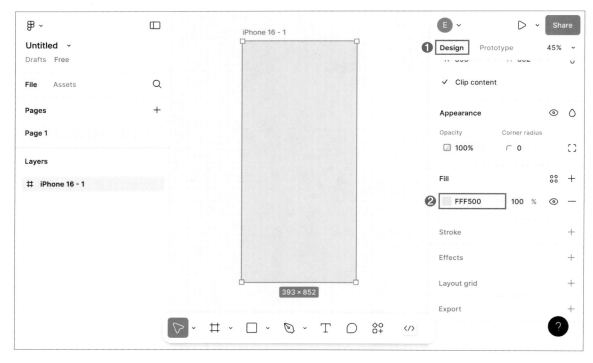

## 2. 사선 만들기

**01** iPhone 16-1 Frame의 스플래시 스크린 배경을 선으로 꾸며 주기 위해 ▢(Shape tools)-[Line]을 클릭합니다.

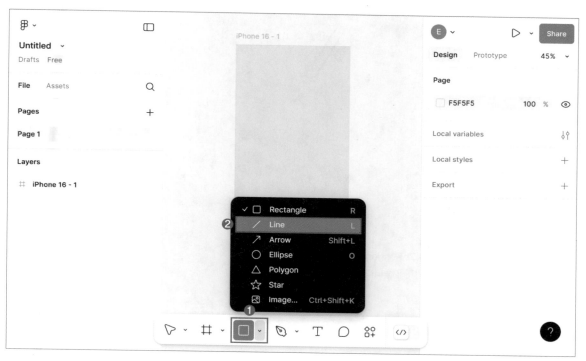

**TIP** Frame을 선택하면 Design 패널에 Frame 속성이 나타납니다.

❶ Position
– Alignment : Frame의 정렬 방식을 설정합니다.
– Position : Frame의 X, Y 좌표 위치를 설정합니다.
– Transform : Frame의 회전 값, 오른쪽으로 90도 회전, 좌우 반전, 상하 반전을
설정합니다.

❷ Layout : Frame을 크기에 맞게 조절하고, 자동 레이아웃을 설정합니다.
– Dimensions : Frame의 Width와 Height 값을 설정합니다.
– Clip content : Frame 영역 밖의 오브젝트를 보이거나 숨길 수 있습니다.

❸ Appearance : Frame을 보이거나 숨기기, 블랜딩 모드를 설정합니다.
– Opacity : 불투명도 값을 설정합니다.
– Corner radius : Frame의 둥근 모서리 값을 설정합니다.

❹ Fill : Frame 영역에 색상을 설정합니다.
❺ Stroke : Frame의 테두리 스타일을 설정합니다.
❻ Effects : Frame에 Drop shadow, Inner shadow 등의 효과를 적용합니다.
❼ Layout grid : 자동으로 선택한 Frame의 그리드를 설정합니다.
❽ Export : Frame을 PNG, JPG, GIF, PDF로 내보낼 수 있습니다.

**02** 다음과 같이 드래그하여 대각선을 삽입합니다. [Design] 패널에서 [Transform]의 Rotation 값을 '−60'으로 설정하고 Position의 X는 '3', Y는 '1'로 설정합니다.

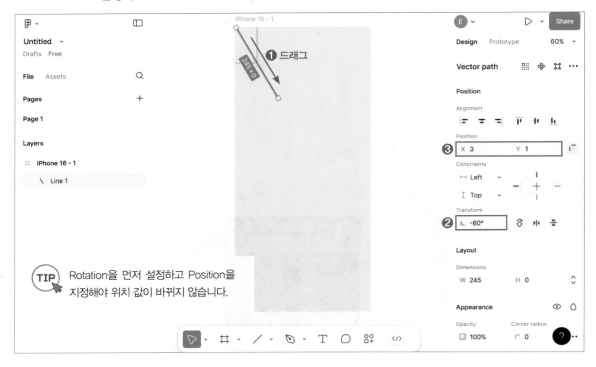

**03** 대각선의 길이를 조절하기 위해 [Layout] 항목에서 Dimensions의 W를 '245'로 설정합니다. [Stroke]의 Color는 '0EA900', Weight를 '5', End point는 'Circle arrow'로 설정하여 대각선의 두께 와 끝 모양을 지정합니다.

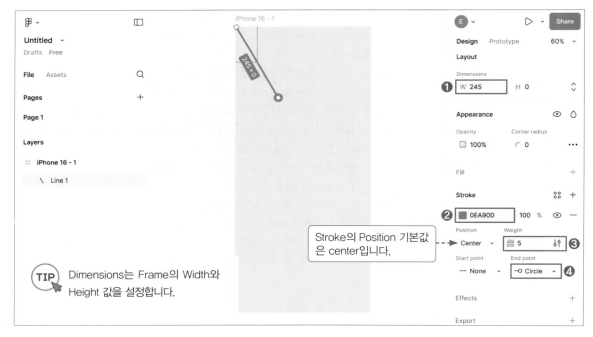

**04** ✏️ (Shape tools)−[Line]을 선택한 후, 다음과 같이 대각선을 그립니다. [Design] 패널에서 [Position]의
Transform의 Rotation은 '130'으로 설정하고, Position의 X는 '393', Y는 '852'로 설정합니다.

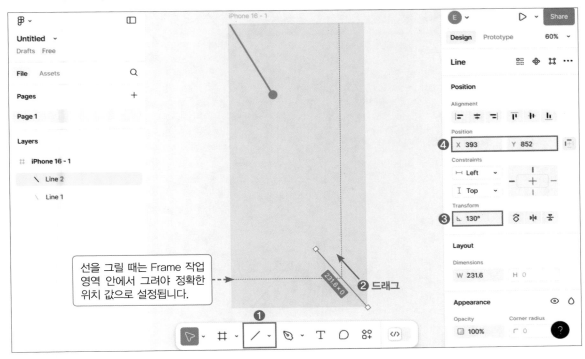

선을 그릴 때는 Frame 작업
영역 안에서 그려야 정확한
위치 값으로 설정됩니다.

**05** 대각선의 길이를 조절하기 위해 [Layout] 항목에서 Dimensions의 W를 '230'으로 설정합니다.
[Stroke]에서 Color는 '6900A9', Weight는 '5', Start point는 'Line arrow'로 설정하여 대각선의 두께
와 시작 모양을 지정합니다.

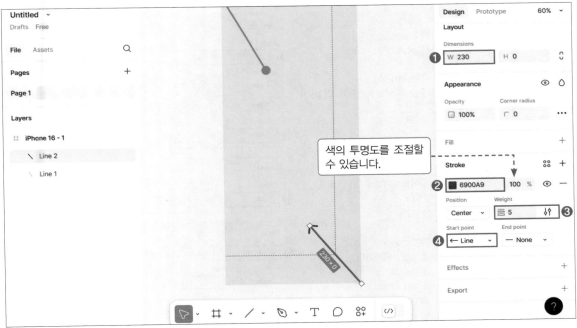

색의 투명도를 조절할
수 있습니다.

**06** 같은 방법으로 다음과 같이 2개의 대각선을 제작합니다. [Design] 패널에서 각 항목 수치 입력란에 항목별로 제시한 값을 입력하여 선 속성을 설정합니다.

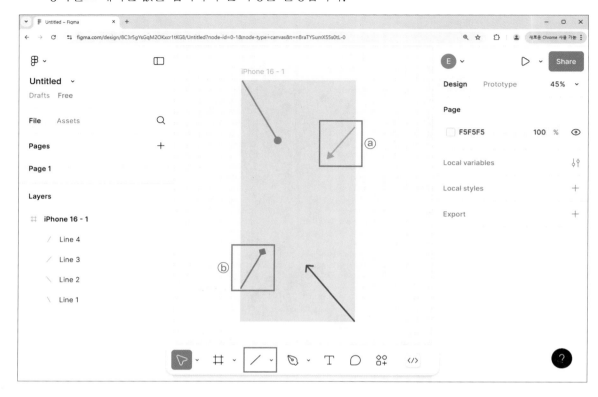

**ⓐ 입력할 수치**

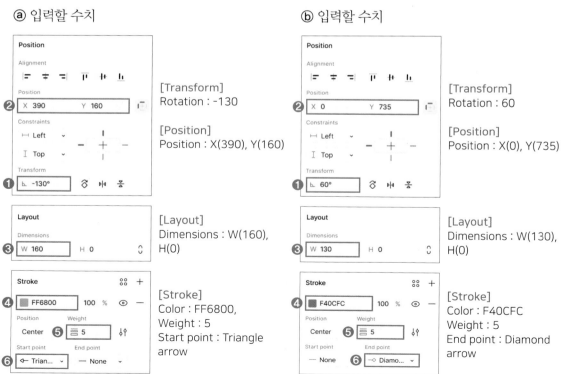

[Transform]
Rotation : -130

[Position]
Position : X(390), Y(160)

[Layout]
Dimensions : W(160), H(0)

[Stroke]
Color : FF6800,
Weight : 5
Start point : Triangle arrow

**ⓑ 입력할 수치**

[Transform]
Rotation : 60

[Position]
Position : X(0), Y(735)

[Layout]
Dimensions : W(130), H(0)

[Stroke]
Color : F40CFC
Weight : 5
End point : Diamond arrow

**07** [Layers] 패널에서 'Line 4' 레이어를 선택하고, Shift 를 누른 상태에서 'Line 1' 레이어를 클릭하여
레이어를 모두 선택합니다. Ctrl + G 를 눌러 하나의 레이어 그룹으로 묶습니다.

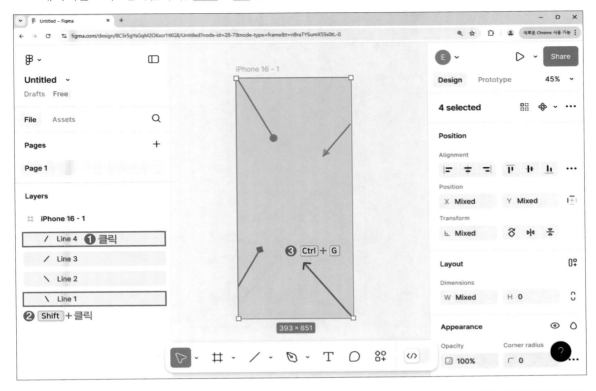

TIP 그룹화( Ctrl + G ) : 레이어를 그룹으로 묶으면 레이어를 더욱 편리하게 관리할 수 있습니다.
그룹 해제( Ctrl + Back Space ) : 그룹을 해제합니다.

**08** 그룹 레이어의 이름을 변경하기 위해 'Group1' 레이어를 더블클릭하여 이름 편집 상태로 만든 다음, 그룹 레이어의 이름을 '라인4개'로 입력하고 빈 여백을 클릭합니다.

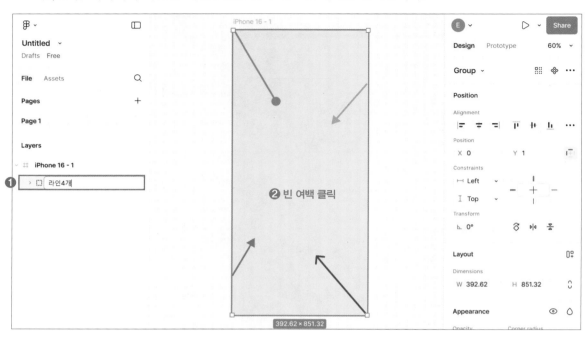

Check Point **Line 도구 속성**

❶ Line Color : 선의 색상

❷ Apply styles and variables : 스타일과 변수 등록

❸ Line Position : 선의 중심 위치(Center, Inside, Outside)

❹ Line Weight : 선의 두께 　　❺ Line Show/Hide : 선 보이기 / 안보이기

❻ Add stroke fill : 선 스타일 추가　❼ Remove : 선 스타일 삭제

❽ 선의 시작점(Start point)　　❾ 선의 끝점(End point)

❿ Advanced stroke setting

　Stroke style : Solid, Dash

　End points : 선의 끝 모양

　Join : 모서리 라인 처리(단, 도형일 때 사용)

## 3. 로고 만들기

**01** 스플래시 스크린에 KIDS CAFE 앱의 로고를 만들기 위해 ✐ (Shape tools)−[Rectangle]를 선택합니다. Frame 가운데에 마우스로 드래그하여 사각형 도형을 만듭니다.

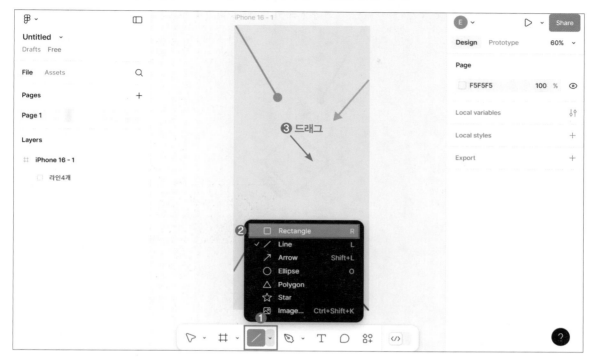

**02** [Design] 패널에서 [Transform]의 Rotation은 '45', [Dimensions]의 W는 '140', H는 '140'으로 설정합니다. [Position]의 X는 '97', Y는 '400'으로 설정합니다.

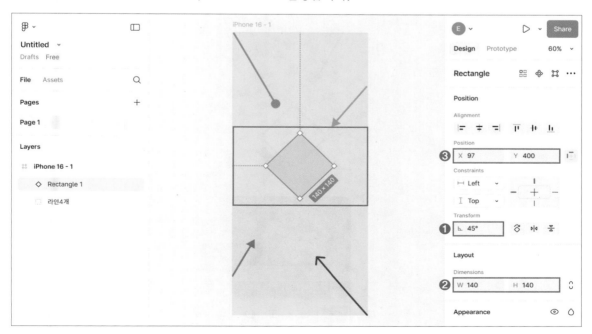

**03** [Appearance]의 Corner radius를 '20'으로 설정하고, [Fill]의 [Remove]를 클릭하여 Color를 제거합니다. [Stroke]의 [Add stroke fill]을 클릭한 다음, Color는 '0EA900'으로, Weight는 '5'로 설정하여 도형의 스타일을 지정합니다.

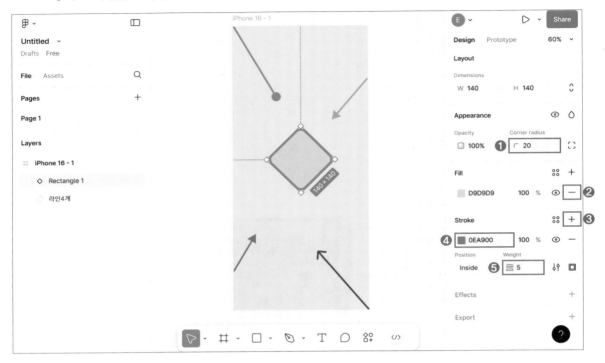

**04** 마름모 도형 위에 별 도형을 제작하기 위해 ▢(Shape tools)-[Star]를 클릭합니다.

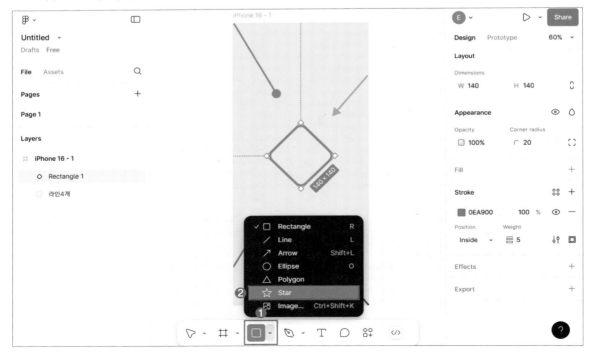

**05** 마름모 도형 위에 드래그하여 별 모양을 제작합니다. [Design] 패널의 [Layout]에서 [Dimensions]의 W와 H를 각각 '40'으로 설정하고, [Position]의 X는 '176', Y는 '330'으로 설정합니다.

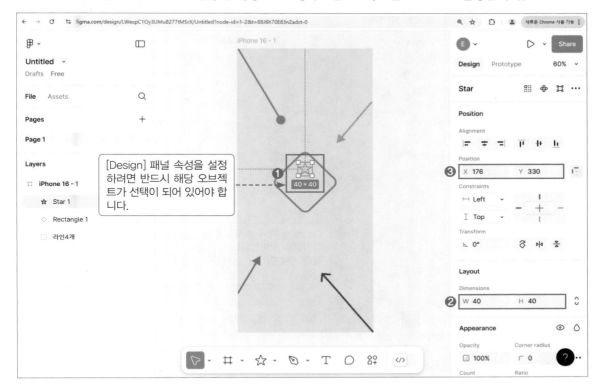

**06** [Appearance]의 Ratio 값은 '50%'로 설정하고, [Fill]에서 Color는 '6900A9'로 지정합니다.

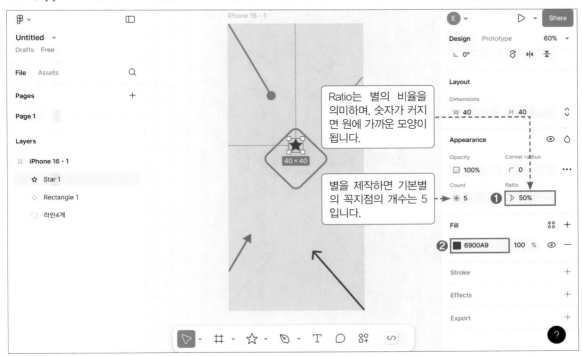

**07** ☆(Shape tools)−[Polygon]을 선택하여 다음과 같이 삼각형 도형을 제작합니다. [Design] 패널에서 [Dimensions]의 W와 H값을 각각 '50'으로, Rotation은 '−90', [Position]의 X는 '271' Y는 '371', Color는 'A2DC00'로 설정합니다.

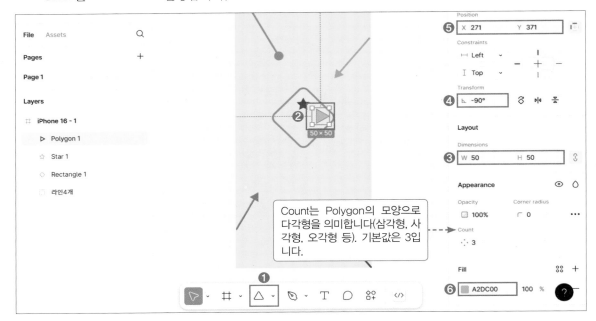

**08** 삼각형을 하나 더 제작한 다음, [Design] 패널에서 [Dimensions]의 W와 H를 각각 '40'으로, [Count]는 '6'으로, [Position]의 X는 '125', Y는 '380'으로, [Fill]의 Color는 'FF6800'으로 설정하여 육각형 도구로 변형합니다.

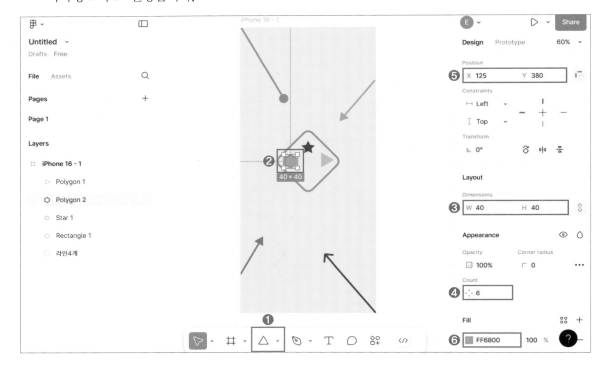

**09** △ (Shape tools)-[Ellipse]을 선택하여 다음과 같이 원 도형을 제작합니다. [Design] 패널에서 [Dimensions]의 W와 H값을 각각 '35'로, [Position]의 X는 '180' Y는 '435', [Fill]의 Color는 'FC50CC'로 설정합니다.

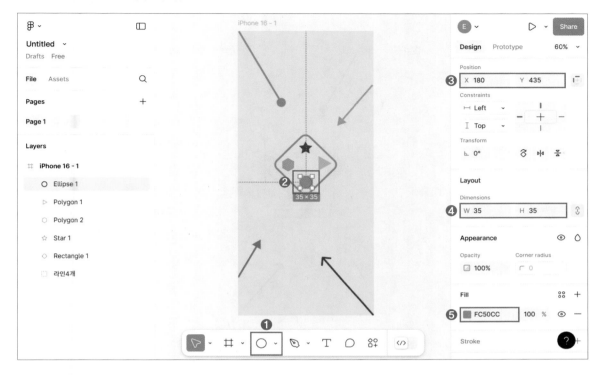

**10** [Layers] 패널에서 'Ellipse 1' 레이어를 클릭한 다음, Shift 를 누른 상태에서 'Rectangle 1' 레이어를 클릭하여 레이어를 모두 선택하고, Ctrl + G 를 눌러 그룹화합니다.

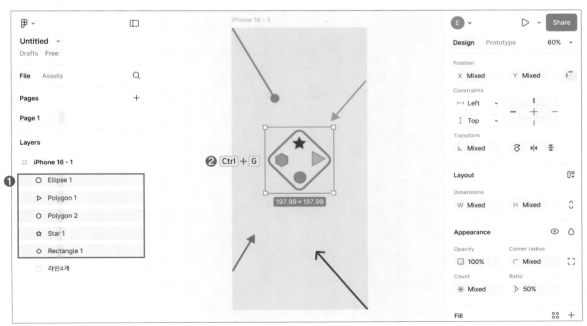

**11** 그룹 레이어의 이름을 변경하기 위해 'Group1' 더블클릭한 다음, 그룹 레이어의 이름을 '도형모음'으로 변경하고 임의의 곳을 클릭합니다.

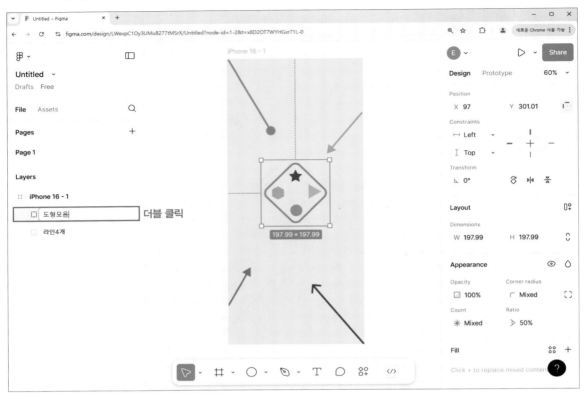

## 4. 라인 만들기

**01** 로고 아래에 선을 제작하여 배치하기 위해 ◯(Shape tools)−[Line]을 선택합니다.

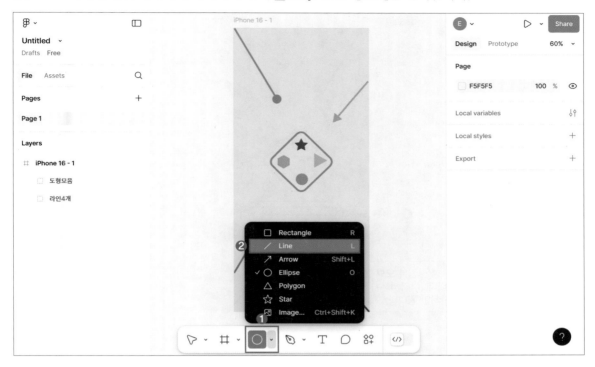

**02** 다음과 같이 가로선을 드래그하여 삽입합니다. [Design] 패널에서 [Dimensions]의 W는 '190', [Stroke]에서 Color는 '0EA900', Weight는 '3'으로, [Position]의 X는 '101', Y는 '520'으로 설정합니다.

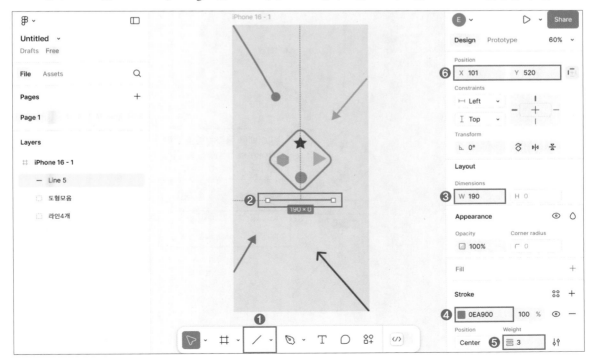

**03** 제작된 가로선을 [Alt] + 드래그하여 아래로 복사합니다. [Design] 패널에서 [Position]의 X는 '101', Y는 '560'으로 설정합니다.

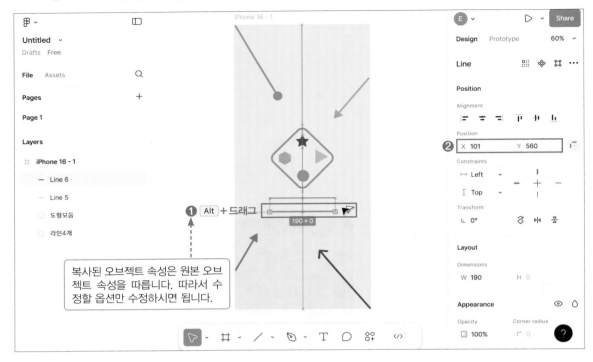

복사된 오브젝트 속성은 원본 오브젝트 속성을 따릅니다. 따라서 수정할 옵션만 수정하시면 됩니다.

**04** 복사한 선의 속성을 설정하기 위해 [Stroke]에서 ⁙ (Advanced stroke settings)를 클릭합니다. [Stroke settings] 창이 나타나면 Stroke style은 'Dash', Dash 값은 '3'으로 설정하고, ⊠ (닫기)를 클릭합니다.

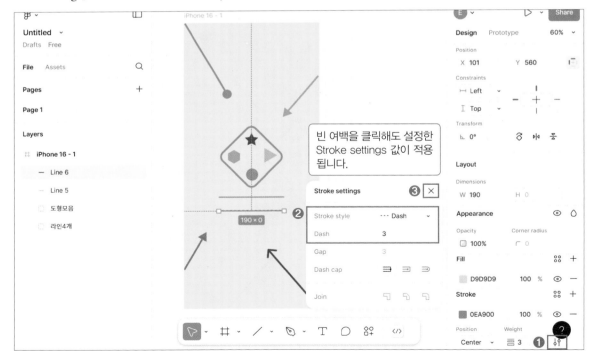

빈 여백을 클릭해도 설정한 Stroke settings 값이 적용됩니다.

**⟨↖ Check Point⟩ Stroke settings**

| Dash | Solid | Custom |
|---|---|---|

❶ Stoke style : 점선 스타일을 Dash, Solid, Custom으로 설정할 수 있습니다.

▲ Solid  ▲ Dash  ▲ Custom

❷ Dash : 점선 길이를 설정할 수 있습니다.

▲ Dash : 3  ▲ Dash : 10

❸ Gap : 점선과 점선의 간격을 조절할 수 있습니다.

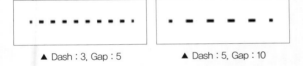

▲ Dash : 3, Gap : 5  ▲ Dash : 5, Gap : 10

❹ Dash cap : 점선의 끝모양(None / Square /Round)

▲ Dash:10, Gap:5, Dash cap:None  ▲ Dash:10, Gap:8, Dash cap:Square  ▲ Dash:10, Gap:8, Dash cap:Round

❺ Join : 모서리 모양(꺾임이 있는 선, 다각형 도형에 적용)을 설정할 수 있습니다.
❻ Dashes : 점선의 길이를 다양하게 조절할 수 있습니다.

## 5. 텍스트 입력하기

**01** [T](Text)를 클릭한 다음, 텍스트가 입력할 위치를 클릭합니다. 텍스트 입력 영역이 생기고, [Layers] 패널에서는 Text 레이어가 추가됩니다.

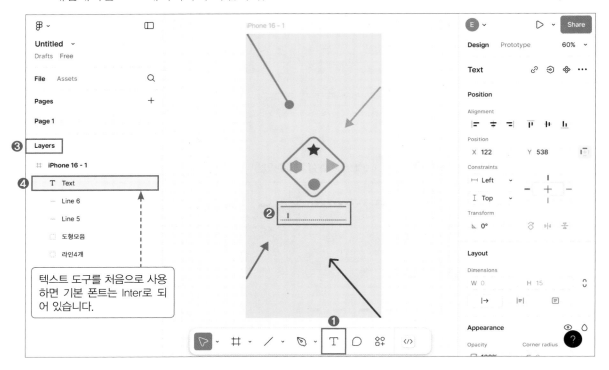

**02** 다음과 같이 'KIDS CAFE'를 입력하고 빈 여백을 클릭합니다. [Design] 패널에서 [Typography]의 스타일은 'Extra Bold Italic', 텍스트 크기는 '24', [Fill]에서 Color는 '0EA900'로 설정합니다.

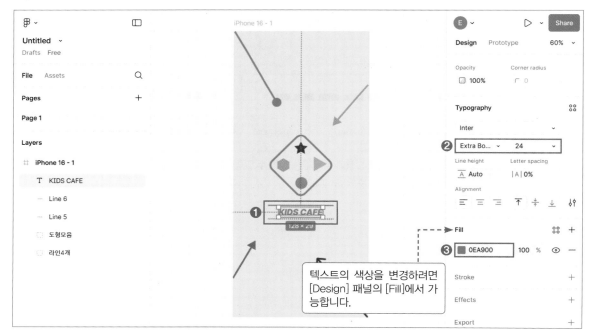

**03** [Layers] 패널에서 'Line 5', 'Line 6', 'KIDS CAFE'를 선택합니다. 선택된 레이어에 대해 Ctrl + G 를 눌러 그룹으로 묶은 다음, 그룹 이름을 '앱이름'으로 변경합니다.

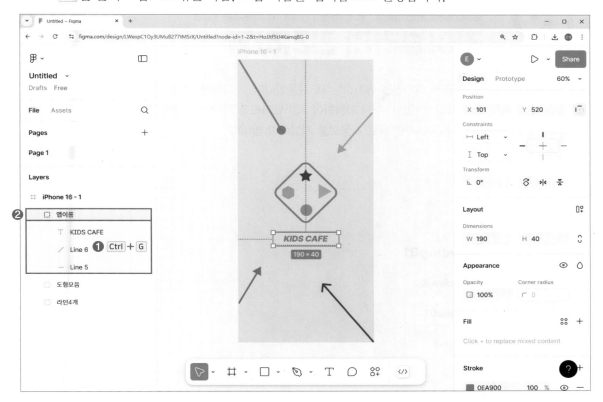

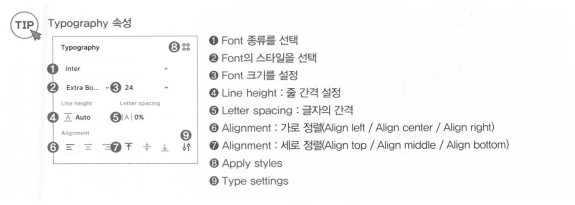

**TIP** Typography 속성

❶ Font 종류를 선택
❷ Font의 스타일을 선택
❸ Font 크기를 설정
❹ Line height : 줄 간격 설정
❺ Letter spacing : 글자의 간격
❻ Alignment : 가로 정렬(Align left / Align center / Align right)
❼ Alignment : 세로 정렬(Align top / Align middle / Align bottom)
❽ Apply styles
❾ Type settings

# 02 스타일과 디자인 시스템 라이브러리 관리하기

피그마에서 스타일은 일관된 디자인을 유지하는 데 사용됩니다. 스타일은 색상, 텍스트, 효과, 그리드 등을 지정한 후 필요할 때 적용할 수 있고, 수정 가능하여 라이브러리로 저장하면 다른 파일에서도 적용할 수 있습니다(단, 라이브러리로 등록하려면 유료 사용료를 지불해야 합니다).

Preview

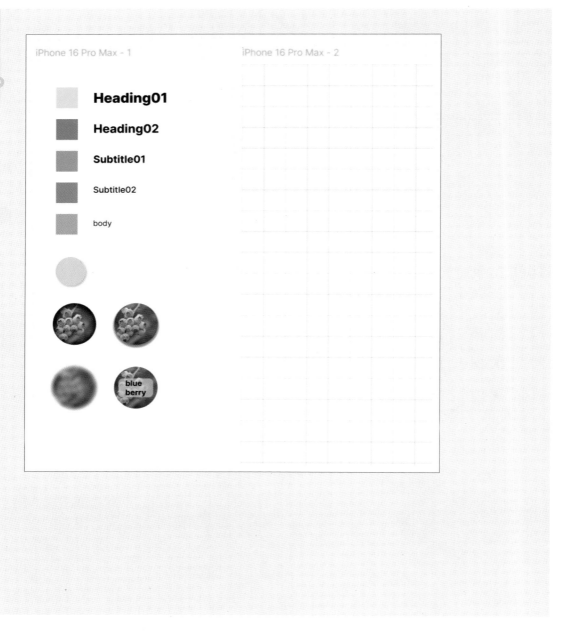

## 1. 작업 영역 만들기

**01** 새로운 작업을 제작하기 위해, 시작 화면에서 [New design file]을 클릭합니다.

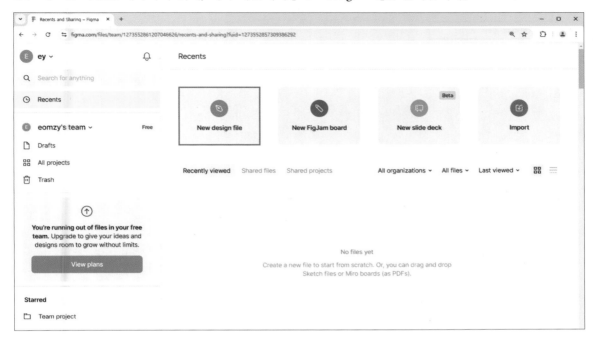

**02** 스타일을 활용하여 항목을 제작하기 위해, ⊞(Frame)을 클릭하고, [Design] 패널의 [Phone]에서 'iPhone 16 Pro Max(440×956)'을 선택합니다.

**03** 디자인 작업 파일명을 더블클릭하여 디자인 작업 파일명을 '스타일_라이브러리 등록'으로 변경합니다.

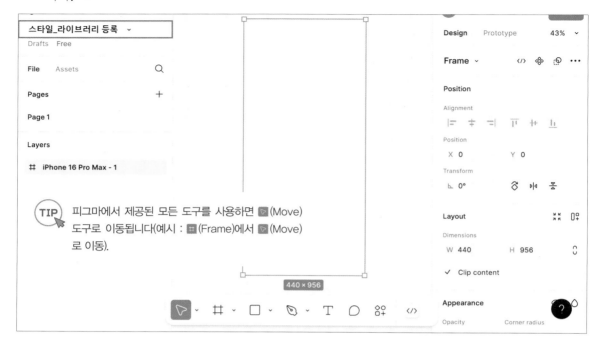

## 2. 색상을 스타일에 등록하기

**01** ☐(Shape tools)−[Rectangle]를 클릭한 다음, 원하는 위치에 사각형을 제작한 후 [Design] 패널의 [Fill] Color는 'F1F508' 색상으로 지정합니다.

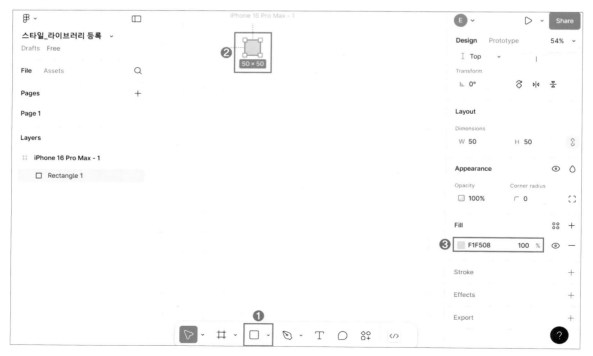

**02** 제작한 사각형 도형 Alt 를 누른 상태로 드래그하여 4개 더 복사합니다. [Design] 패널의 [Fill] Color는 '528EDA', '8EBA73', 'E16CD6', 'EC9557'로 사각형 도형 색상을 차례로 변경합니다.

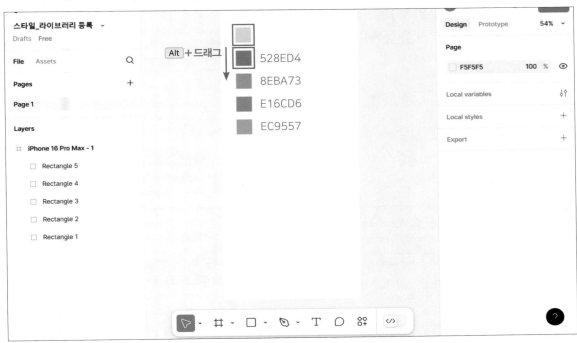

**03** 색상 스타일을 등록하기 위해 첫 번째 도형을 선택하고, [Fill]에서 ⊞(Apply styles and variables)를 클릭합니다.

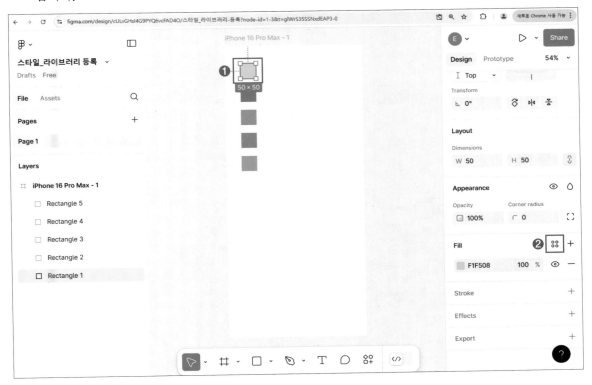

**04** [Libraries] 창이 나타나면 '+'를 클릭하여 [Style] 등록 창을 엽니다. [Style] 창의 Name에는 'yellow'를 입력한 후, [Create style]을 클릭하여 스타일을 등록합니다.

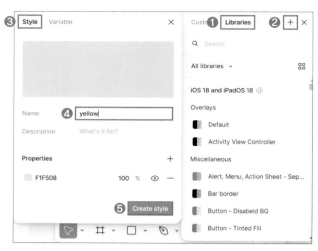

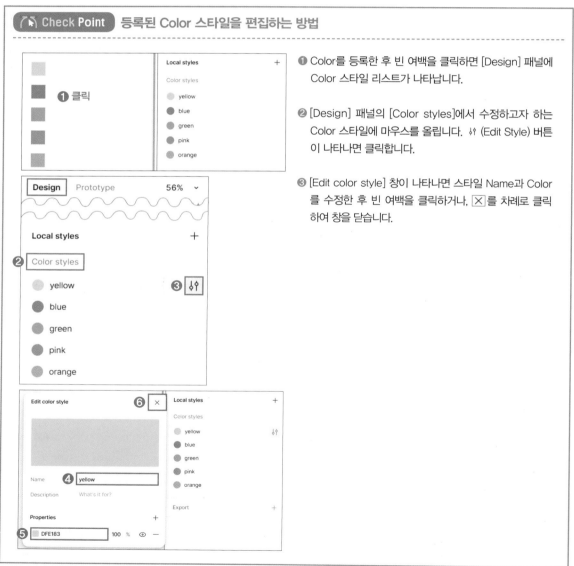

**Check Point** 등록된 Color 스타일을 편집하는 방법

❶ Color를 등록한 후 빈 여백을 클릭하면 [Design] 패널에 Color 스타일 리스트가 나타납니다.

❷ [Design] 패널의 [Color styles]에서 수정하고자 하는 Color 스타일에 마우스를 올립니다. ⇅ (Edit Style) 버튼이 나타나면 클릭합니다.

❸ [Edit color style] 창이 나타나면 스타일 Name과 Color를 수정한 후 빈 여백을 클릭하거나, ☒를 차례로 클릭하여 창을 닫습니다.

**05** Color가 적용된 4개의 버튼을 각각 선택하여 스타일에 등록합니다. Color 스타일의 이름은 blue, green, pink, orange로 설정합니다.

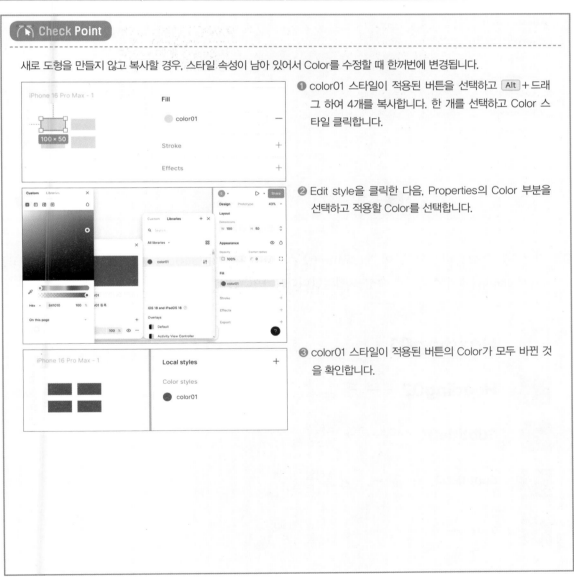

## 3. 텍스트 서식을 스타일에 등록하기

**01** ⊤(Text) 도구로 'Heading01'을 입력하고, [Typography]에서 스타일은 'Extrabold', 텍스트 크기는 '32'로 설정합니다.

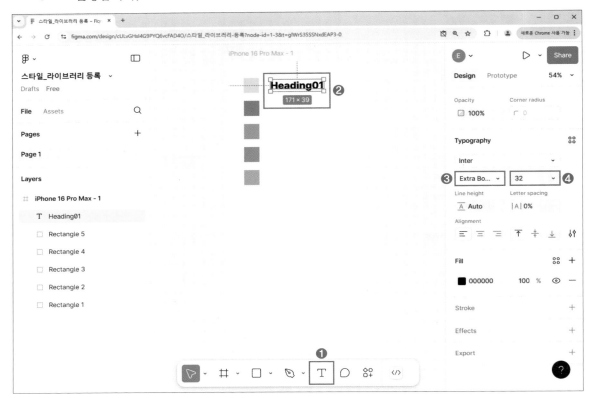

**02** 같은 방법으로 다음과 같이 'Heading02', 'Subtitle01', 'Subtitle02', 'body'를 입력하고, [Typography]에서 스타일과 속성을 설정합니다.

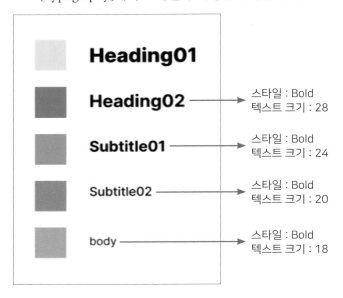

스타일 : Bold
텍스트 크기 : 28

스타일 : Bold
텍스트 크기 : 24

스타일 : Bold
텍스트 크기 : 20

스타일 : Bold
텍스트 크기 : 18

**03** 'Heading01' 텍스트를 선택합니다. [Typography]의 ⊞(Apply styles)를 클릭한 다음, ⊞(Create style)를 클릭합니다.

**04** [Create new text style] 창이 나타나면 Name란에 'Heading01'를 입력하고, [Create style]을 클릭합니다.

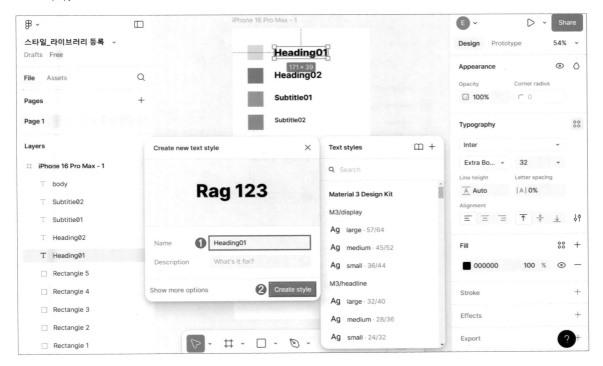

**05** 같은 방법으로 'Heading02', 'Subtitle01', 'Subtitle02', 'body'를 순서대로 Typography styles에 등록하고, 작업영역 빈 곳을 클릭하면 등록된 텍스트 스타일을 확인할 수 있습니다.

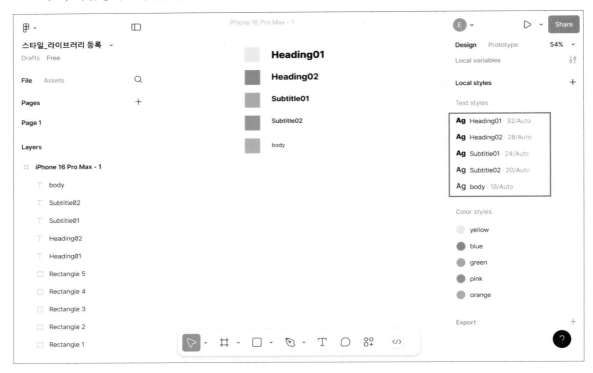

Check Point 텍스트 스타일 수정하기

수정할 스타일에 마우스 포인터를 위치시킨 후, ⬦ (Edit style)를 클릭하여 텍스트 서식을 수정할 수 있습니다.

## 4. Effect를 스타일에 등록하기

**01** [Ellipse] Tool로 다음과 같이 원 도형을 제작하여 크기(W:68, H:68)와 색상(A1F3F3)을 설정한 후,
[Effects] 항목의 ⊞(Add effects)를 클릭합니다.

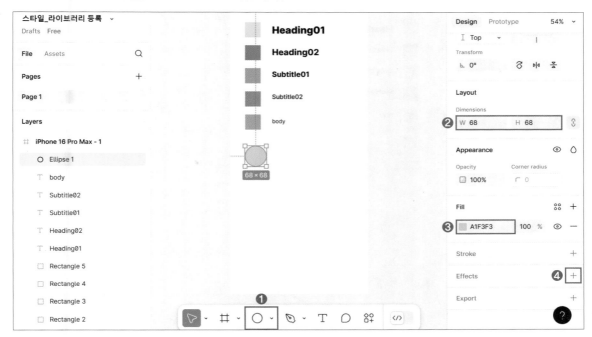

**02** ☐(Effect settings)을 클릭하여 [Drop shadow] 창에서 Position에 X와 Y값을 각각 '3', Blur는 '7',
Spread는 '1'로 설정하고 ☒(닫기)를 클릭합니다.

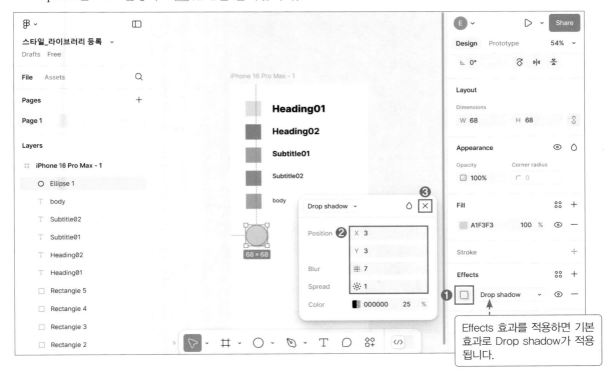

Effects 효과를 적용하면 기본 효과로 Drop shadow가 적용됩니다.

**03** Drop shadow를 스타일에 등록하기 위해 [Effects]의 ⌗(Apply styles) 클릭합니다. [Effect styles] 창이 나타나면 +(Create style)을 클릭합니다.

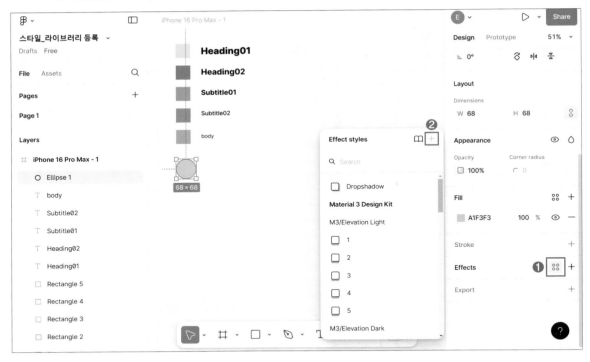

**04** [Create new effect style] 창이 나타나면 Name에 'Dropshadow'를 입력하고, [Create style] 버튼을 클릭합니다.

**05** 작업 화면의 임의의 곳을 클릭한 후, [Design] 패널의 [Effect styles] 속성에 Dropshadow 스타일이
등록된 것을 확인합니다.

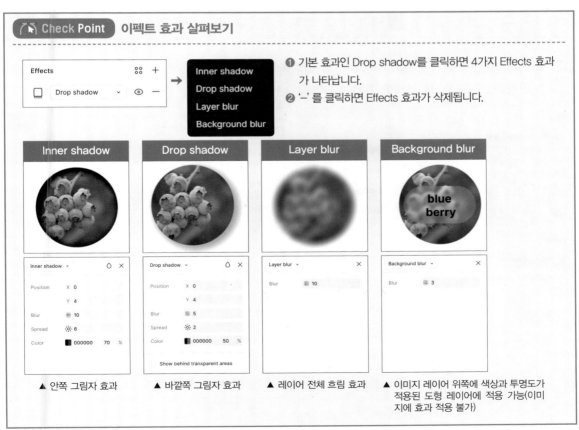

Check Point 이펙트 효과 살펴보기

❶ 기본 효과인 Drop shadow를 클릭하면 4가지 Effects 효과
가 나타납니다.
❷ '–' 를 클릭하면 Effects 효과가 삭제됩니다.

▲ 안쪽 그림자 효과

▲ 바깥쪽 그림자 효과

▲ 레이어 전체 흐림 효과

▲ 이미지 레이어 위쪽에 색상과 투명도가
적용된 도형 레이어에 적용 가능(이미
지에 효과 적용 불가)

## 5. Grid를 스타일에 등록하기

**01** ▦ (Frame)을 클릭하여 [Design] 패널의 [Phone]에서 'iPhone 16 Pro Max(440×956)'를 클릭하여
Frame 영역을 만들고, [Layout grid] 항목의 ⊞ 를 클릭합니다.

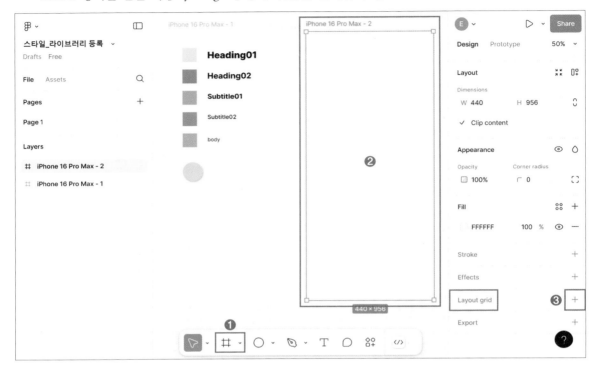

**02** [Layout grid]에서 ▦ (Layout grid settings)을 클릭하고, [Grid] 설정 창이 나타나면 Size 입력란에 '50'
을 입력하고 ✕ (닫기)를 클릭합니다.

**03** [Layout grid]에서 ⊞(Apply styles) 클릭하고, [Grid styles] 창에서 ⊞(Create style)을 클릭합니다. [Create new grid style] 창이 나타나면 Name란에 'Grid 50px'를 입력하고, [Create style]을 클릭합니다.

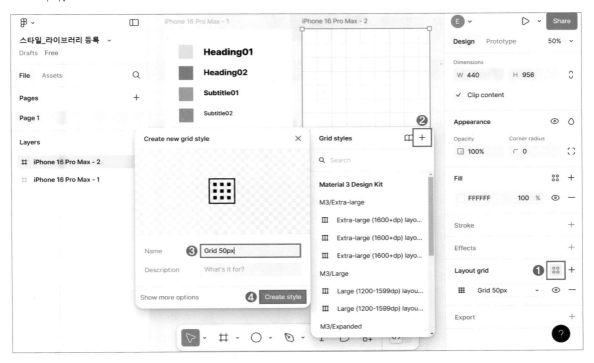

**04** 작업 화면의 임의의 곳을 클릭하여 [Design] 패널의 [Grid styles] 속성에 Grid 50px 스타일이 등록된 것을 확인합니다.

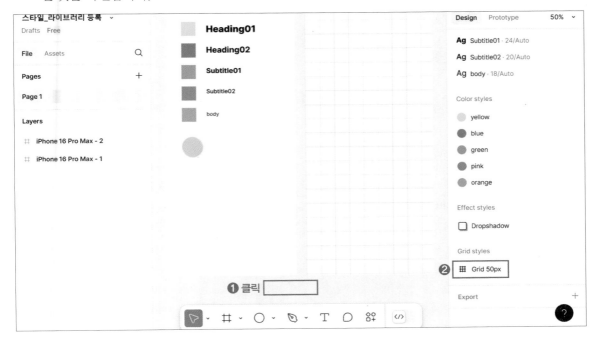

그리드 설정 살펴보기

❶ 그리드의 열과 행으로 만들어지는 격자
❷ 그리드의 열의 개수
❸ 그리드의 행의 개수

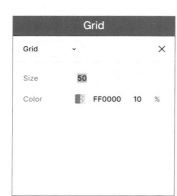

| Grid | | |
|---|---|---|
| Grid ⌄ | | × |
| Size | **50** | |
| Color | ▦ FF0000 | 10 % |

| Columns | | |
|---|---|---|
| Columns ⌄ | | × |
| Count | **5** | ⌄ |
| Color | ▦ FF0000 | 10 % |
| Type | Stretch | ⌄ |
| Width | Auto | |
| Margin | 0 | |
| Gutter | 20 | |

| Rows | | |
|---|---|---|
| Rows ⌄ | | × |
| Count | 5 | ⌄ |
| Color | ▦ FF0000 | 10 % |
| Type | Stretch | ⌄ |
| Height | Auto | |
| Margin | 0 | |
| Gutter | 20 | |

↓ ↓ ↓

▲ Size : Grid 격자의 크기

▲ Count : Column의 개수
　Margin : 좌우여백 크기
　Gutter : Column 사이 여백 크기

▲ Count : Row의 개수
　Margin : 상하 여백 크기
　Gutter : Row 사이 여백 크기

# 피그마로
# 실무 디자인 시작하기

이번 단원에서는 반응형 디자인 제작에 편리하게 사용할 수 있는 핵심 기능인 Constraints, Alignment를 사용하여 음악차트 앱과 랜딩 페이지를 제작하는 방법에 대해서 살펴봅니다. Constraints는 오브젝트가 Parents의 크기와 위치(고정 위치, 비율 자동변경 등)에 따라 반응이 달라지는 기능입니다. 또한 Alignment는 오브젝트를 선택한 프레임과 작업영역에서 정렬하는 기능으로, 정확하고 일관되게 배치하는 방법입니다.

# 01 음악 스트리밍 앱 화면 제작하기

디자인의 효율성을 위한 핵심 기능인 Constraints, Align을 활용하여 음액 앱 화면을 제작하는 방법에 대해서 알아봅니다.

음악차트

| 최신곡 | 테마곡 | 인기곡 |
|---|---|---|

I Love all day
David

Happy Music
Anna

Festival
Jenny

Green Music
Emma

Mozzart Classic

## 1. 헤더 만들기

**01** ⊞ (Frame)을 클릭한 다음. [Design] 패널의 [Phone]에서 'iPhone 16 Pro(402×874)'를 선택합니다. 작업 파일명과 Frame 레이어의 이름을 '음악차트'로 변경합니다.

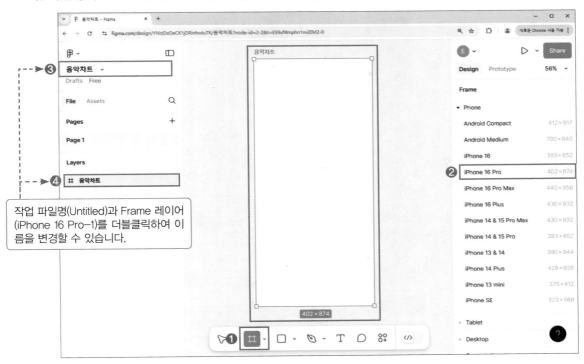

작업 파일명(Untitled)과 Frame 레이어 (iPhone 16 Pro–1)를 더블클릭하여 이름을 변경할 수 있습니다.

**02** [Design] 패널의 스크롤 바를 아래로 드래그 한 다음, [Layout grid]에서 ⊞ (Add layout grid)를 클릭하여 Layout grid를 화면에 표시합니다.

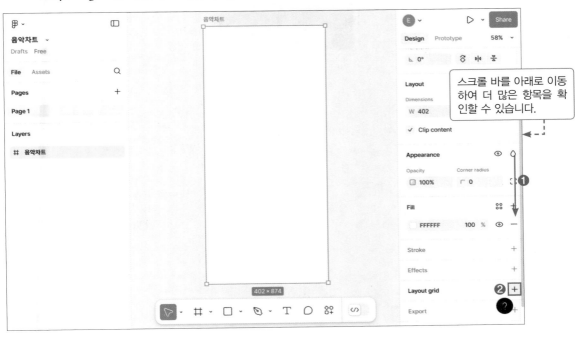

스크롤 바를 아래로 이동하여 더 많은 항목을 확인할 수 있습니다.

**03** ⊞ (Layout grid settings)을 클릭하여 [Grid 설정] 창이 나타나면 'Columns'로 변경하고, Count는 '8', Margin과 Gutter에 '16'을 입력한 후 ⊠(닫기)를 클릭합니다.

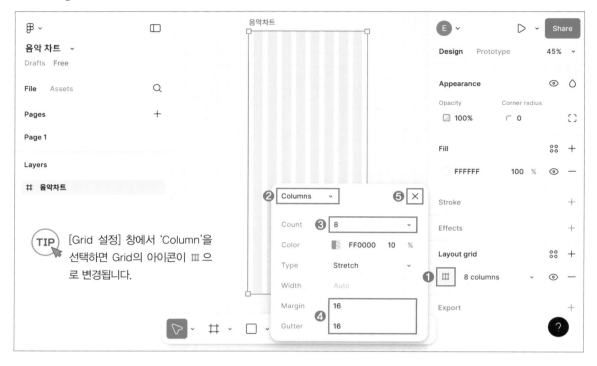

**04** ▢ (Rectnagle) 도구를 선택한 다음, 프레임 상단에 다음과 같이 사각형을 제작합니다. [Design] 패널의 [Layout]에서 W는 '402', H는 '148', [Fill]에서 Color는 '05123E'로 설정합니다.

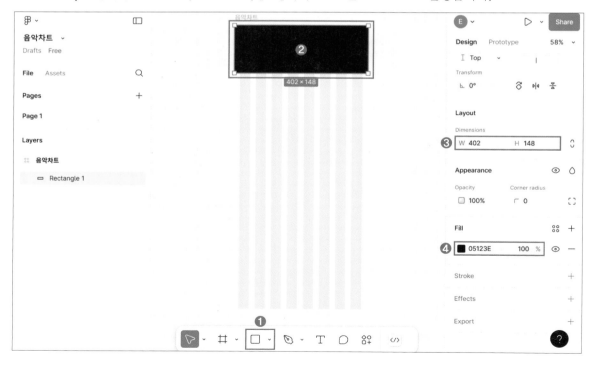

**05** [Layers] 패널에서 사각형 레이어의 이름을 '헤더박스'로 설정합니다.

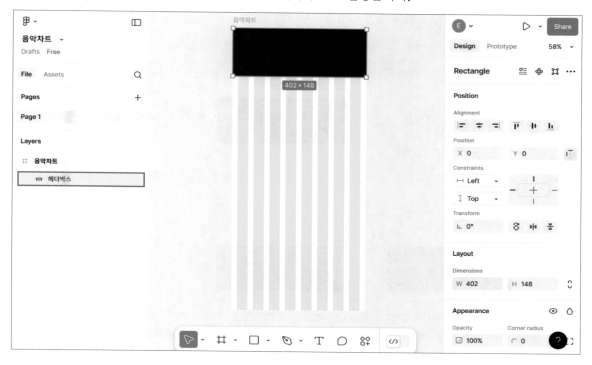

**06** 작업 화면에서 헤더박스를 선택하고, [Design] 패널의 [Position]에서 [Constraints]의 Horizontal constraints는 'Scale'을 선택합니다.

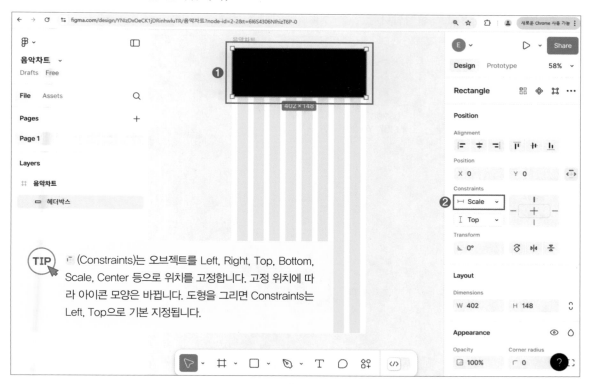

> **TIP** ⌐ (Constraints)는 오브젝트를 Left, Right, Top, Bottom, Scale, Center 등으로 위치를 고정합니다. 고정 위치에 따라 아이콘 모양은 바뀝니다. 도형을 그리면 Constraints는 Left, Top으로 기본 지정됩니다.

**07** 헤더박스 위에 입력할 제목의 위치를 맞추기 위해 [Shift] + [R]을 눌러 Ruler를 활성화합니다. Ruler 위에서 마우스를 드래그하여 수평 '88' 위치에 맞춥니다.

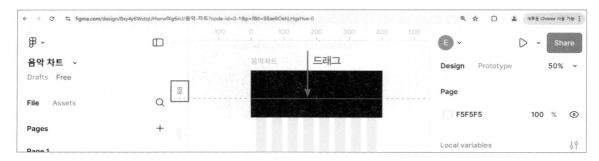

TIP **가이드라인 선택 방법**

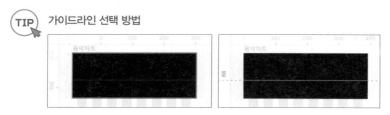

가이드라인이 정확한 위치로 맞춰지지 않을 때는 빨간색 가이드라인을 선택하면 파란색으로 선의 색상이 변경됩니다. 이때 키보드의 방향키로 라인을 조정하여 맞춥니다. 가이드라인은 세밀한 작업을 할 때 유용합니다.

**08** (Text) 도구로 다음과 같이 '음악차트'를 입력합니다. [Design] 패널의 [Constraints]에서 Horizontal constraints는 'Scale', [Typography]에서 스타일은 'Bold', 텍스트 크기는 '24', [Fill]에서 Color는 'FF0088'으로 설정합니다.

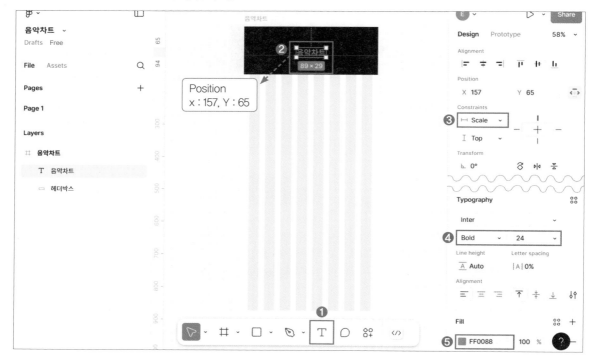

**Check Point** Constraints 고정 방향별 옵션

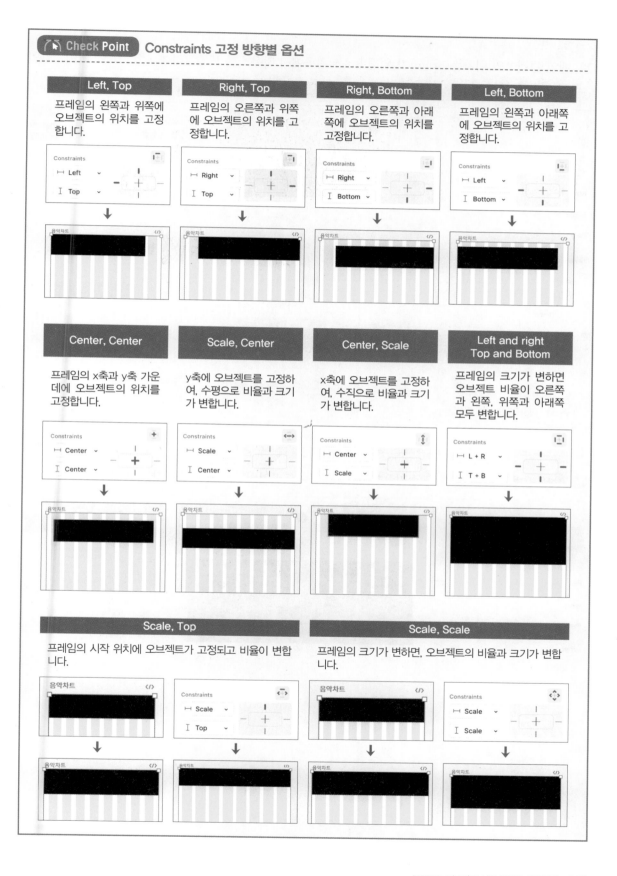

### Left, Top
프레임의 왼쪽과 위쪽에 오브젝트의 위치를 고정합니다.

### Right, Top
프레임의 오른쪽과 위쪽에 오브젝트의 위치를 고정합니다.

### Right, Bottom
프레임의 오른쪽과 아래쪽에 오브젝트의 위치를 고정합니다.

### Left, Bottom
프레임의 왼쪽과 아래쪽에 오브젝트의 위치를 고정합니다.

### Center, Center
프레임의 x축과 y축 가운데에 오브젝트의 위치를 고정합니다.

### Scale, Center
y축에 오브젝트를 고정하여, 수평으로 비율과 크기가 변합니다.

### Center, Scale
x축에 오브젝트를 고정하여, 수직으로 비율과 크기가 변합니다.

### Left and right Top and Bottom
프레임의 크기가 변하면 오브젝트 비율이 오른쪽과 왼쪽, 위쪽과 아래쪽 모두 변합니다.

### Scale, Top
프레임의 시작 위치에 오브젝트가 고정되고 비율이 변합니다.

### Scale, Scale
프레임의 크기가 변하면, 오브젝트의 비율과 크기가 변합니다.

## 2. 메인 컨텐츠 영역 만들기

**01** 메인 컨텐츠의 위치를 지정하기 위해 Ruler 왼쪽에서 마우스를 드래그하여 수직 '16'에 가이드라인의 위치를 설정합니다.

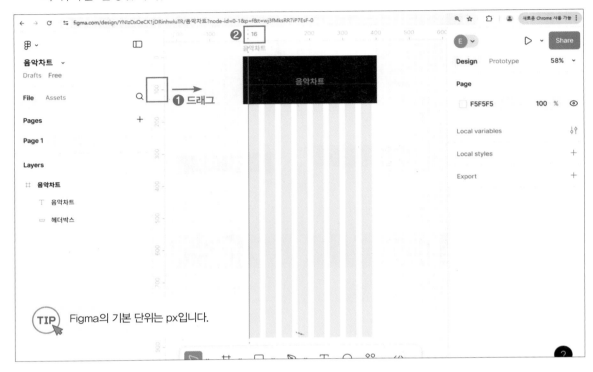

**02** 같은 방법으로 수평 '386', 수직 '170'에 수평 가이드라인의 위치를 맞춥니다.

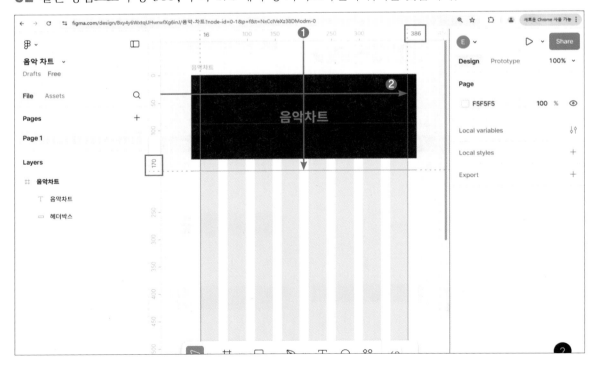

**03** 도구로 다음과 같이 '최신곡'을 입력합니다. [Design] 패널의 [Constraints]에서 Horizontal Constraints는 'Left'를 선택하고, [Typography]에서 스타일은 'Semi Bold', 텍스트 크기는 '22', [Fill]에서 Color는 '05213E'로 설정합니다.

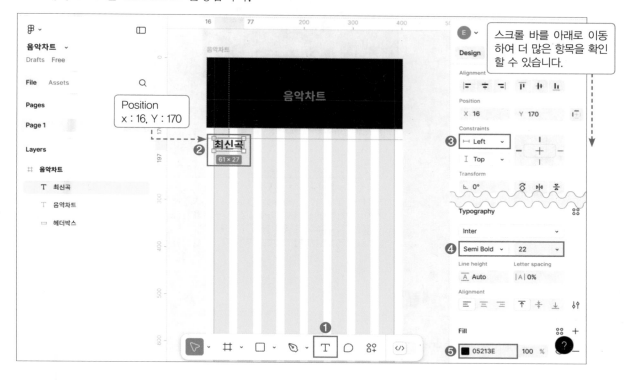

**04** '최신곡' 텍스트를 Alt 를 누른 상태로 복사한 후 '인기곡'으로 수정한 다음, '386' 가이드라인 위치에 맞춥니다. [Design] 패널에서 [Constraints]의 Horizontal constraints는 'Right'로 설정합니다.

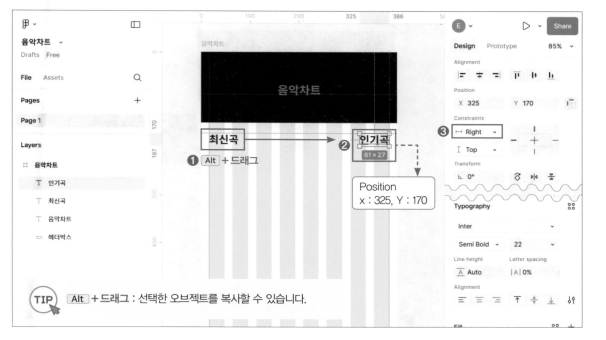

TIP  Alt + 드래그 : 선택한 오브젝트를 복사할 수 있습니다.

**05** 같은 방법으로 '최신곡' 텍스트를 다음과 같이 복사하여 '테마곡'으로 수정합니다. [Design] 패널에서 [Constraints]의 Horizontal constraints는 'Center'로 설정합니다.

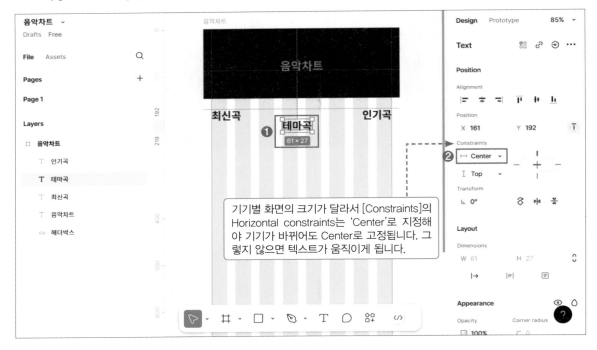

**06** 텍스트 레이어 3개를 모두 선택 후, [Design] 패널의 [Alignment]에서 (Align top)으로 텍스트들을 위쪽으로 맞춥니다. (More actions)을 클릭하여, [Distribute horizontal spacing]을 선택하여 수평 균등 정렬합니다.

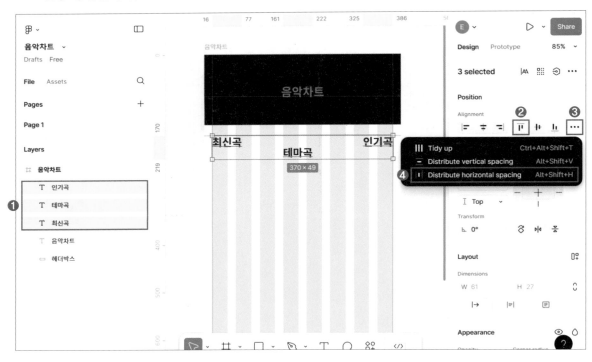

## Alignment

Alignment는 2개 이상의 오브젝트를 선택한 후 정렬(Top, Bottom, Left, Right, Vertical Center, Horizontal Center), 간격(Tidy up, Distribute vertical spacing, Distribute horizontal spacing)을 쉽게 조절할 수 있도록 하는 기능입니다.

### Object 정렬하기

▐▀ : Align left(왼쪽 정렬), ▐▀ : Align top(위쪽 정렬), ╪ : Align horizontal center(수평 센터 정렬), ╫ : Align vertical center(수직 센터 정렬), ▀▐ : Align right(오른쪽 정렬), ▐▙ : Align bottom(아래쪽 정렬)

··· More option

■ Tidy up : 위치와 간격이 다른 여러 개의 오브젝트를 단일열, 단일행, 열과 행으로 정렬합니다. 따라서, 평상시에는 보이지 않다가 여러 개의 오브젝트를 선택하면 흩어진 상태에 따라 정렬 방식 아이콘이 다릅니다.

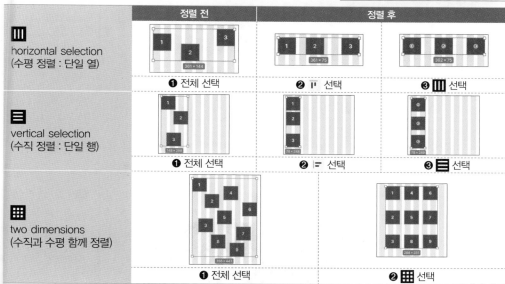

■ Distribute : 여러 개의 오브젝트 간격을 수직 또는 수평으로 배분합니다.

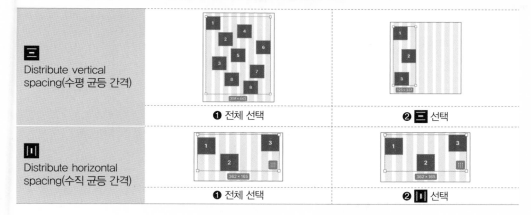

**07** '최신곡' 텍스트를 선택하고 Ctrl + C 를 눌러 복사한 후, Ctrl + Shift + V 를 눌러 제자리 복사 합니다. [Fill]에서 Color는 'FF00B8'로 변경합니다.

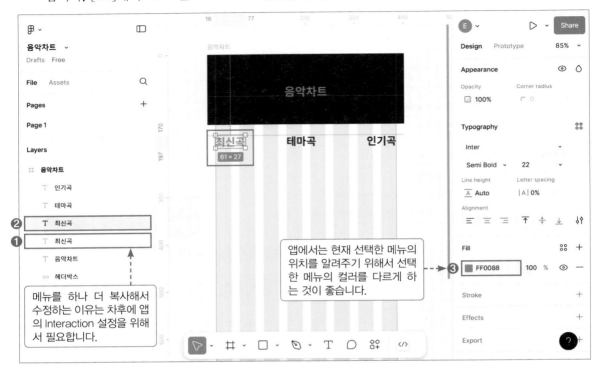

**08** Ruler 위쪽에서 마우스를 드래그하여 수직 '212' 위치에 가이드라인을 추가합니다.

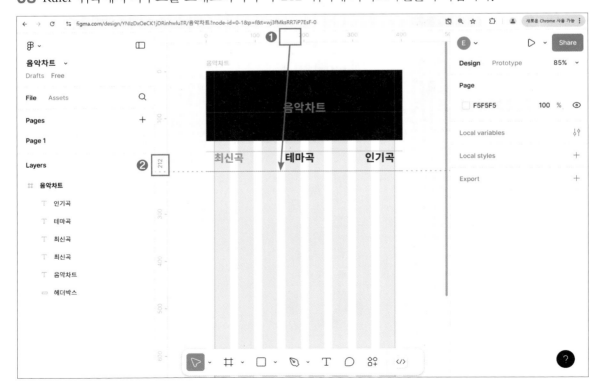

**09** 최신곡 텍스트 아래에 ⬜(Rectangle) 도구로 사각형(X : 16, Y : 209, W : 60, H : 3)을 제작합니다. [Fill] 에서 Color는 'FF00B8'로 설정하고, [Constraints]의 Horizontal constraints는 'Scale'로 설정한 후, 레이어의 이름은 '호버라인'으로 수정합니다.

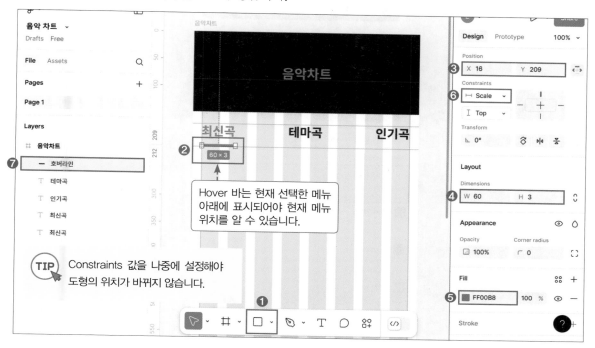

**10** 같은 방법으로 수평 가이드 라인을 '240' 위치에 추가합니다. 최신곡 앨범 이미지를 넣기 위해 사각 형(W : 90, H : 90)을 제작한 후, [Appearance]-Corner radius를 '10'으로 설정하여 모서리를 둥글게 설정합니다.

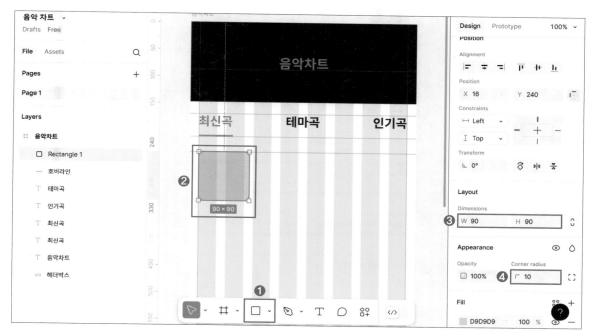

**11** 제작한 사각형 도형을 선택하고, ▦ (Actions)−[Plugins & widgets] 탭을 클릭하여 검색창에 'unsplash' 입력한 후 [Unsplash]를 선택합니다.

**12** 선택한 [Unsplash Plugin] 창이 나타나면 [Run]을 클릭하여 실행합니다.

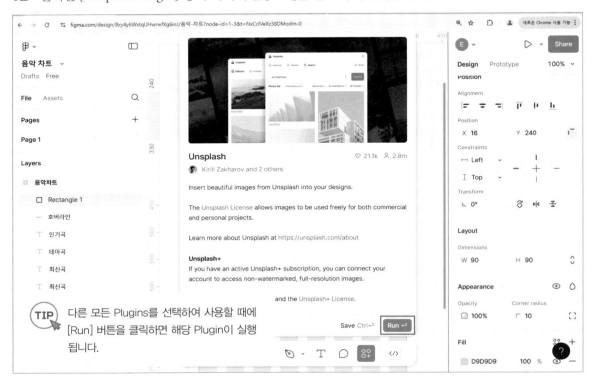

**TIP** 다른 모든 Plugins를 선택하여 사용할 때에 [Run] 버튼을 클릭하면 해당 Plugin이 실행 됩니다.

**13** [Unsplash] 창의 [Search] 탭에서 'music'을 입력하고, [Search]를 클릭합니다. 검색된 이미지 중에서
원하는 이미지를 선택한 다음 ⊠(닫기)를 눌러 창을 닫습니다.

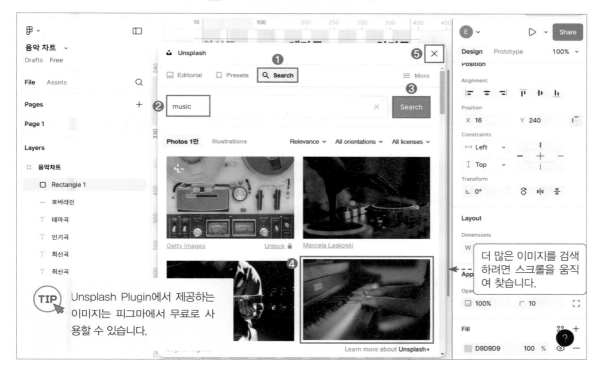

**14** 사각 도형에 'Unsplash'에서 선택한 이미지가 반영되면 이미지 레이어의 이름을 '앨범01'로 변경합
니다.

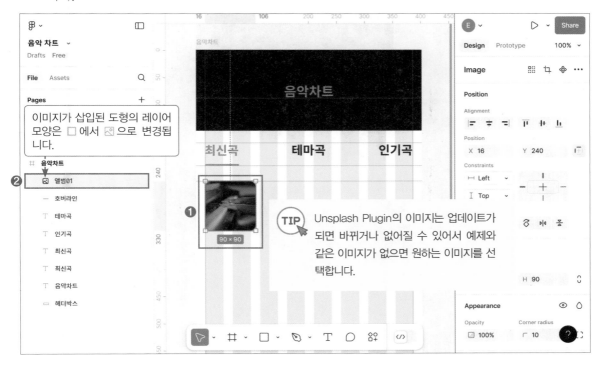

**15** 사각형 도형에 테두리를 설정하기 위해 [Design] 패널에서 [Stroke]에서 + (Add stroke)를 클릭한 다음 [Fill]에서 Color는 '05123E', Position은 'Inside', Weight는 '3'으로 설정합니다.

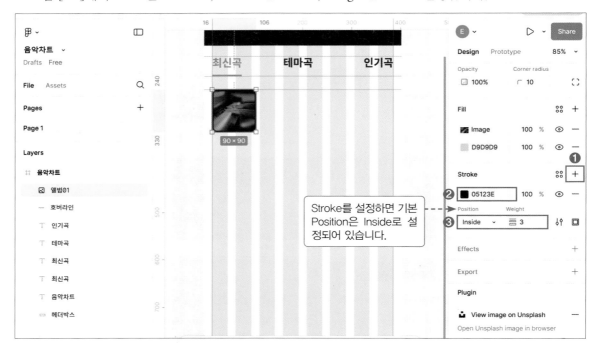

**16** T (Text) 도구로 'I Love all day'를 입력합니다. [Design] 패널의 [Position]에서 X는 '145', Y는 '262'로 설정하여 텍스트를 배치합니다. [Typography]에서 스타일은 'Semi Bold', 텍스트 크기는 '18', [Fill]에서 Color는 '05213E'로 설정합니다.

**17** 같은 방법으로 다음과 같이 'David'를 입력하고, 'I Love all day' 텍스트 왼쪽에 맞춥니다. [Design] 패널의 [Typography]에서 스타일은 'Semi Bold', 텍스트 크기는 '16', [Fill]에서 Color는 '05213E'로 설정합니다.

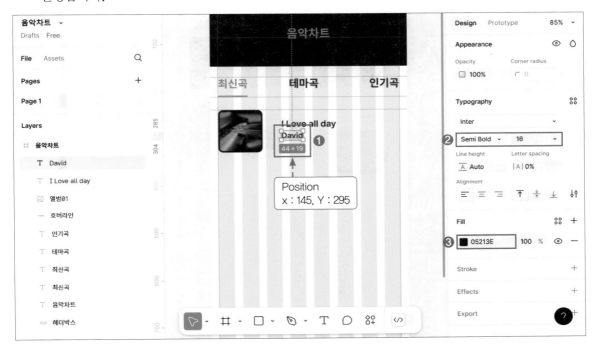

**18** [Layers] 패널에서 'I Love all day'와 'David' 레이어를 선택하고, Ctrl + G 를 눌러 그룹으로 묶은 다음, 레이어의 이름을 '앨범과 아티스트'로 변경합니다.

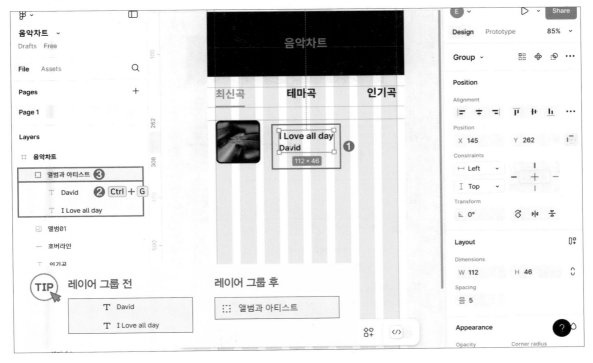

## 3. 플레이 버튼과 더 보기 아이콘 제작하기

**01** ▣ (Shape tools)−[Polygon]을 선택하여 삼각형(X:338, Y:272, W:25, H:25, Rotation:−90)을 제작한 다음, [Fill]에서 Color는 '05123E'로 설정합니다. [Constraints]의 Horizontal constraints는 'Right'로 설정합니다.

**02** ⋮ (더보기) 아이콘을 삽입하기 위해 ▦ (Actions)−[Plugins & widgets] 탭을 클릭하고, 검색창에 'Iconify'를 입력한 후 'Iconify'을 선택합니다.

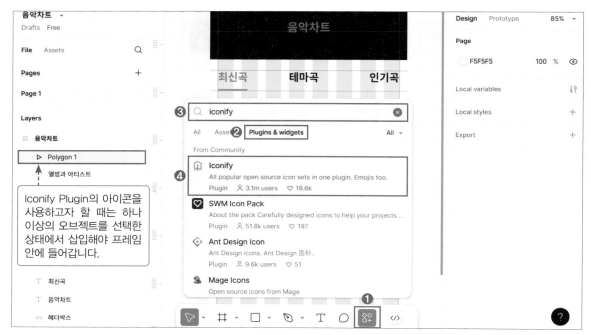

**03** 선택한 [Iconify Plugin] 실행화면이 나타나면 [Run]을 클릭합니다.

**04** [Iconify Plugin]의 스크롤 바를 아래로 내려서 'Unicons' Plugin을 찾은 후 선택합니다.

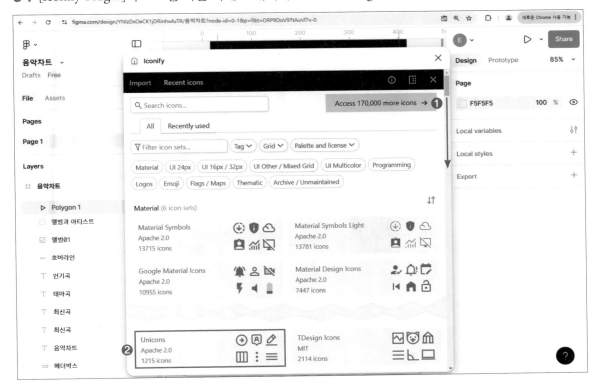

**05** [Unicons] Plugin에서 스크롤 바를 아래로 내려서 'ellipsis-v' 찾아 선택하고, [Import as component]를 클릭한 후 ×(닫기)를 클릭합니다.

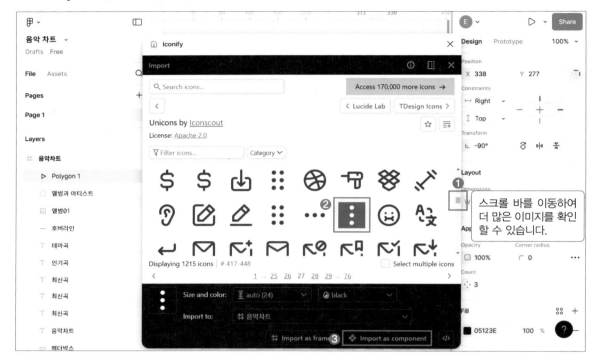

**06** 더보기 아이콘의 위치(X:372, Y:272)를 다음과 같이 배치합니다. [Design] 패널에서 [Constraints]의 Horizontal constraints는 'Right'로 설정합니다.

**07** 호버라인 도형 아래에 다음과 같이 사각형(X:0, Y:212, W:402, H:146)을 제작한 다음, [Constraints]의 Horizontal constraints는 'Scale'로, [Fill]에서 Color는 'F0F0F0'로 설정합니다. [Layers] 패널에서 레이어의 이름을 '앨범리스트배경'으로 변경합니다.

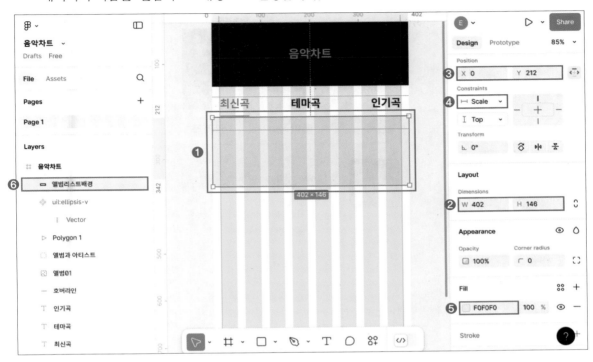

**08** '앨범리스트배경' 레이어를 '앨범01' 레이어 아래로 드래그하여 이동합니다.

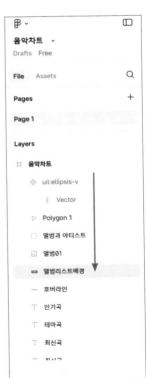

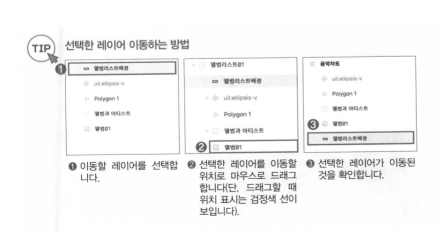

**TIP** 선택한 레이어 이동하는 방법

❶ 이동할 레이어를 선택합니다.

❷ 선택한 레이어를 이동할 위치로 마우스로 드래그합니다(단, 드래그할 때 위치 표시는 검정색 선이 보입니다).

❸ 선택한 레이어가 이동된 것을 확인합니다.

**09** [Layers] 패널에서 '더보기버튼', '플레이버튼', '앨범과아티스트', '앨범01', '앨범리스트배경'의 5개 레이어를 선택합니다. Ctrl + G 를 눌러 그룹하고 그룹 레이어의 이름을 '앨범리스트01'로 변경합니다.

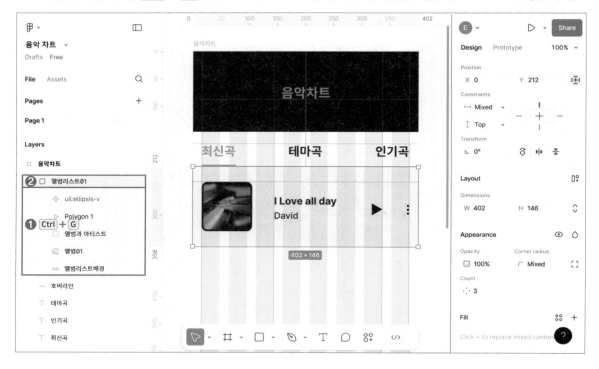

**10** '앨범리스트01' 그룹 레이어를 선택한 후 Shift + Alt 를 누른 상태로 드래그하여 다음과 같이 수직 복사합니다. 그룹 레이어의 이름을 '앨범리스트02'로 변경합니다.

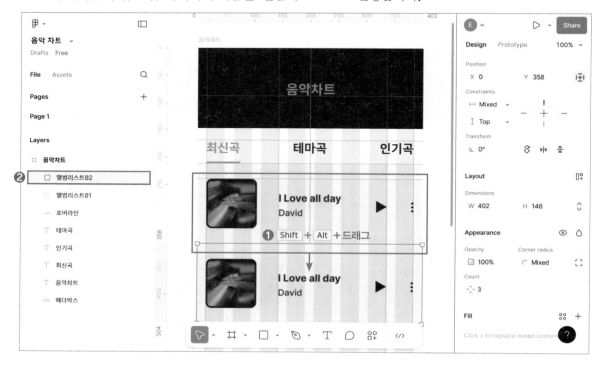

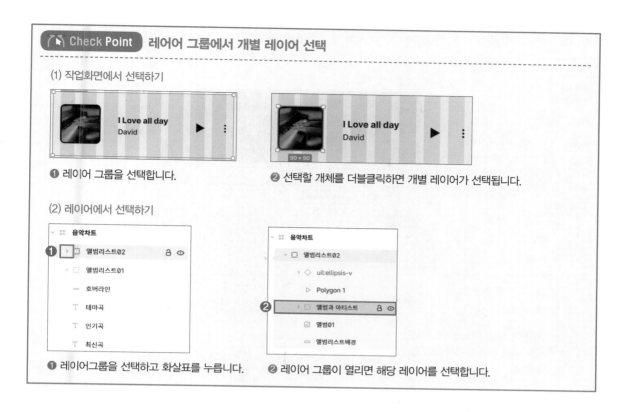

**Check Point** 레이어 그룹에서 개별 레이어 선택

(1) 작업화면에서 선택하기

❶ 레이어 그룹을 선택합니다.

❷ 선택할 개체를 더블클릭하면 개별 레이어가 선택됩니다.

(2) 레이어에서 선택하기

❶ 레이어그룹을 선택하고 화살표를 누릅니다.

❷ 레이어 그룹이 열리면 해당 레이어를 선택합니다.

**11** 앨범 사진을 변경하기 위해 '앨범리스트02' 그룹 레이어에서 '앨범01' 레이어를 선택하여, 작업 화면에서 선택된 앨범을 확인합니다.

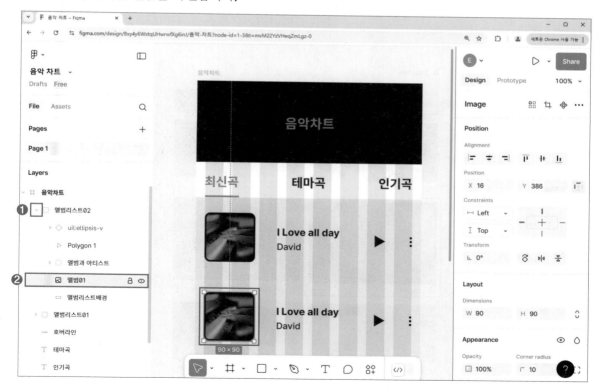

**12** ⬢(Actions)-[Plugins & widgets] 탭에서 검색란에 'Unsplash'를 입력한 후 [Unsplash]를 선택합니다.

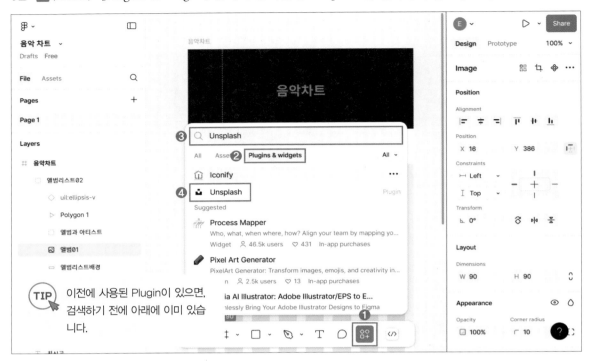

**13** 검색창에 'music'을 입력하고, [Search]를 클릭합니다. 검색된 사진 중에서 원하는 이미지를 클릭한 후 ✕(닫기)를 클릭합니다.

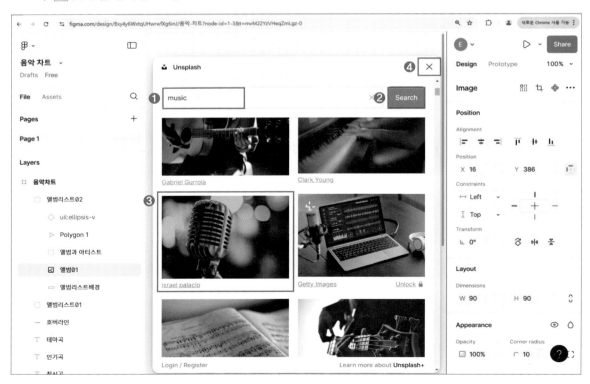

**14** '앨범리스트02' 그룹 레이어의 '앨범01' 레이어에 이미지가 변경된 것을 확인합니다.

**15** '앨범리스트02' 그룹 레이어의 [앨범과 아티스트] 레이어를 클릭하여 레이어를 펼칩니다. 'I love all day' 레이어를 선택한 후, 작업 화면에서 텍스트를 더블클릭합니다.

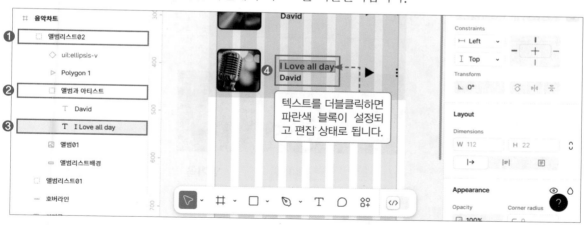

텍스트를 더블클릭하면 파란색 블록이 설정되고 편집 상태로 됩니다.

**Check Point** 텍스트 수정

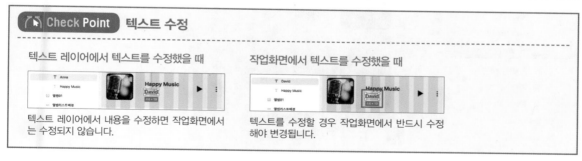

**텍스트 레이어에서 텍스트를 수정했을 때**

텍스트 레이어에서 내용을 수정하면 작업화면에서는 수정되지 않습니다.

**작업화면에서 텍스트를 수정했을 때**

텍스트를 수정할 경우 작업화면에서 반드시 수정해야 변경됩니다.

**16** 편집 상태의 'I love all day' 레이어의 텍스트를 삭제하고 'Happy Music'으로 내용을 변경합니다.

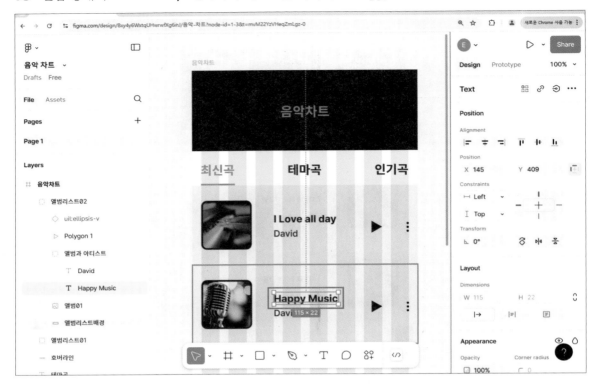

**17** 같은 방법으로 '앨범리스트02' 그룹 레이어의 'David' 레이어를 선택하고, 반드시 작업화면에서 텍스트 내용을 'Anna'로 변경합니다.

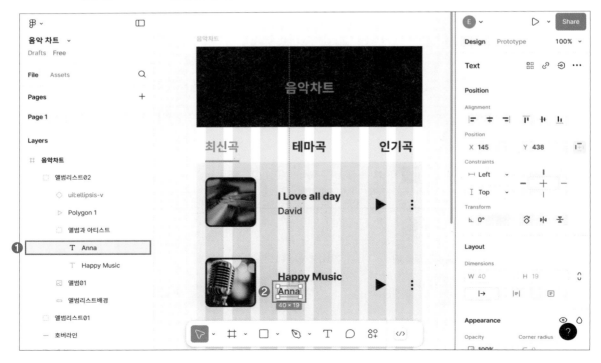

**18** '앨범리스트02' 그룹 레이어를 3개 더 복사하여 배치시키고, 그룹 레이어의 이름을 다음과 같이 수정한 다음 앨범사진, 앨범명, 아티스트 내용을 각각 모두 변경합니다.

**19** Shift + G 와 Shift + R 을 차례로 눌러 작업 화면에서 Rulers와 가이드라인을 감춥니다.

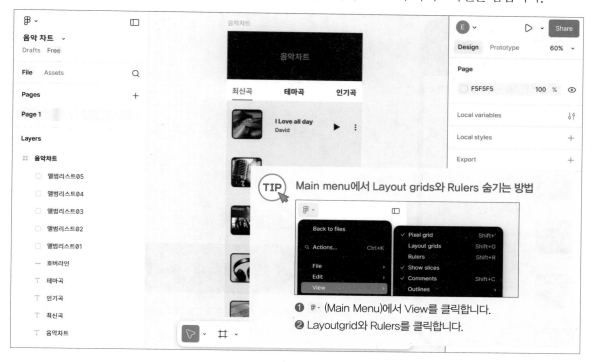

**20** 최종 완성된 음악차트 앱을 화면 확인하기 위해 [Prototype]−[Preview]를 클릭합니다.

**21** 기기에 반영된 음악차트 최종 앱 화면을 확인합니다.

**TIP** 현재화면 & 미리보기

메인화면 오른쪽 위에 현재화면 & 미리보기가 메뉴가 있습니다. 이것을 선택하면 화면을 미리 볼 수 있습니다.

**Check Point** 스마트폰에 피그마 앱이 설치되어 있을 때

❶ 스마트폰에 피그마 앱이 설치되어 있으면, 웹 Figma에서 제작한 화면이 미러링 되어, 스크롤 했을 때 안 보이는 부분을 움직여 확인 가능합니다.

아래쪽의 잘린 곡의 정보는 앱상에서 콘텐츠가 더 있다는 정보를 제공하는 역할을 합니다.

❷ '음악차트' 프레임을 선택하고 늘리게 되면 Constraints와 Align 정렬을 맞추어 제작했기 때문에 일정한 간격을 유지한 채 너비와 높이가 늘어납니다.

# 02 랜딩 페이지 디자인 **제작하기**

다양한 도구와 메뉴 등을 활용하여 메인 영역, 배너 영역 등을 제작하여 하나의 랜딩 페이지를 완성하는 방법에 대해서 알아봅니다. 랜딩 페이지(Landing Page)란 비행기가 착륙할 때 보는 첫 장소와 같이 잠재고객이 검색하거나, SNS 및 디지털 매체를 통해 처음 마주치는 광고 페이지입니다. 따라서 랜딩 페이지는 고객이 광고를 보고, 가입 또는 이벤트 참여를 유도하는 역할을 합니다.

## 1. 메인 이미지 영역 만들기

**01** [Design] 패널의 [Frame]에서 [Desktop]을 클릭하여 'Desktop (1440×1024)'를 선택합니다. 디자인 작업명과 Frame 레이어의 이름을 '랜딩페이지'로 변경합니다.

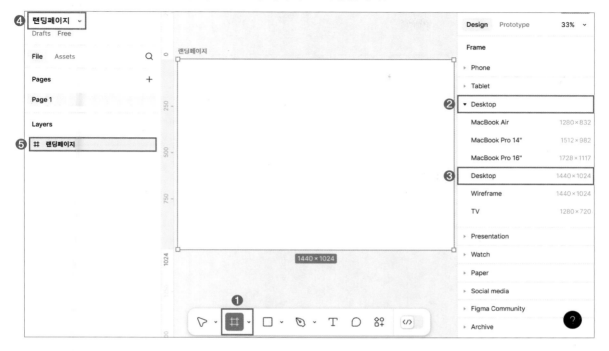

**02** [Design] 패널에서 [Layout grid]의 + (Add layout grid) 클릭한 다음, ⊞ (Layout grid settings)을 클릭합니다. [Grid] 설정 창에서 'Columns'로 변경하고 Count는 '8', Margin은 '100', Gutters는 '40'을 입력합니다.

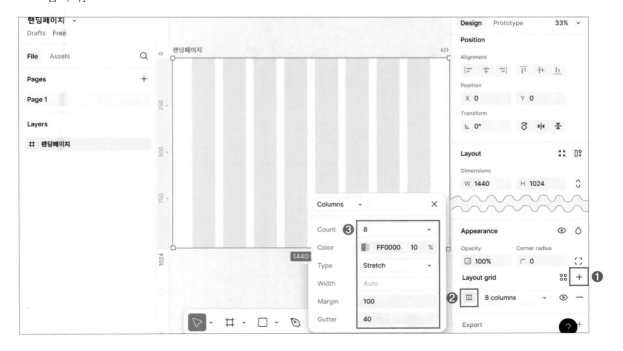

**03** ▣ (Rectangle) 도구를 클릭하여 사각형을 그린 다음, [Design] 패널에서 위치와 크기(X:0, Y:0 W:1440 H:1024)를 지정합니다. [Constraints]의 Horizontal constraints 값은 'Left + Right'로 설정하고, 레이어 이름을 '메인이미지'로 변경합니다.

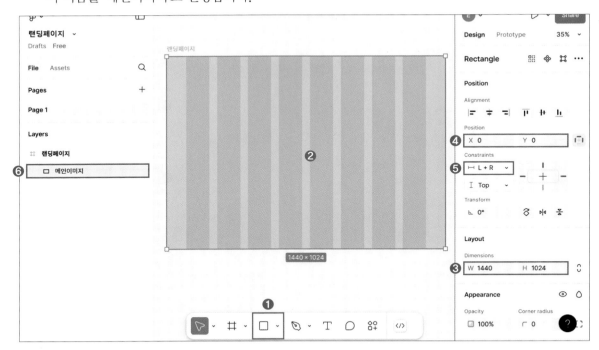

**04** 이미지를 넣기 위해 '메인이미지' 레이어를 선택하고 ⊞ (Actions)—[Plugins & widgets] 탭을 클릭하고, 검색창에 'unsplash'를 입력한 후 'Unsplash'를 선택합니다.

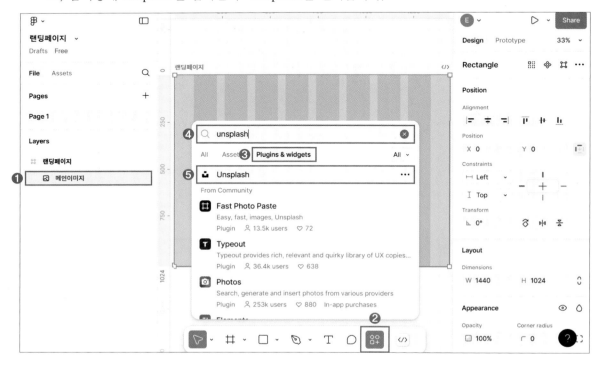

**05** [Unsplash] 창의 [Search] 탭의 검색란에 '제주도'를 입력하고 [Search]를 클릭합니다. 검색된 이미지 중에서 원하는 이미지를 선택한 다음, ⊠를 눌러 창을 닫습니다.

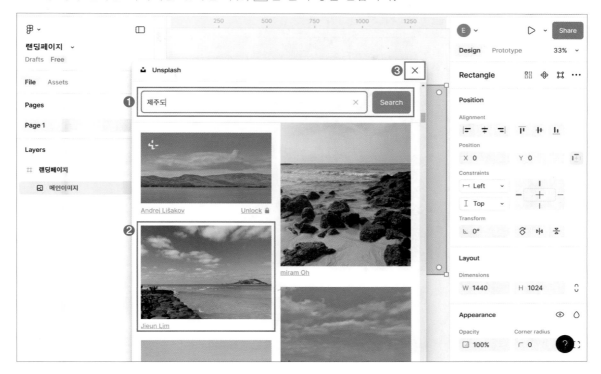

**06** 메인 이미지 레이어에 삽입된 이미지를 확인합니다.

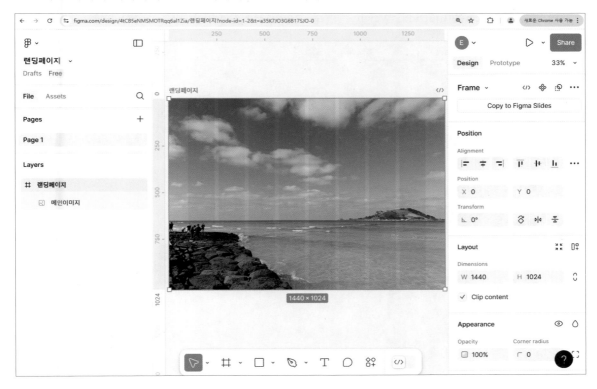

**07** ⊤(Text) 도구로 다음과 같이 '여행사랑'을 입력하고, [Design] 패널의 [Constraints]에서 Horizontal constraints는 'Center'로, [Typography]에서 스타일은 'Bold', 텍스트 크기는 '130', Letter spacing은 '5%', [Fill]에서 Color는 'FFFFFF'로 설정합니다.

Letter spacing(자간) : 글자와 글자 사이를 조절합니다. 값이 클수록 글자와 글자 사이가 넓어집니다.

**08** '여행사랑' 텍스트에 테두리를 설정하기 위해 [Design] 패널의 [Stroke]에서 ✛(Add stroke fill)을 클릭한 다음, Position은 'Outside', Weight는 '5'로 설정합니다. [Position]의 X는 '471', Y는 '250'로 위치를 설정합니다.

TIP Stroke 살펴보기

❶ 색상  ❷ Position(Center, Inside, Outside) : 테두리의 중심
❸ Apply styles and variables : 단일 테두리 스타일과 여러 개의 스타일의 설정
❹ 투명도  ❺ 두께  ❻ Advanced stoke settings : 테두리의 확장된 설정값

**09** '여행사랑' 텍스트의 테두리 색상을 Gradient로 설정하기 위해 [Stroke] 색상을 클릭합니다. [Custom] 창이 나타나면, ▦(Gradient)를 클릭합니다.

**10** Gradient Stops 색상 입력란에 '060476', 'AEE70E'을 각각 입력하고 ☒(닫기)를 눌러 창을 닫습니다.

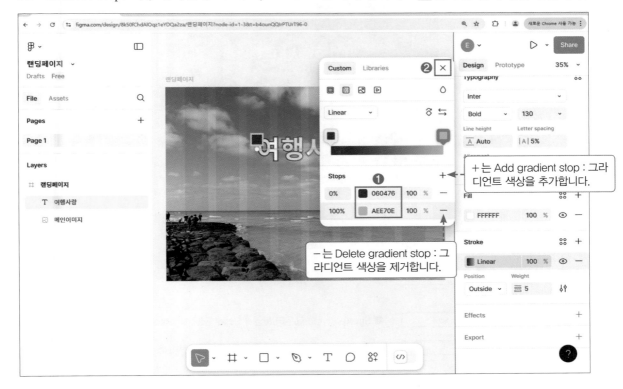

+는 Add gradient stop : 그라디언트 색상을 추가합니다.

−는 Delete gradient stop : 그라디언트 색상을 제거합니다.

Stroke 그라디언트 적용 방법

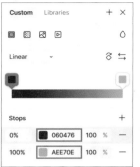

1. 색상이 정해진 경우
❶ Stops 입력란에 색상을 입력합니다.
❷ ×(닫기)를 차례로 눌러 창을 닫습니다.

2. 색상이 정해지지 않은 경우
❶ 색상 부분을 클릭합니다.
❷ 창이 나타나면 색상 입력란에 Colorpicker를 클릭하여 설정합니다.
❸ ×(닫기)를 차례로 눌러 창을 닫습니다.

**11** '여행사랑' 텍스트의 테두리 스타일을 지정하기 위해 ♦♦(Advanced stroke settings)을 클릭합니다. [Stroke settings] 창에서 Join의 ⌐(Round)를 선택하여 모서리를 둥근 모양으로 설정합니다.

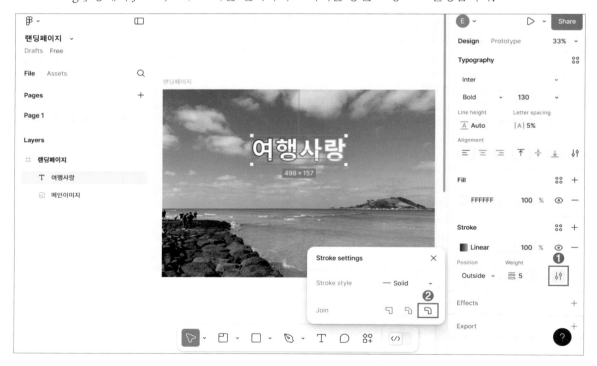

❶ Stroke style : 테두리 모양 – Solid(실선), Dash(점선), Custom(사용자)

❷ Join : 모서리 모양 – Miter(직각), Beve(사선), Round(둥근)

**12** 이번에는 텍스트에 그림자를 설정하기 위해 [Effects]의 ＋ (Add effect)를 클릭합니다. ☐ (Effects settings)을 클릭하여 다음과 같이 그림자의 위치를 X와 Y 각각 '7', Blur는 '5'로 설정합니다.

**13** 서브 카피 문구의 위치를 배치하기 위해 Ruler 위에서 마우스를 드래그하여 수평 가이드라인을 '480'에 설정합니다.

**14** T (Text) 도구로 '신규가입시, 10명 추첨'을 입력합니다. [Design] 패널에서 [Constraints]의 Horizontal constraints는 'Center', [Typography]에서 텍스트 크기는 '50', [Fill]에서 Color는 '000000'으로 설정하고, ≑ (Align horizontal centers)를 클릭합니다.

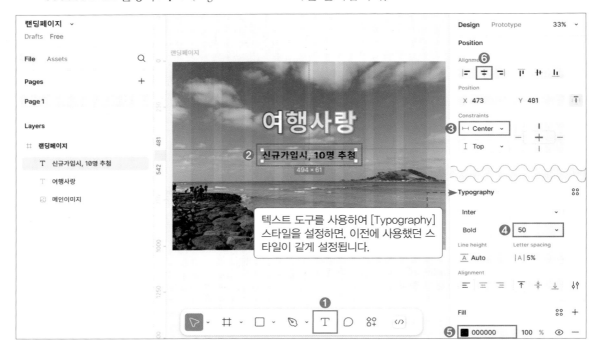

**15** 수평 가이드라인을 '580'에 추가한 다음, T (Text) 도구로 '3박 4일 제주도 여행'을 입력합니다. [Constraints]의 Horizontal constraints는 'Center', [Typography]에서 텍스트 크기는 '70'으로 설정하고, ≑ (Align horizontal centers)를 클릭합니다.

**16** ▢ (Rectangle) 도구로 사각형(X:390, Y:610, W:660, H:54)을 제작하고, [Fill]에서 Color는 'FFFF00'으로 설정합니다. [Constraints]의 Horizontal constraints는 'Center'로 설정하고, 레이어의 이름은 '노랑마크'로 변경합니다.

**17** '노랑마크' 레이어를 '3박 4일 제주도 여행' 레이어 아래로 이동합니다.

**18** 같은 방법으로 ▣ (Rectangle) 도구로 사각형(X:0, Y:774, W:1440, H:250)을 제작하고, [Fill]에서 Color는 '09077C'로 설정합니다. [Constraints]의 Horizontal constraints는 'Left + Right'로 설정하고, 레이어의 이름은 '콘텐츠 박스01'로 변경합니다.

**19** ▣ (Text)도구로 '신규가입 감사 이벤트'를 입력합니다. [Constraints]의 Horizontal constraints는 'Center' 설정하고, [Typography]에서 텍스트 크기는 '60', [Fill]에서 Color는 'FFFFFF'로 설정하고, ≑ (Align horizontal centers)로 설정합니다.

**20** 작업한 레이어의 정돈을 위해서 7개의 레이어를 모두 선택하여 Ctrl + G 로 그룹화 하고 그룹 레이어의 이름을 '페이지01'로 변경합니다.

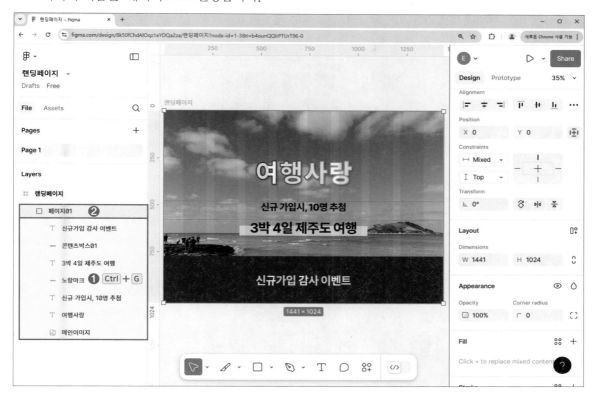

## 2. 여행 소개 페이지 만들기

**01** 작업한 전체 화면을 보기 위해서 Ctrl + - 를 눌러 작업 화면을 축소합니다. [Layers] 패널에서 '랜딩페이지' Frame 레이어를 선택합니다. [Design] 패널의 [Layout]에서 Dimensions의 H값을 '3072'로 설정하여 작업 화면의 세로 길이를 늘립니다.

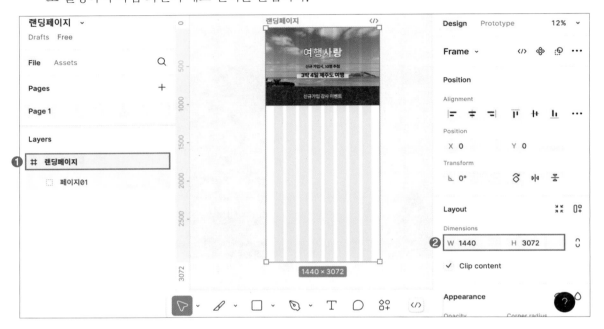

**02** ▢ (Rectangle) 도구로 사각형((X:0, Y:1024, W:1440, H:1024)을 제작하고, [Fill]에서 Color는 'F1F1F1'로 설정합니다. [Constraints]의 Horizontal constraints는 'Left + Right'로 설정하고 레이어의 이름은 '배경박스01'로 변경합니다.

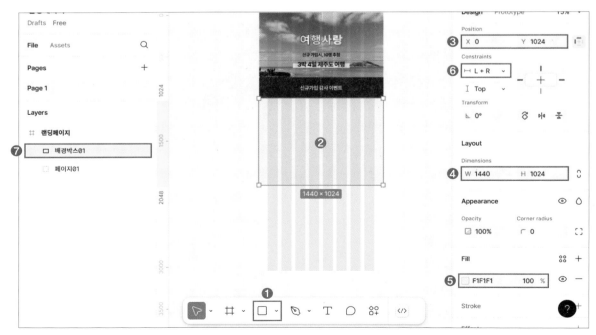

**03** 다음과 같은 위치(X:517, Y:1190)에 '예약시 혜택'를 입력합니다. [Constraints]의 Horizontal constraints는 'Center'로 설정합니다. [Typography]에서 텍스트 크기는 '80', [Fill]에서 Color는 '000000'으로 설정하고, ☰ (Align horizontal centers)로 정렬합니다.

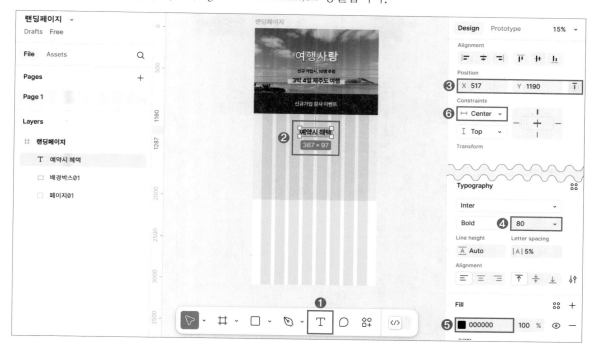

**04** 사각형(X:100, Y:1350, W:320, H:500)을 제작하고 색상은 'FFFFFF'로 설정합니다. [Constraints]의 Horizontal constraints는 'Left'로 설정합니다. 사각형 레이어의 이름을 '혜택박스01'로 변경합니다.

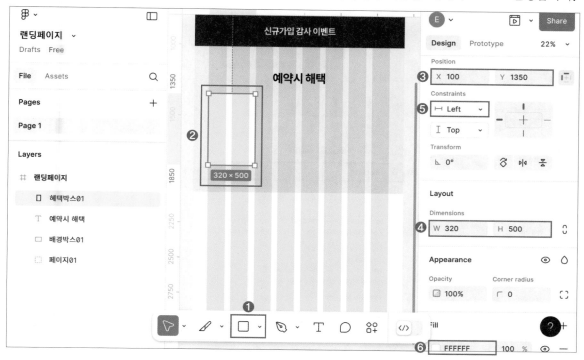

**05** '혜택박스01' 레이어 위에 사각형(X:100, Y:1350, W:320, H:370)을 제작하고, [Constraints]의 Horizontal constraints는 'Left'로 설정합니다.

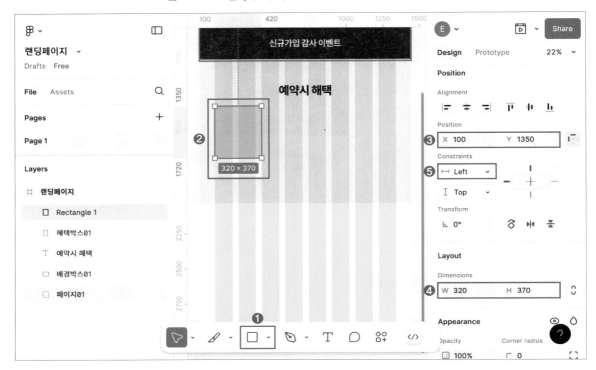

**06** 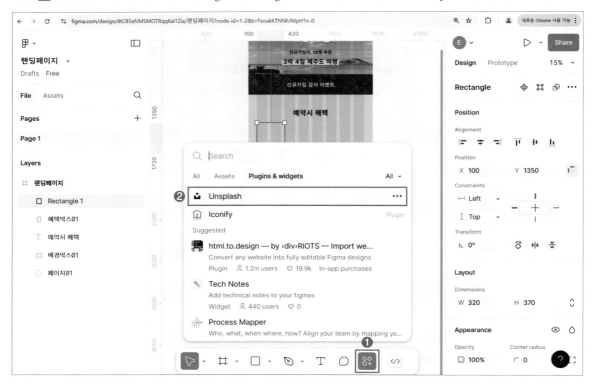 (Actions) 도구를 클릭하여 [Plugins & widgets] 탭에서 이미 설치된 'Unsplash'를 실행합니다.

**07** [Unsplash] 창이 나타나면 검색란에 '여행'을 검색하여 원하는 이미지를 클릭하여 도형에 삽입합니다.

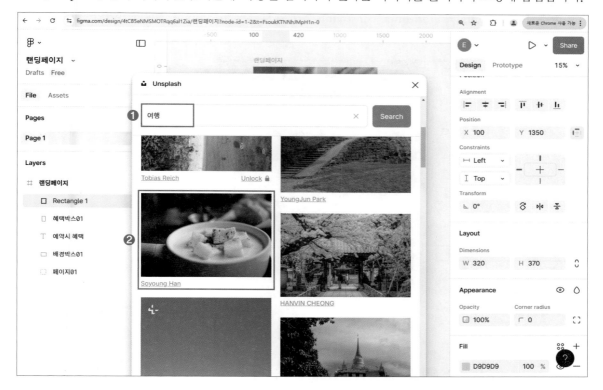

**08** 사각형 도형에 선택한 이미지가 삽입된 것을 확인하고 레이어의 이름을 '사진01'로 변경합니다.

**09** 다음과 같이 사각형(X:100, Y:1720, W:320, H:130)을 제작하고, [Fill]에서 Color를 'FFFFFF'로 설정합니다. [Constraints]의 Horizontal constraints는 'Left'로 설정합니다. 사각형 레이어의 이름을 '제목박스'로 변경합니다.

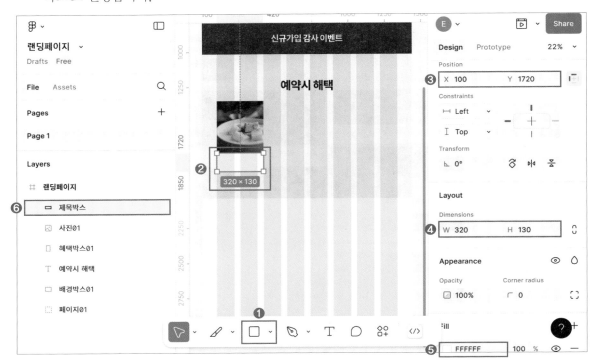

**10** Ctrl + + 를 눌러 화면을 확대한 후 '호텔조식무료'를 입력합니다. [Constraints]의 Horizontal constraints는 'Left'로 설정합니다. [Typography]에서 텍스트 크기는 '35', [Fill]에서 Color는 '000000'으로 설정합니다.

화면 확대는 Ctrl + + 를 누르면 확대되고 화면 축소는 Ctrl + - 를 누르면 축소됩니다. 화면 이동은 Spacebar 를 누른 상태로 왼쪽 마우스 버튼을 클릭하여 드래그하면 화면이 이동됩니다.

**11** '제목박스', '호텔조식 무료' 레이어를 선택합니다. ∓ (Align horizontal centers)와 ⫲ (Align vertical centers)를 클릭하여 두 개의 오브젝트를 가운데로 정렬합니다.

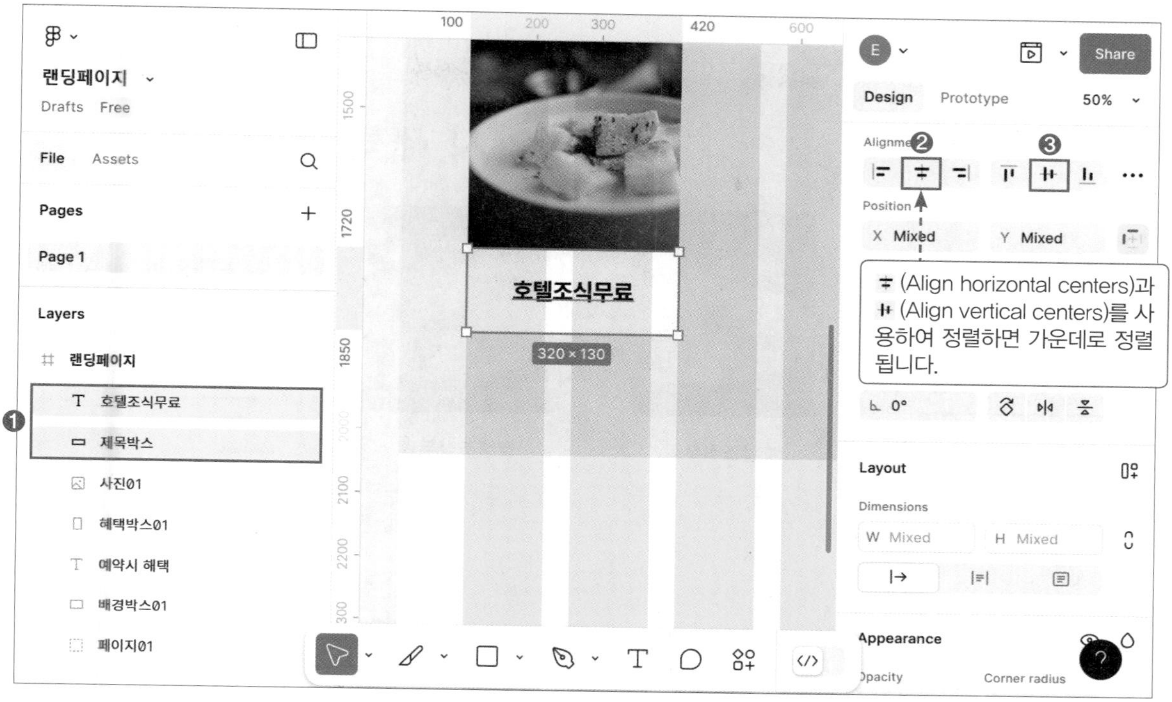


**12** '혜택박스01'부터 '호텔조식 무료' 4개의 레이어를 모두 선택하여 Ctrl + G 를 눌러 그룹화하고, 그룹 레이어 이름을 '혜택01'로 변경합니다.

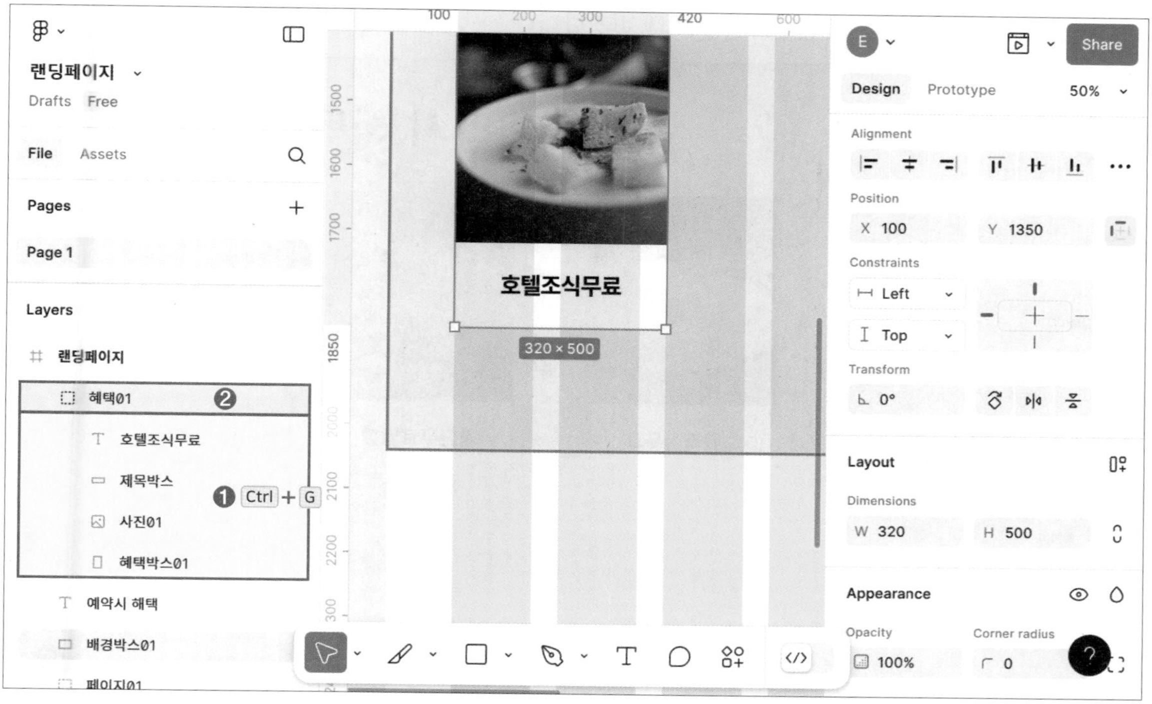

**13** 작업 화면에서 '혜택01' 그룹 레이어를 Shift + Alt 를 누른 상태로 오른쪽으로 드래그하여 복사하고, 레이어의 이름을 '혜택02'로 변경합니다. [Constraints]의 Horizontal constraints는 'Center'로 설정합니다.

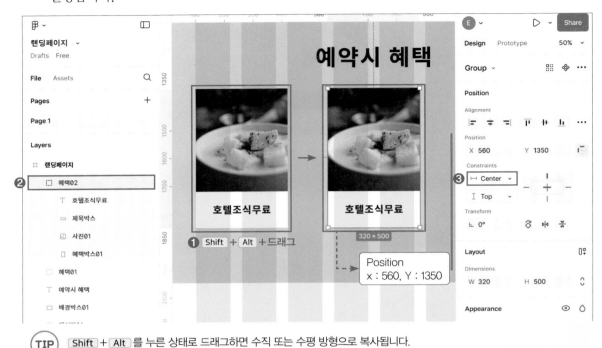

TIP  Shift + Alt 를 누른 상태로 드래그하면 수직 또는 수평 방형으로 복사됩니다.

**14** '혜택02' 그룹 레이어의 '사진01' 레이어를 선택하고, 'Unsplash'(검색어:제주도)를 사용하여 이미지를 변경합니다. 텍스트는 '공원무료입장'으로 변경합니다.

**15** '혜택02' 그룹 레이어를 Shift + Alt 를 누른 상태로 오른쪽으로 드래그하여 복사하고, 레이어 이름을 '혜택03'으로 변경합니다. [Constraints]의 Horizontal constraints는 'Right'로 설정하고, [Position]에서 X는 '1020', Y는 '1350'으로 배치합니다.

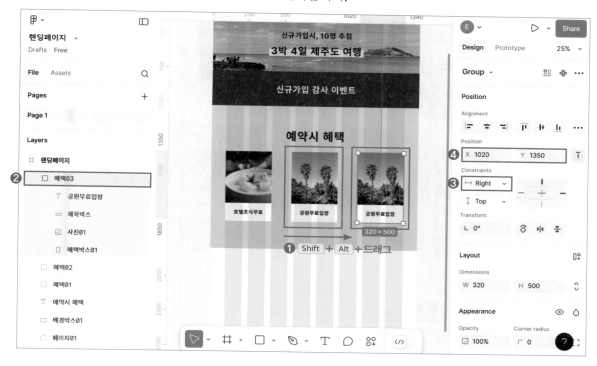

**16** '혜택03' 그룹 레이어의 '사진01' 레이어를 선택하고 'Unsplash'(검색어:제주도)를 사용하여 이미지를 변경한 다음, 텍스트는 '감귤따기체험'으로 변경합니다.

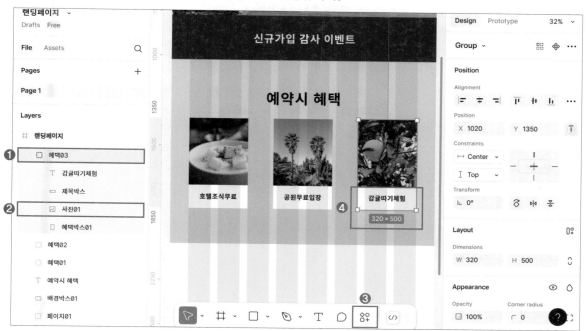

**17** '혜택01'부터 '혜택03' 그룹 레이어를 모두 선택하여 `Ctrl` + `G` 를 눌러 그룹화하고, 레이어 이름을 '혜택'으로 변경합니다.

**18** '배경박스01', '예약시 혜택', '혜택' 레이어를 모두 선택하여 `Ctrl` + `G` 로 그룹화하고, 그룹 레이어 이름을 '페이지02'로 변경합니다.

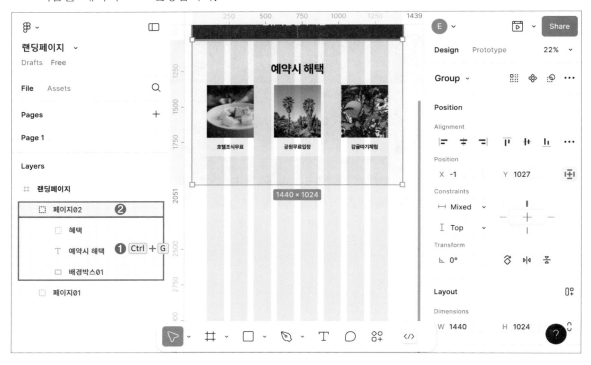

## 3. 배너 만들기

**01** 사각형(X:0, Y:2048, W:1440, H:1024)을 다음과 같이 제작하고, [Fill]에서 Color는 '09077C'로 설정합니다. [Constraints]의 Horizontal constraints는 'Left + Right'로 설정하고, 레이어의 이름을 '배너배경'으로 변경합니다.

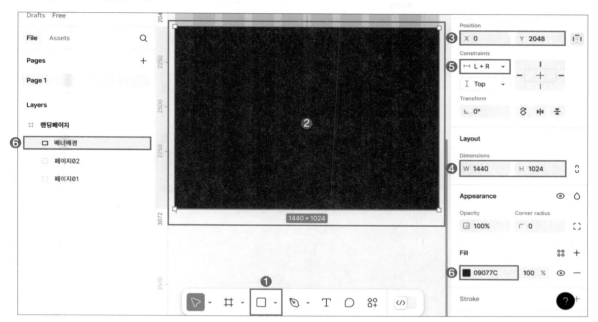

**02** 사각형(X:0, Y:2048, W:1440, H:340)을 하나 더 제작하고, [Fill]에서 Color는 'FFD705'로 설정합니다. [Constraints]의 Horizontal constraints는 'Left + Right'로 설정합니다. 사각형 레이어의 이름을 '신청하기 박스'로 변경합니다.

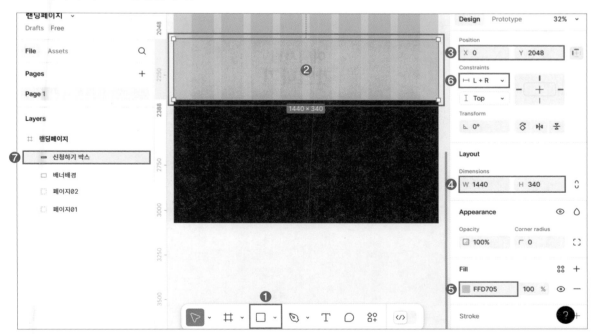

**03** ⊤ (Text) 도구를 클릭한 다음, 작업 화면에 드래그합니다. [Design] 패널의 [Position]에서 X는 '0', Y 는 '2048', [Dimensions]에서 W는 '1440', H는 '340'을 설정한 후 '여행사랑가입하기'를 입력합니다. [Constraints]의 Horizontal constraints는 'Center'로 설정합니다.

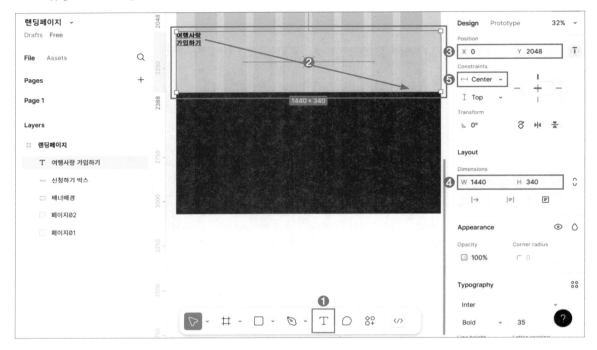

**04** [Typography]에서 텍스트 크기를 여행사랑은 '80', 가입하기는 '100', [Fill]에서 Color는 '000000'으로 설정하고, ☰(Align center), ⊹(Align middle)로 텍스트를 정렬합니다.

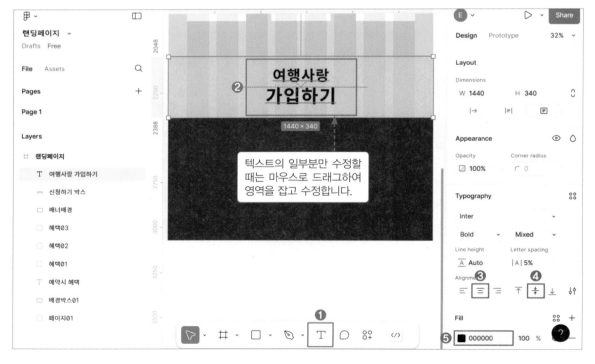

**05** 텍스트에 밑줄을 설정하기 위해 [Alignments]에서 ⇅(Type settings)을 클릭합니다. [Basics] 탭에서
Ⓤ(Decoration Underline)을 선택한 후, ☒(닫기)를 클릭합니다.

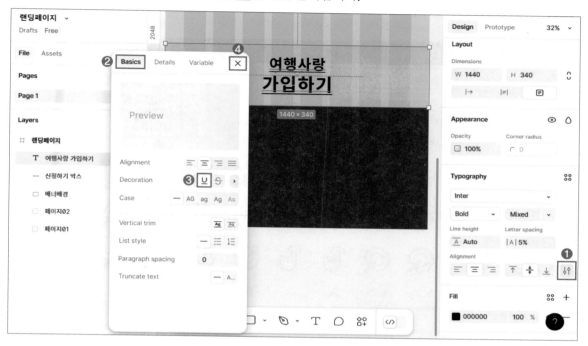

**06** '여행사랑 가입하기' 옆에 아이콘을 삽입하기 위해 ▣(Actions) 도구를 클릭합니다. [Plugins &
widgets] 탭에서 [Iconify Plugin]을 실행합니다.

**07** '랜딩페이지' Frame 레이어를 선택한 후 검색란에 "click"을 입력하고, 🔍을 클릭하여 나타난 아이콘 중에서 어울리는 아이콘을 선택합니다.

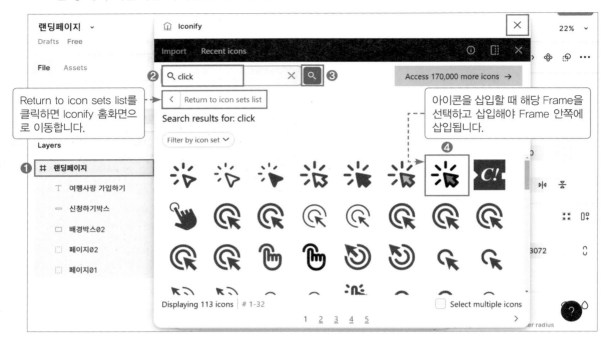

**08** 아래쪽에 선택한 click 아이콘에 대한 정보가 나타나는데, 아이콘이 삽입될 위치가 '랜딩페이지' Frame 레이어인지 확인한 다음, [Import as component] 버튼을 클릭하고 ☒(닫기)를 클릭합니다.

**09** 선택한 click 아이콘은 ❖ (Component)의 형태로 작업 화면 가운데에 작게 삽입됩니다. 아이콘 레이어는 '랜딩페이지' Frame 레이어 안에 포함되어 있음을 확인합니다.

**10** click 아이콘을 선택하여 [Layout]의 [Dimensions]에서 W는 '130', H는 '130'으로 설정하고, Rotation은 '20'으로 수정한 후 '여행사랑 가입하기' 옆으로 이동합니다.

Iconify로 아이콘을 삽입하는 다양한 방법

· 기존 아이콘을 다른 아이콘으로 변경

· 프레임 형태로 레이어에 삽입
· 이것을 components 형태로 변환해서 사용 가능

· components 형태로 삽입

· 다양한 형태로 삽입 가능하도록 코드로 변환되어 웹 코딩에 삽입 및 다운로드 가능

**11** '신청하기박스'부터 'icon-park-click' 레이어를 모두 선택하여 `Ctrl` + `G` 를 눌러 그룹화하고, 그룹 레이어 이름을 '가입하기'로 변경합니다.

**12** 사각형(X:0, Y:2388, W:1440, H:684)을 제작하고 [Constraints]의 Horizontal constraints는 'Left + Right'로 설정합니다.

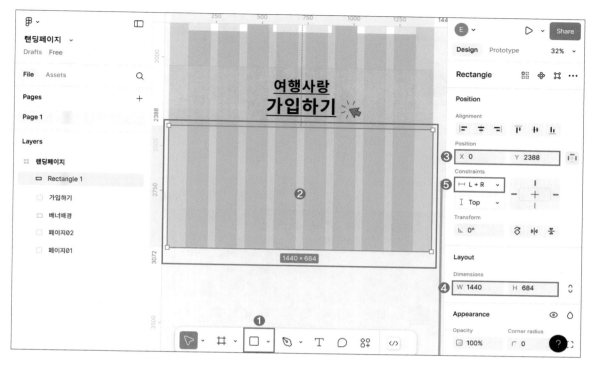

**13** 사각 도형에 독자에게 제공한 예제파일의 이미지를 넣기 위해 ⬜ (Shape tools)−[Image/video]를 클릭합니다.

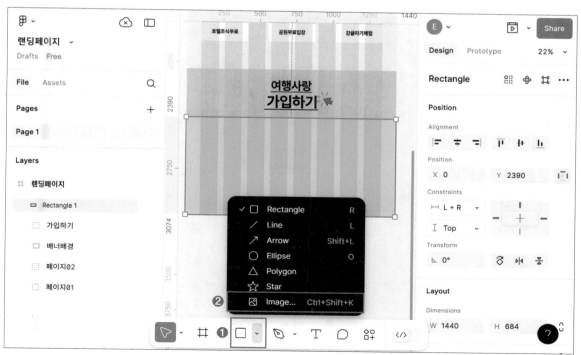

**14** [열기] 대화상자에서 다음과 같이 예제 폴더에 있는 이미지를 선택하고 [열기]를 클릭합니다.

**15** 선택한 이미지는 썸네일 이미지와 왼쪽 위에 + 와 함께 나타납니다. 사각형 도형을 클릭하여 이미지를 삽입합니다.

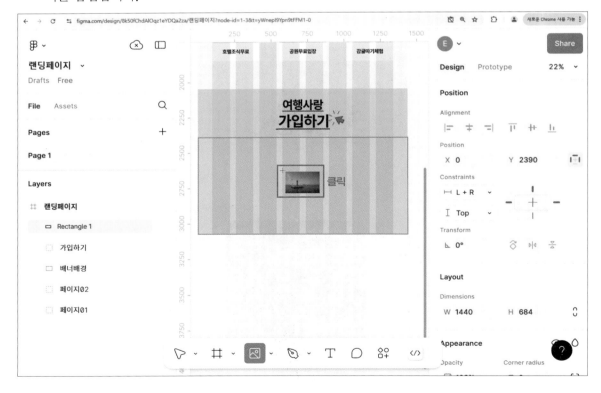

**16** 삽입된 이미지가 사각형 도형 전체에 삽입된 것을 확인합니다.

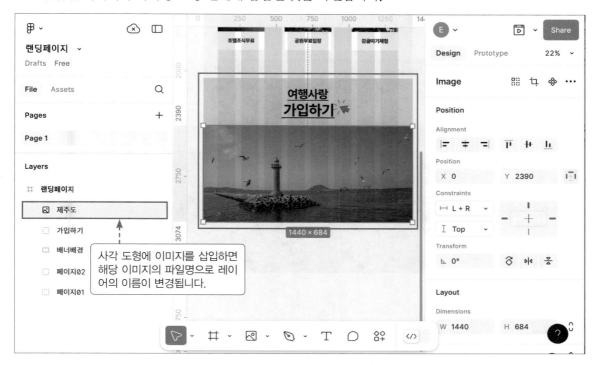

사각 도형에 이미지를 삽입하면 해당 이미지의 파일명으로 레이어의 이름이 변경됩니다.

**17** 제주도 이미지 위에 사각형(X:0, Y:2388, W:1440, H:684)을 제작하고 [Fill]에서 Color는 '000000', Opacity는 '70'으로 설정합니다. [Constraints]의 Horizontal constraints는 'Left + Right'로 설정하고, 레이어의 이름을 '하단배경박스'로 변경합니다.

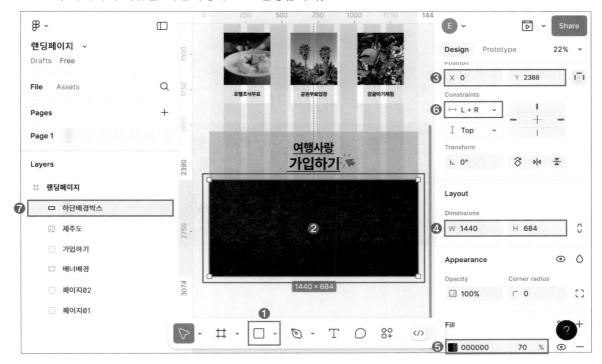

**18** T (Text) 도구로 위치(X:0, Y:2460)에 크기(W:1440, H:146)로 드래그하여 삽입하고, '가입만 해도 모든 분께 드리는 선물' 텍스트를 입력합니다. [Constraints]의 Horizontal constraints는 'Center'로 설정합니다.

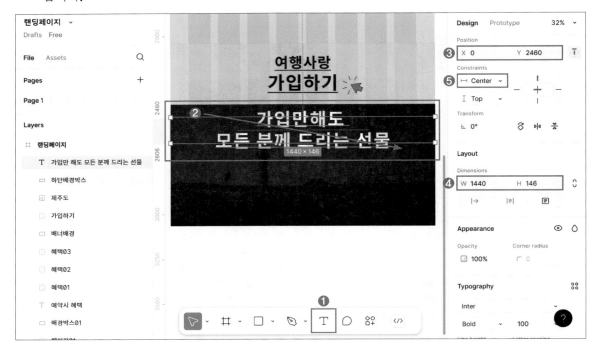

**19** [Typography]에서 텍스트 크기는 '60', [Fill]에서 Color는 'FFFFFF'로 설정하고, ≡(Align center) ⊹(Align middle)를 클릭하여 텍스트를 정렬합니다.

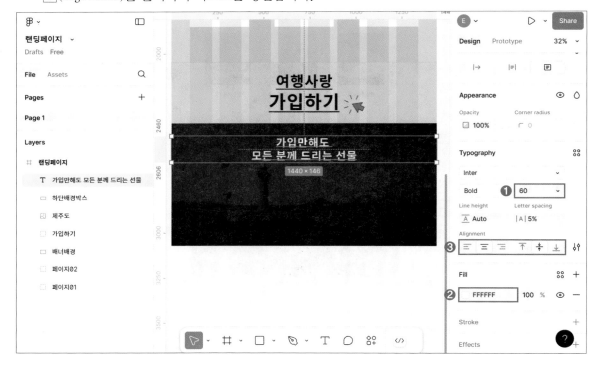

**20** 쿠폰을 만들기 위해서, 다음과 같이 사각형(X:425, Y:2690, W:590, H:250)을 제작합니다. [Fill]에서 Color는 'FFFFFF', [Constraints]의 Horizontal constraints는 'Center'로 설정합니다.

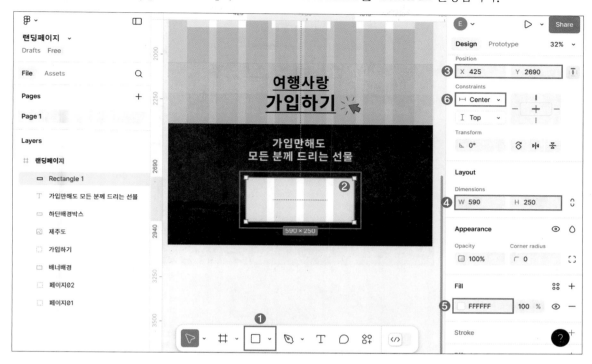

**21** 사각형 도형 위에 ☐(ShapTools)−[Ellipse]를 클릭하여 W는 '70', H는 '70' 크기의 원 도형을 제작합니다. 사각형 도형의 왼쪽 꼭지점과 원의 가운데 중심점을 드래그하여 맞춥니다.

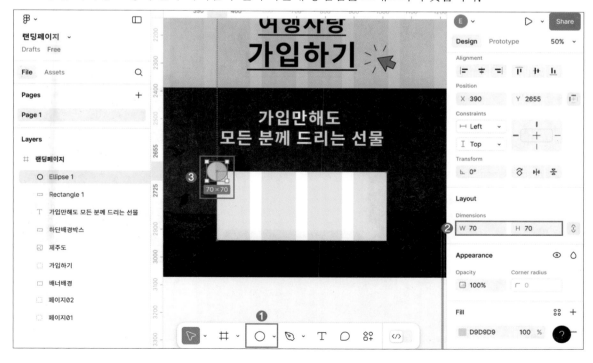

**22** 원을 선택한 다음 [Alt] + 드래그하여 복사하고, 사각형 도형 위 4개의 모든 꼭지점과 원의 가운데 중심점을 드래그하여 맞춥니다.

**23** [Layers] 패널에서 'Rectangle1'부터 'Ellipse4'까지 5개의 레이어를 모두 선택하고, [Design] 패널에서 ⋯ (More actions)−[Subtract selection]을 클릭하여 사각형과 원이 겹치는 부분을 제거합니다.

**TIP** 개체 선택 여부에 따라 메뉴 변경 사항

❶ 개체 아무 것도 선택 안 했을 경우    ❷ 개체를 1개 선택했을 경우    ❸ 두 개 이상의 개체를 선택할 경우

**24** 사각형과 원이 겹치는 부분을 제거한 나머지 모양이 나온 것을 확인합니다. 최종적으로 수정되지 않도록 ⋯ (More actions)−[Flatten selection]을 클릭합니다.

**TIP** More actions

🗐 Union selection ⟶ 맨 위에 있는 도형을 기준으로 하나로 병합(도형 합치기)

🗐 Subtract selection ⟶ 맨 아래에 있는 도형만 남기고, 위에 겹쳐진 도형 제거(도형 삭제)

🗐 Intersect selection ⟶ 위에 있는 도형을 기준으로 겹치는 부분만 남기고 제거(도형 교차)

🗐 Exclude selection ⟶ 도형끼리 겹치는 부분만 제거(도형 제외)

⯮ Flatten selection ⟶ (Subtract selection)을 사용한 후, 오브젝트가 더 수정되지 않도록 병합

기본형을 기반으로 각각의 Boolean으로 적용한 결과

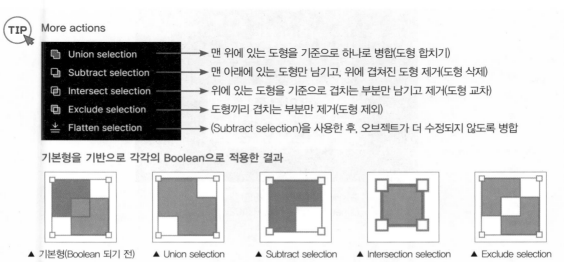

▲ 기본형(Boolean 되기 전)    ▲ Union selection    ▲ Subtract selection    ▲ Intersection selection    ▲ Exclude selection

**25** ▣ (Text) 도구로 위치(X:425, Y:2715)에 크기(W:590, H:66)로 드래그하여 텍스트 상자를 삽입하고, '할인쿠폰'을 입력합니다. [Fill]에서 Color는 '000000', [Constraints]의 Horizontal constraints는 'Center'로 설정합니다.

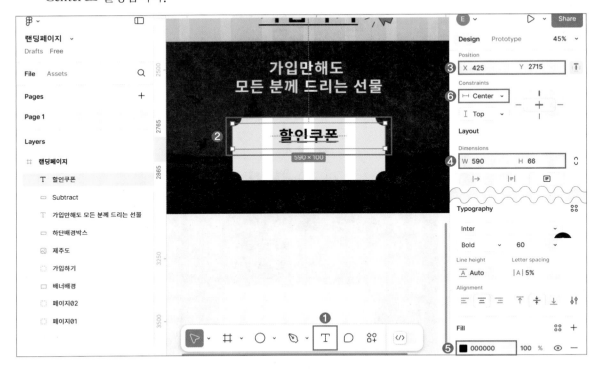

**26** 같은 방법으로 다음과 같이 위치에 '5,000원'을 입력합니다. 텍스트의 크기는 '80', [Constraints]의 Horizontal constraints는 'Center'로 설정합니다.

**27** 'Subtract' 레이어부터 '50,000원' 3개의 레이어를 선택하여 Ctrl + G 를 눌러 그룹화하고, 그룹 레이어 이름을 '할인쿠폰'으로 변경합니다.

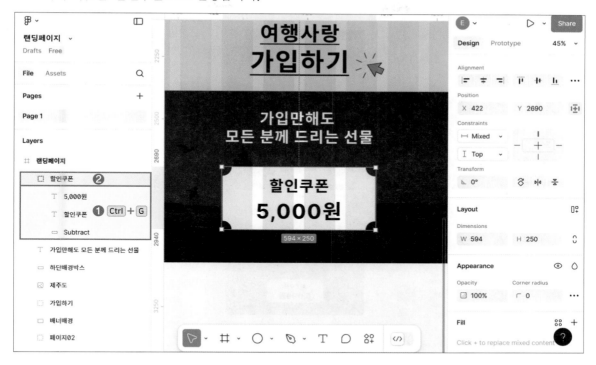

**28** '배너배경' 레이어부터 '할인쿠폰' 6개의 레이어를 선택하여 Ctrl + G 를 눌러 그룹화하고, 그룹 레이어 이름을 '페이지03'으로 변경합니다.

**29** 최종 화면을 확인하기 위해 제작한 랜딩 페이지 화면에서 Shift + G 를 눌러 Layout grids를 감추고, Shift + R 을 눌러 Rulers와 가이드라인을 감춥니다.

**30** 작업한 콘텐츠를 확인하기 위해 메인화면 우측상단에서 ▷ (Preview)를 선택하여, 완성된 랜딩 페이지 화면을 확인합니다.

# 피그마 핵심 기능 활용하기

이번 단원에서는 디자인 시스템을 등록하는 방법에 대해서 살펴보고 제작한 컨텐츠의 내용이 내부/외부적 변화에도 자동적으로 대응되는 Autolayout 활용 방법에 대해서 알아봅니다. Autolayout은 오브젝트의 정렬, 간격 조정, 크기 변화 등 자동화하여 효율적인 레이아웃을 만드는 기능입니다. 디자인의 효율성을 높이고 일관성을 유지하기 위한 핵심 기능으로, UI/UX 디자인 워크플로우를 최적화하는 데 사용됩니다. 또한 콘텐츠를 중복적으로 사용해야 할 때 필요한 Component를 활용하는 방법에 대해 아카데미 웹디자인 제작을 통해 알아봅니다.

# 01 디자인 시스템 **생성 및 관리**

일관성 있는 웹/앱 디자인 구축을 위해 컬러, 타이포그래피, 그리드 시스템을 등록하는 방법에 대해서 알아 봅니다.

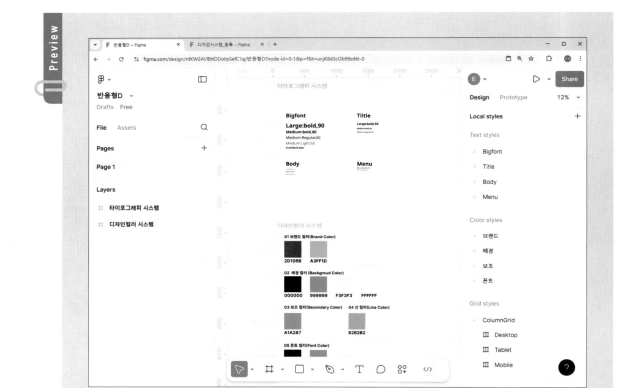

## 1. 디자인 시스템 파일 불러오기

**01** 피그마 시작화면에서 [New design file]을 만든 다음, 파일의 이름을 '반응형D'로 변경하고 [Drafts]를 클릭합니다.

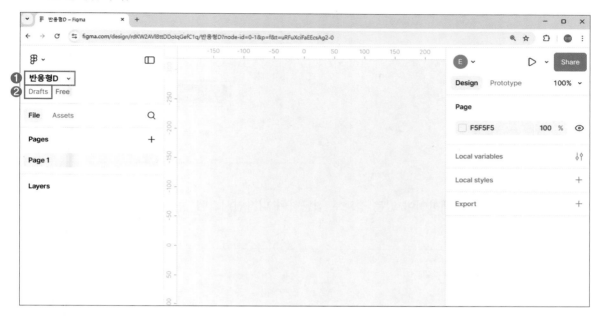

**02** 피그마에서 미리 제작해 둔 디자인 시스템 등록 파일을 불러와 사용하기 위해 피그마 [+ Create new]-[Import]를 클릭합니다.

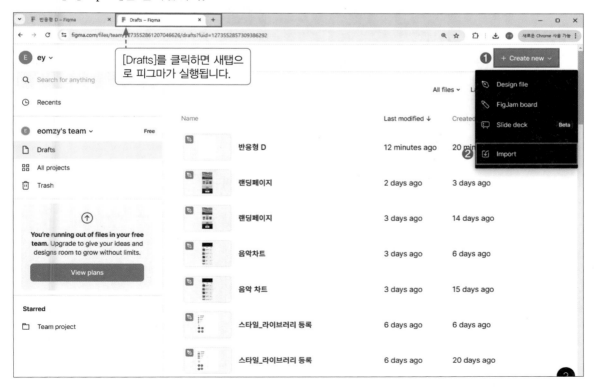

**03** 화면에 [Import] 창이 나타나면 [Import from computer] 버튼을 클릭합니다.

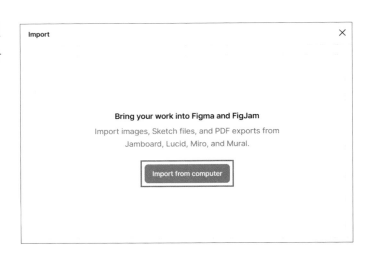

**04** 독자에게 제공한 예제파일이 있는 경로로 접근하여 디자인시스템_등록.fig 선택하고, [열기] 버튼을 클릭합니다.

**05** [Imported to Drafts] 창이 나타나면 [Done] 버튼을 클릭합니다.

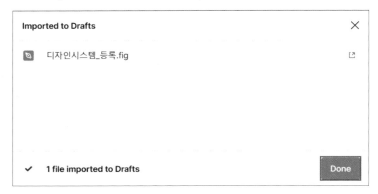

**06** 디자인시스템_등록.fig 파일이 Import된 화면이 나타나면 더블클릭하여 파일을 엽니다.

**07** '디자인시스템_등록.fig' 파일이 열리면 [Layers] 패널에서 '타이포그래피 시스템' Frame 레이어, '디
자인컬러 시스템' Frame 레이어를 선택한 다음, Ctrl + C 를 눌러 복사합니다.

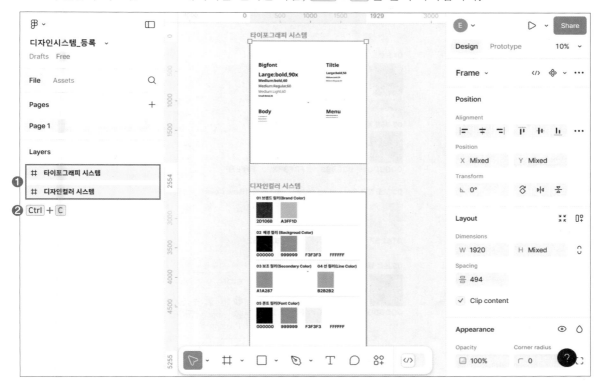

**08** 크롬 브라우저의 [반응형D] 탭을 클릭하여 화면을 이동한 다음, `Ctrl` + `V` 를 눌러 붙여넣기 합니다.

**09** `Ctrl` + `+` 를 눌러 화면을 확대하고, `H` 를 누르고 화면을 이동한 다음, [Layers] 패널에서 [디자인 컬러 시스템]-[브랜드컬러]-[브랜드컬러01] 레이어를 선택합니다.

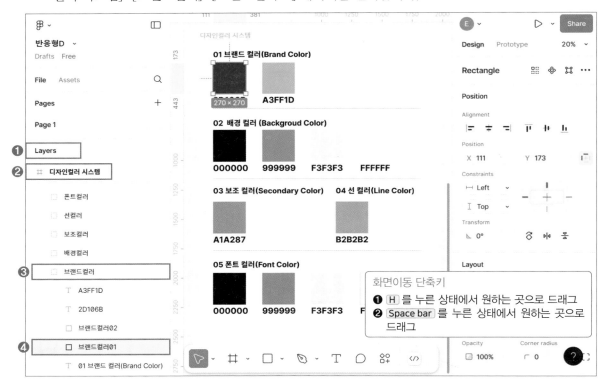

**10** [Design] 패널에서 [Fill]의 ⠿ (Apply styles and variables)를 클릭하여 [Libraries] 창이 나타나면 [+]를 클릭합니다. [Style] 등록 창에서 Name에 '브랜드/브랜드01'을 입력한 다음, [Create style] 버튼을 클릭하고 빈 여백을 클릭합니다.

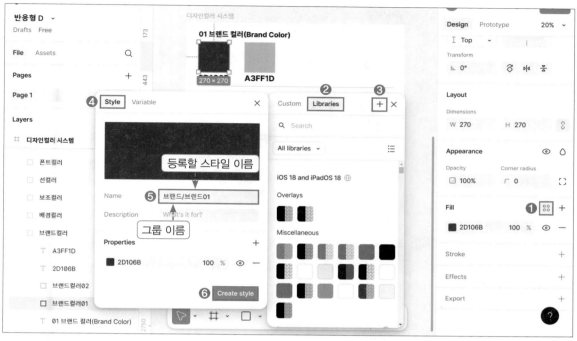

---

**🖱 Check Point**　**컬러 시스템 등록**

(1) 컬러 시스템 스타일 등록 방법 : '그룹 이름/그룹에 넣을 스타일 이름'으로 등록해야 폴더가 자동생성되고 스타일이 폴더 안에 등록됩니다(예시 : 브랜드/브랜드컬러01).

(2) 컬러 시스템 등록 완료

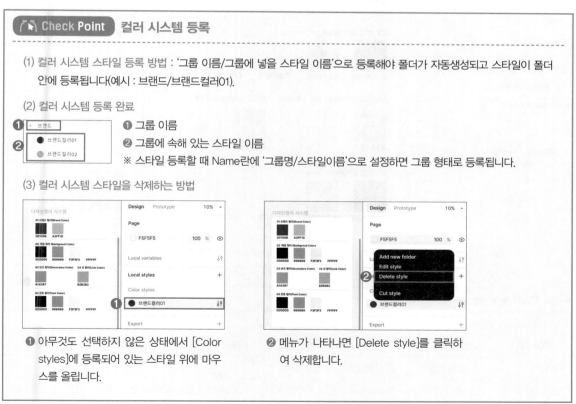

❶ 그룹 이름
❷ 그룹에 속해 있는 스타일 이름
※ 스타일 등록할 때 Name란에 '그룹명/스타일이름'으로 설정하면 그룹 형태로 등록됩니다.

(3) 컬러 시스템 스타일을 삭제하는 방법

❶ 아무것도 선택하지 않은 상태에서 [Color styles]에 등록되어 있는 스타일 위에 마우스를 올립니다.

❷ 메뉴가 나타나면 [Delete style]를 클릭하여 삭제합니다.

**11** [Design] 패널의 [Color styles]에서 '브랜드' 그룹 안에 '브랜드컬러01'이 등록되어 있는 것을 확인합니다.

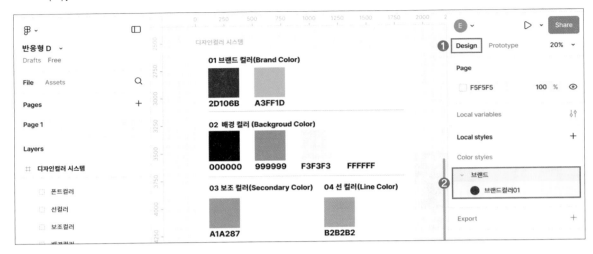

**12** 같은 방법으로 배경컬러, 보조컬러, 선컬러, 폰트컬러 스타일을 등록한 후 [Design] 패널에서 확인합니다. [Layers] 패널의 ⊞(디자인컬러 시스템)의 ⌄(축소) 버튼을 클릭합니다.

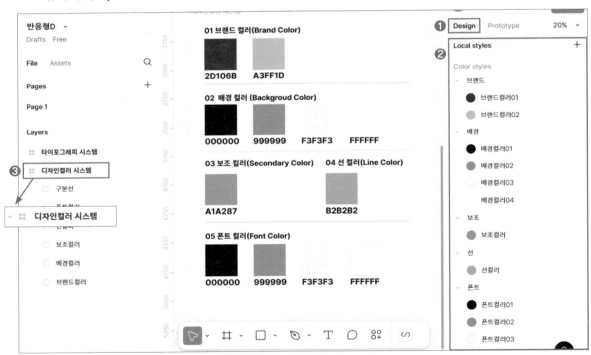

**◆ 컬러 시스템 등록사항**

| 2D106B | 브랜드/브랜드컬러01 | A3FF1D | 브랜드/브랜드컬러02 | | | | |
|---|---|---|---|---|---|---|---|
| 000000 | 배경/배경컬러01 | 999999 | 배경/배경컬러02 | F3F3F3 | 배경/배경컬러03 | FFFFFF | 배경/배경컬러04 |
| A1A287 | 보조/보조컬러 | B2B2B2 | 선/선컬러 | | | | |
| 000000: | 폰트/폰트컬러01 | 999999 | 폰트/폰트컬러02 | F3F3F3 | 폰트/폰트컬러03 | FFFFFF | 폰트/폰트컬러04 |

## 2. 타이포그래피 시스템 만들기

**01** 크롬 브라우저를 실행하고, 주소입력창에서 https://fonts.google.com/에 접속합니다.

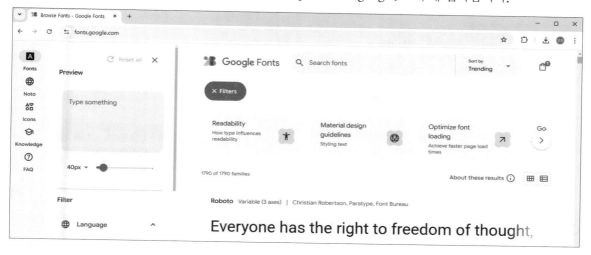

**02** 검색란에 'Noto Sans'를 입력한 다음, 'Noto Sans' 폰트를 클릭합니다.

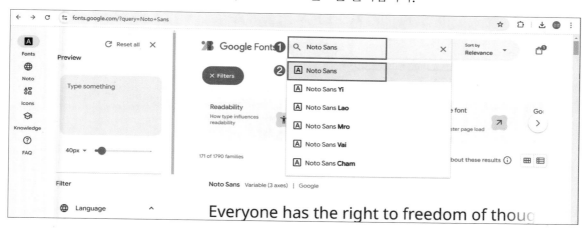

**03** 'Noto Sans' 폰트 정보가 나타나면 [Get font]를 클릭합니다.

**04** [Download all(1)]를 클릭하여 폰트를 다운로드 합니다. 다운로드 된 폰트는 [내PC]–[다운로드] 폴더에서 확인할 수 있습니다.

**05** 다운로드 한 폰트의 압축을 푼 다음 [Noto Sans]–[Static] 경로로 접근하여 설치할 폰트를 선택하고 Ctrl + C 를 눌러 복사합니다.

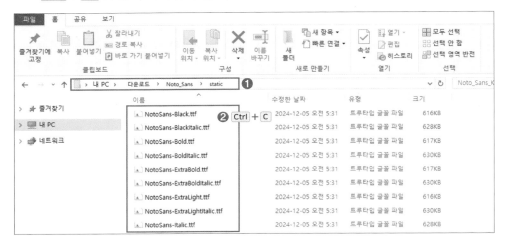

**06** 'C:₩Windows₩Fonts' 폴더에 Ctrl + V 를 눌러 붙여 넣습니다.

**07** [반응형D] 창을 다시 활성화한 다음, H 를 누른 상태에서 화면을 이동한 후, V 를 눌러 화면 이동을 해제합니다. [Layers] 패널에서 [타이포그래피 시스템]–[Bigfont]–[Large:bold,90] 레이어를 선택합니다.

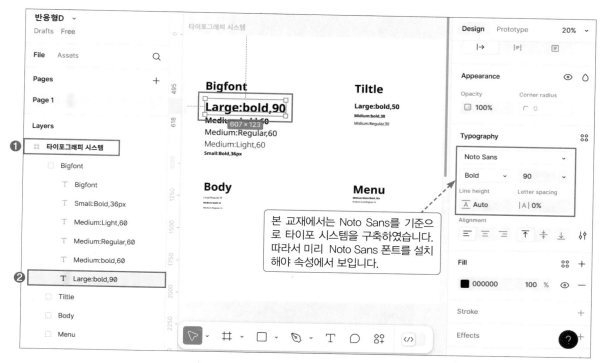

본 교재에서는 Noto Sans를 기준으로 타이포 시스템을 구축하였습니다. 따라서 미리 Noto Sans 폰트를 설치해야 속성에서 보입니다.

**08** [Design] 패널의 [Typography]에서 ⠿ (Apply styles)를 클릭하여 [Text styles] 창이 나타나면 [+]를 클릭합니다. [Create new text style] 창의 Name 입력란에 'Bigfont/Big_L_B90'을 입력하고, [Create style]을 클릭하여 등록합니다.

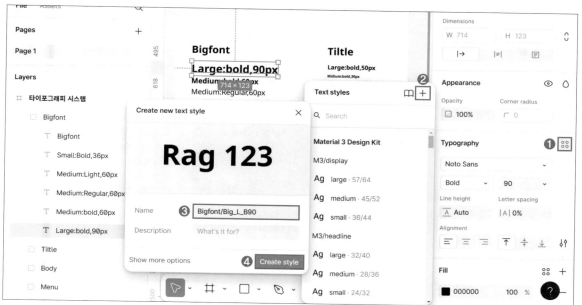

**09** 같은 방법으로 'Big font', 'Title', 'Menu', 'Body'에 속해있는 모든 텍스트를 '타이포그래피 시스템 등록사항'을 참고하여 모두 등록하고, 빈 여백을 클릭합니다. 타이포그래피 시스템으로 등록된 폰트 스타일은 [Design] 패널에서 보입니다.

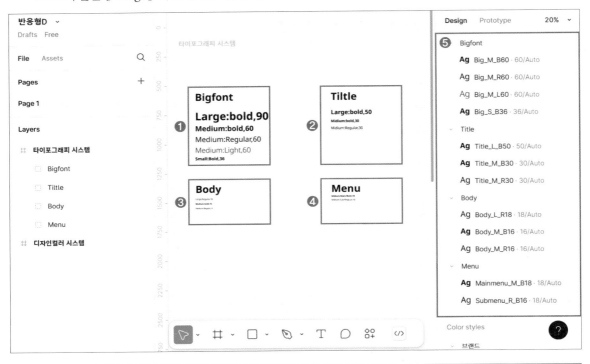

※ 타이포그래피 시스템으로 폰트 스타일을 등록할 때는 위와 같이 규칙을 먼저 정하고 등록하는 것이 좋습니다.

## 3. 그리드 시스템 만들기

**01** 작업 영역 화면을 이동하기 위해 ⬛(Tool)－⬛(Hand tool)을 선택합니다. 왼쪽 마우스 버튼을 누른 채 위쪽으로 드래그하여 화면을 이동합니다.

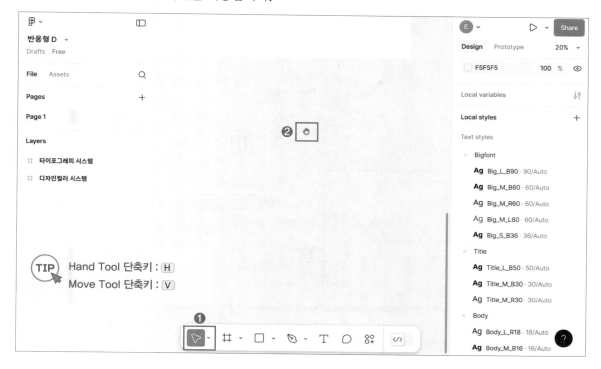

**02** 그리드 시스템을 만들기 위해, Frame을 만들지 않고 [Design] 패널의 [Local styles]에서 ＋(Create styles)를 누르고, [Grid]를 클릭합니다.

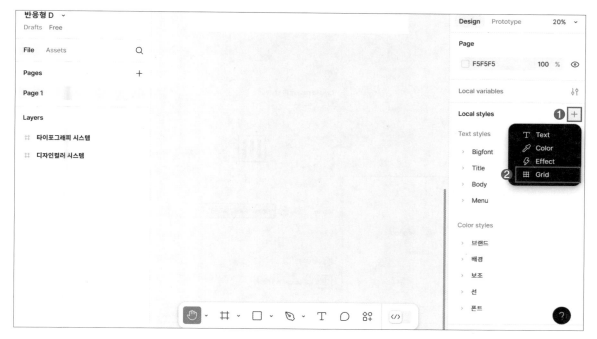

**03** [Create new grid style] 창이 나타나면 Name에 'ColumnGrid/Desktop'을 입력합니다. Ⅲ (Layout grid settings)를 클릭한 다음 'Columns'로 변경하고, 다음과 같이 설정한 후 [Create style] 버튼을 클릭합니다.

**04** Tablet 그리드 스타일 설정하기 : [Grid styles]에서 + (Create grid style)을 클릭하여 [Create new grid style] 창이 나타나면 Name은 'ColumnGrid/Tablet'으로 입력합니다. Ⅲ (Layout grid settings)를 클릭한 다음 'Columns'로 변경하고, 다음과 같이 설정한 후 [Create style] 버튼을 클릭하여 그리드를 등록합니다.

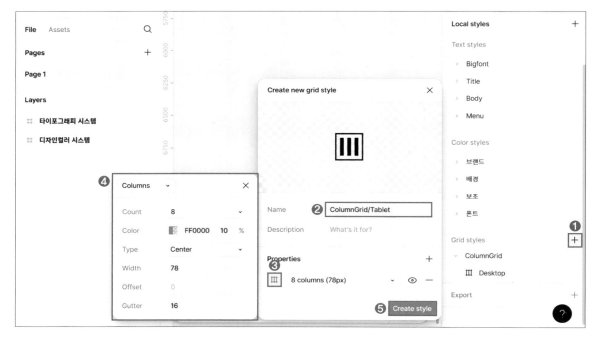

**05** Moblie 그리드 설정하기 : 같은 방법으로 ＋ (Create grid style)을 클릭하여 'ColumnGrid/Mobile' 이름
으로 다음과 같이 설정한 후, [Create style] 버튼을 클릭하여 그리드를 등록합니다.

**06** [Design] 패널의 [Grid styles]에서 'ColumnGrid' 그룹 안에 'Desktop', 'Tablet', 'Mobile'이 등록되어
있는 것을 확인합니다.

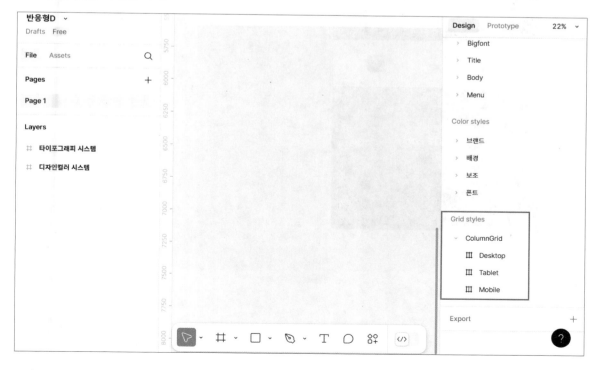

# 02 아카데미 웹디자인 **프로젝트 제작**

Autolayout, Component 활용하는 방법을 통해 아카데미 웹디자인 제작을 알아봅니다.

## 1. 데스크탑 반응형 코딩학원 웹디자인 제작하기 – 기본 레이아웃 설정하기

**01** ⊞(Frame) 도구를 선택하여 'X:0, Y:5500' 위치에 'W:1920, H:4320' 크기로 영역을 만듭니다. Frame의 이름은 '데스크탑(1920)'으로 변경합니다.

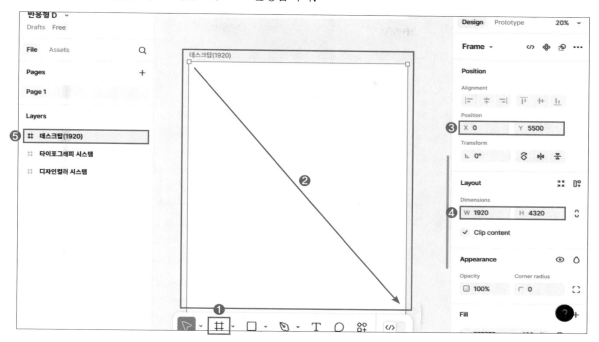

**02** '데스크탑(1920)' Frame 레이어에 색상을 적용하기 위해, [Design] 패널에서 [Fill]의 ⠿(Apply styles and variables)을 클릭한 다음, [Libraries] 탭에서 '배경/배경컬러04' 스타일을 선택합니다.

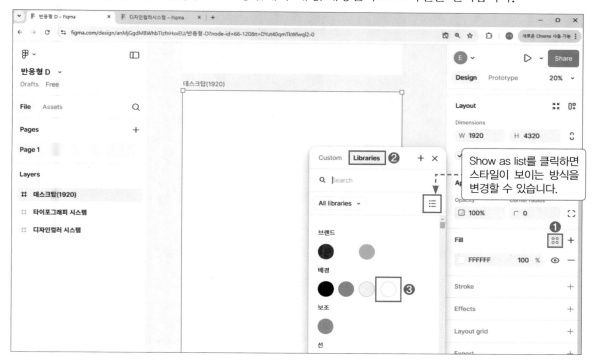

**03** 등록된 Layout grid를 적용하기 위해, [Design] 패널의 [Layout grid]에서 ⊞ (Apply styles)를 클릭합니다. [Grid styles] 창에서 [ColumnGrid]의 'Desktop'을 선택합니다.

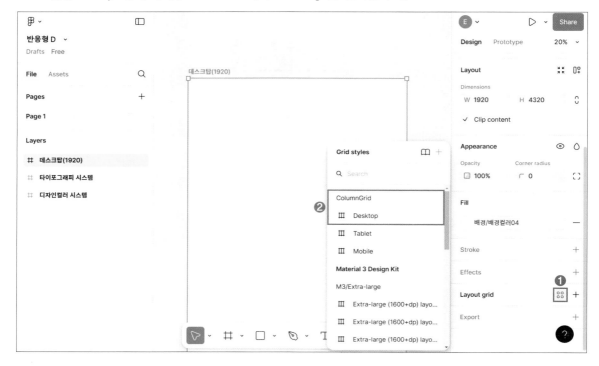

**04** 데스크탑(1920) Frame에 적용된 'ColumnGrid/Desktop'을 확인합니다.

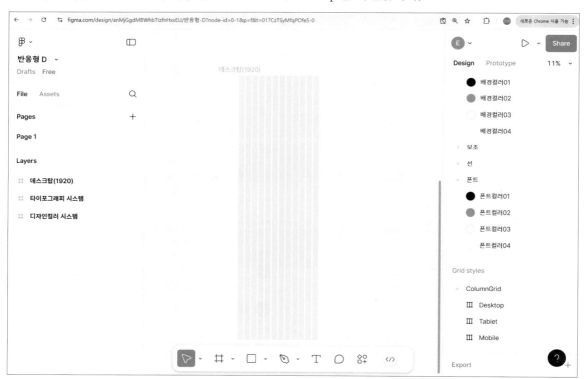

## 2. 헤더 만들기

**01** 프레임 상단에 다음과 같이 사각형(X:0, Y:0, W:1920, H:140)을 제작한 다음, [Constraints]의 Horizontal constraints는 'Left + Right'로 설정합니다. [Layers] 패널에서 레이어의 이름을 'header_bg'로 변경합니다.

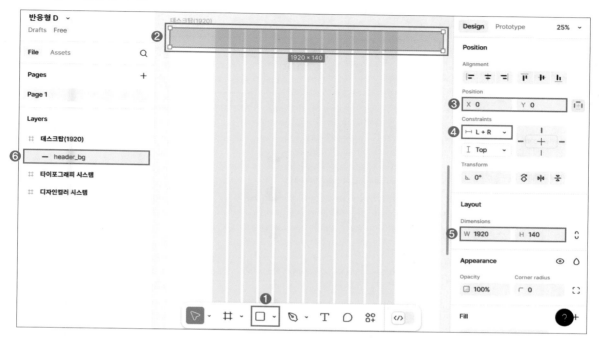

**02** 데스크탑(1920) Frame에 색상을 적용하기 위해, [Design] 패널에서 [Fill]의 ⊞ (Apply styles and variables)을 클릭한 다음, [Libraries] 탭에서 '배경/배경컬러04' 스타일을 선택합니다.

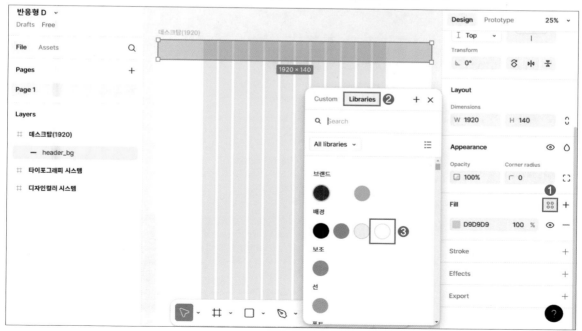

**03** 'header_bg'에 Stroke를 설정하기 위해 [Design] 패널에서 [Stroke]의 ▓ (Apply styles and variables)을 클릭한 다음, [Libraries] 탭에서 '선/선컬러' 스타일을 선택합니다.

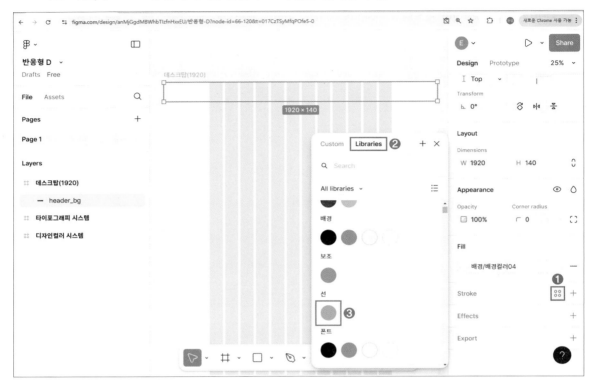

**04** [Stroke]의 ▣ (Strokes Per side)−[Bottom]을 클릭하여 아래쪽만 테두리를 설정합니다.

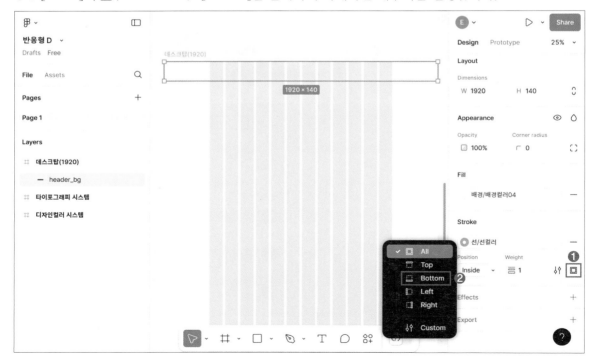

**05** 로고를 삽입하기 위해 사각형(X:320, Y:24, W:92, H:92)을 제작한 다음, [Constraints]의 Horizontal constraints는 'Center'로 설정합니다.

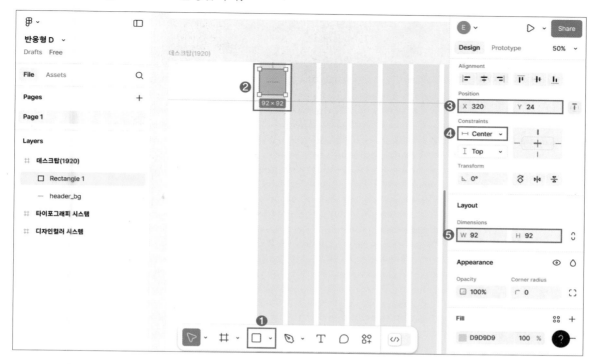

**06** ▢ (Shape tools)−[Image/video]를 선택하여 독자에게 제공해 준 예제파일의 part4 폴더로 이동한 다음, 'logo.png'를 선택하고 [열기] 버튼을 클릭합니다.

**07** logo.png 이미지와 + 모양이 보이면 제작한 사각형 도형 위로 클릭하여 삽입합니다.

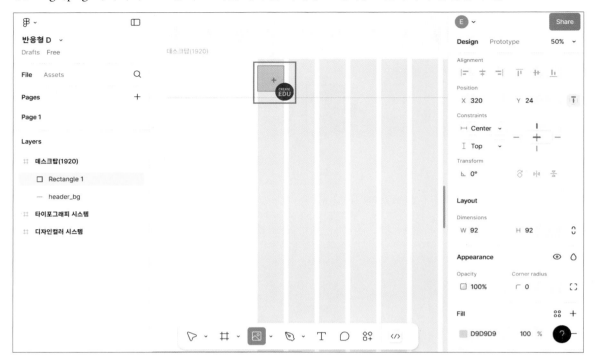

**08** 메뉴 제작을 위해 🔲 (Text) 도구로 'CREATE EDU'를 입력하고, [Position]에서 X는 '536', Y는 '58'로 설정합니다. [Constraints]의 Horizontal constraints는 'Center'로 설정한 다음, [Typography]의 [Text styles] 창에서 'Main menu_M_B18'를 선택합니다.

**09** [Fill]에서 ⠿ (Apply styles and variables)를 클릭하고, [Libraries]에서 '폰트/폰트컬러01' 스타일을 선택합니다.

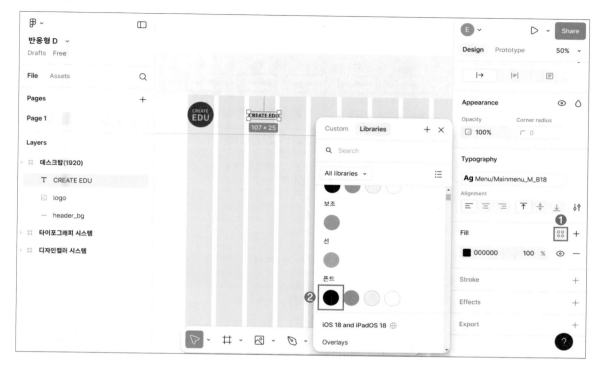

**10** 'CREATE EDU'에 [Typography]의 'Main menu_M_B18' 스타일과 [Fill]의 '폰트/폰트컬러01' 스타일이 적용된 것을 확인합니다.

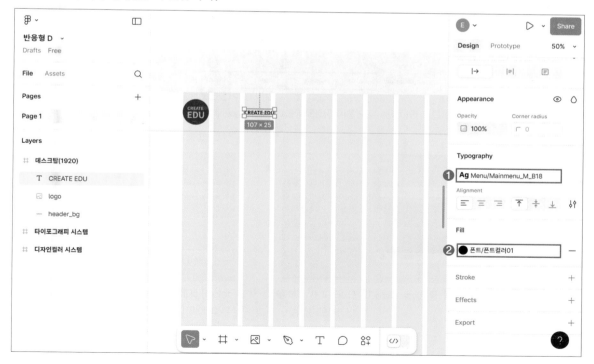

**11** 'CREATE EDU' 텍스트를 선택하여 Shift + Alt + 드래그하여 한번 복사한 다음, Ctrl + D 를 3번 눌러 텍스트를 반복 복사합니다.

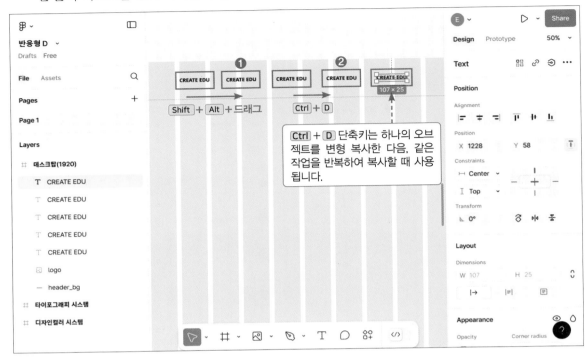

**12** 복사한 텍스트는 '학습안내', '과정안내', '학습후기', '고객지원'으로 변경합니다. '고객지원'에서 [Position]의 X는 '1208', Y는 '58'로 배치합니다.

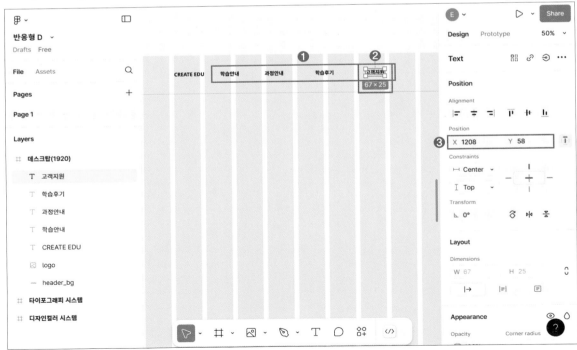

**13** 오브젝트의 자동정렬을 위해 입력한 5개 텍스트를 모두 선택하여 [Design] 패널의 [Layout]에서 Ⅱ(Use auto layout)을 클릭합니다.

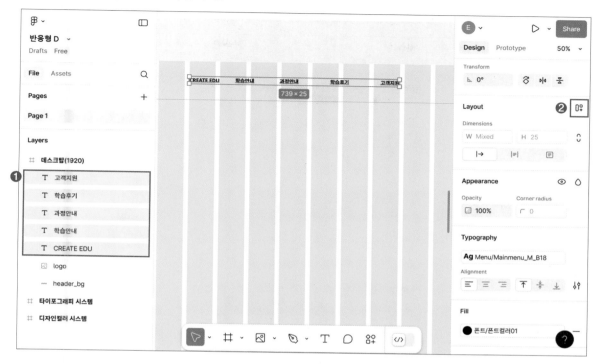

**14** 5개의 텍스트가 일정한 간격으로 정렬되고, [Layers] 패널에서 5개 텍스트 Ⅱ(Frame1)로 그룹화된 것을 확인합니다. [Design] 패널의 [Auto layout]에서 Alignments의 Ⅲ(Align left)를 더블클릭하여 오브젝트의 간격을 자동으로 설정합니다.

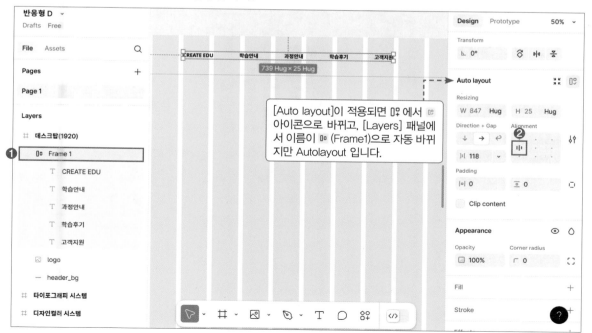

[Auto layout]이 적용되면 Ⅱ에서 Ⅱ 아이콘으로 바뀌고, [Layers] 패널에서 이름이 Ⅱ(Frame1)으로 자동 바뀌지만 Autolayout 입니다.

**15** [Layers] 패널에서 ▯▯ (Frame1) 레이어 이름을 'nav(main_menu)'로 변경합니다. [Constraints]의 Horizontal constraints는 'Center'로 설정합니다. [Auto layout]에서 텍스트 오브젝트 간격이 'Auto', Alignment는 'Align Center'로 적용된 것을 확인합니다.

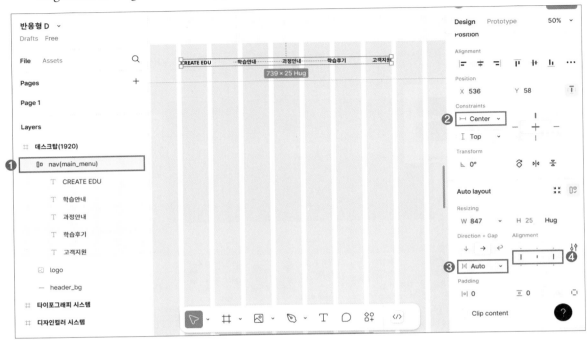

**16** 버튼을 제작하기 위해서, ▦ (Frame) 도구로 다음과 같이 'X:1370, Y:50' 위치에 'W:108, H:40' 크기로 제작합니다. [Constraints]에서 Horizontal constraints는 'Center'로 설정하고, [Appearance]에서 Corner radius는 '5'로 지정합니다.

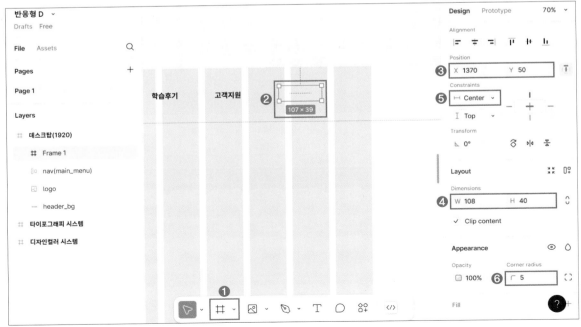

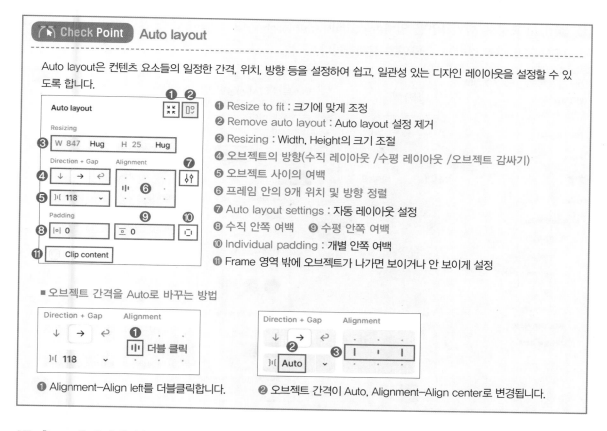

Auto layout은 컨텐츠 요소들의 일정한 간격, 위치, 방향 등을 설정하여 쉽고, 일관성 있는 디자인 레이아웃을 설정할 수 있도록 합니다.

❶ Resize to fit : 크기에 맞게 조정
❷ Remove auto layout : Auto layout 설정 제거
❸ Resizing : Width, Height의 크기 조절
❹ 오브젝트의 방향(수직 레이아웃 /수평 레이아웃 /오브젝트 감싸기)
❺ 오브젝트 사이의 여백
❻ 프레임 안의 9개 위치 및 방향 정렬
❼ Auto layout settings : 자동 레이아웃 설정
❽ 수직 안쪽 여백    ❾ 수평 안쪽 여백
❿ Individual padding : 개별 안쪽 여백
⓫ Frame 영역 밖에 오브젝트가 나가면 보이거나 안 보이게 설정

■ 오브젝트 간격을 Auto로 바꾸는 방법

❶ Alignment−Align left를 더블클릭합니다.    ❷ 오브젝트 간격이 Auto, Alignment−Align center로 변경됩니다.

**17** [Layers] 패널에서 'Frame1' 레이어의 이름을 'btn01_container'로 변경하고, [Fill]에서 ⠿ (Apply styles and variables)를 클릭합니다. [Libraries] 탭에서 '브랜드/브랜드컬러01' 스타일을 선택합니다.

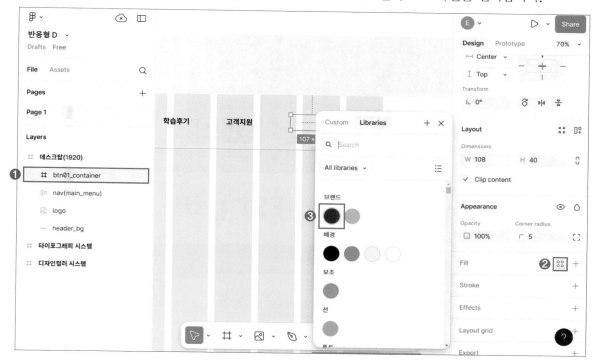

**18** 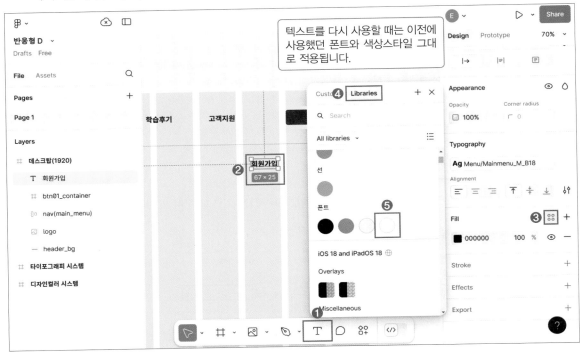(Text) 도구로 '회원가입'을 입력하고, [Fill]의 ⠿ (Apply styles and variables)를 클릭합니다. [Libraries] 에서 '폰트/폰트컬러04' 스타일을 선택합니다.

**19** '회원가입' 텍스트를 다음과 같이 드래그하여 이동합니다.

**20** [Layers] 패널에서 'btn01_container' Frame 레이어를 선택한 다음, [Design] 패널의 [Layout]에서
⧉(Use auto layout)를 클릭하여 Auto layout을 설정합니다.

**21** 회원가입 버튼을 Alt 를 누른 상태로 드래그하여 복사한 후, 레이어의 이름을 'btn02_container'로
변경합니다. 텍스트를 '로그인'으로 변경한 다음 [Position]에서 X는 '1510'으로 지정합니다.

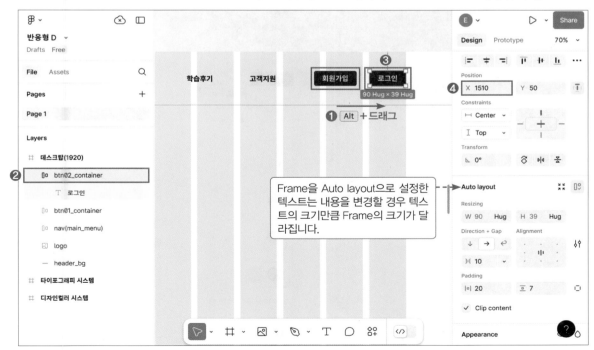

**22** 'btn02_container'를 선택한 다음, [Fill]의 스타일을 클릭하여 [Libraries]의 '브랜드/브랜드컬러02' 스타일을 적용합니다.

**23** '로그인' 레이어를 선택한 다음, [Fill]의 스타일을 클릭하여 [Libraries]의 '폰트/폰트컬러01' 스타일을 적용합니다.

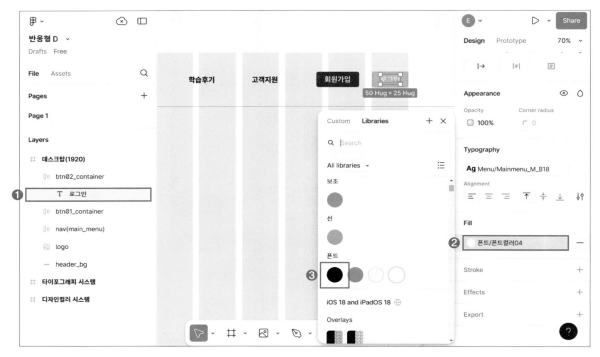

**24** [Layers] 패널에서 'btn01_container', 'btn02_container' 레이어를 선택하고, [Design] 패널에서 [Auto layout]의 ▯▯(Use auto layout)를 클릭합니다.

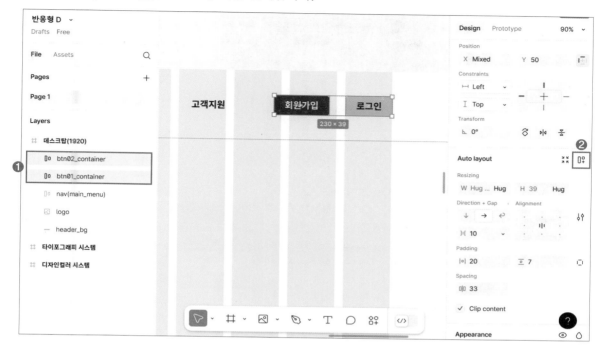

**25** [Layers] 패널에서 레이어의 이름을 'top_btn'으로 변경합니다. [Design] 패널의 [Constraints]에서 Horizontal constraints는 'Center'로 설정한 다음, [Auto layout]의 Alignment는 'Align right'로 지정합니다.

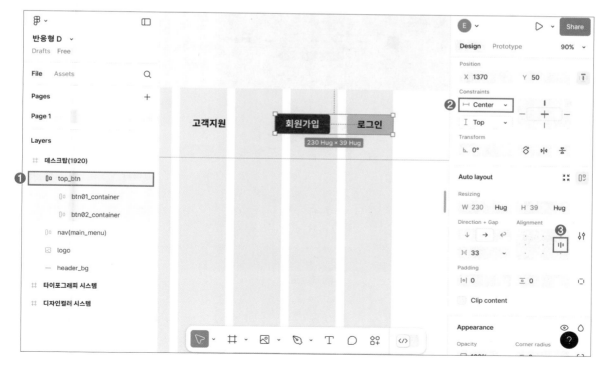

**26** [Layers] 패널에서 다음과 같이 레이어를 선택하고 [Design] 패널에서 [Layout]의 ⬚ᵈ(Use auto layout) 를 클릭합니다.

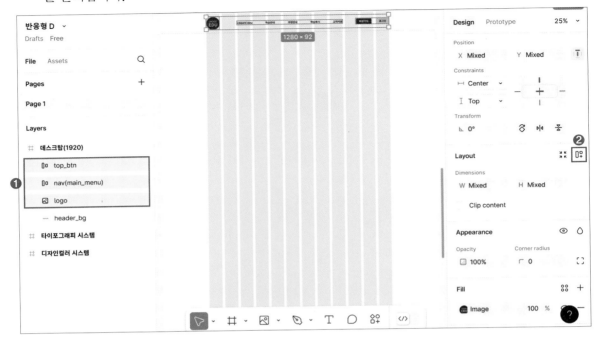

**27** [Layers] 패널에서 레이어의 이름을 'header_inner'로 변경합니다. [Constraints]에서 Horizontal constraints는 'Center'로 설정한 다음, [Design] 패널에서 [Auto layout]의 Alignment는 'Align Center'로 지정합니다.

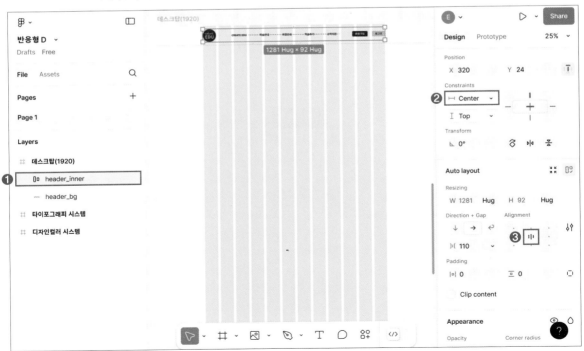

**28** [Layers] 패널에서 'header_inner'와 'header_bg'를 선택하고, [Layout]의 ▣(Use auto layout)를 클릭합니다.

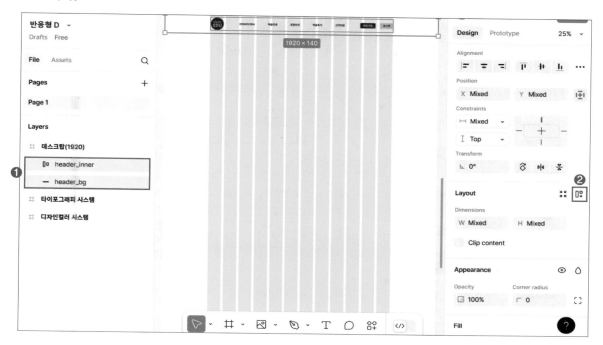

**29** [Layers] 패널에서 레이어의 이름을 'header'로 변경합니다. [Design] 패널의 [Constraints]에서 Horizontal constraints는 'Left + Right'로 설정한 다음, [Auto layout]의 Alignment는 'Align Center'로 지정합니다.

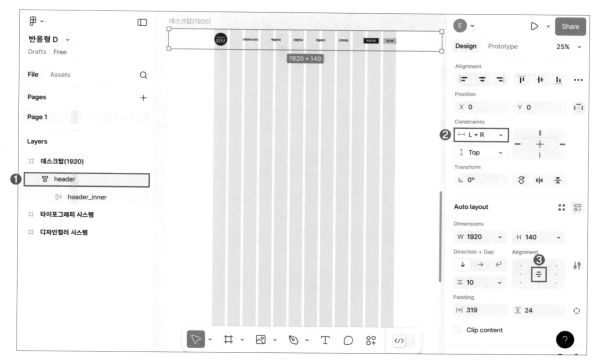

**Check Point** Auto layout 제작하는 방법

Auto layout으로 제작하는 방법은 Frame과 도형 도구를 이용하여 두 가지 방법으로 제작할 수 있습니다. 그러나 그 결과는 다르게 나타날 수 있는데 그 차이점에 대해서 살펴보겠습니다.

Frame 도구로 제작

❶ Frame 안에 문자 도구가 소속됨

❷ Auto layout을 적용하면 ▷ Frame이 Hug로 감싸짐

❸ 문자 내용을 길게 수정하면 수정한 길이 만큼
  ▷ Frame의 크기가 자동 늘어남

사각형 도구로 제작

❶ 사각형 도구와 문자가 독립적으로 설정됨

❷ Auto layout을 적용하면 ▷ Frame이 Fixed로 감싸짐

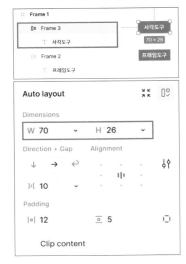

❸ 문자 내용을 길게 수정하면 내용은 늘어나지만
  ▷ Frame의 크기가 늘어나지 않음

단, 사각형 도구를 사용해서 제작할 때, Design 패널의 Fixed를 Hug로 수정하면 Frame 도구를 사용할 때와 같은 효과가 적용됩니다.

## 3. 메인 비주얼 영역 만들기

**01** header 아래에 다음과 같이 사각형(X:0, Y:140, W:1920, H:850)을 제작한 다음 [Constraints]의 Horizontal constraints는 'Left + Right'로 설정합니다. [Layers] 패널에서 레이어의 이름을 'visual_area'로 변경합니다.

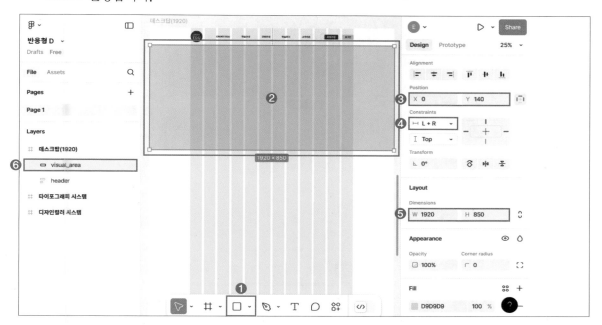

**02** (Image/Video) 도구로 독자에게 제공한 예제파일의 part4의 폴더로 이동한 다음 '이미지01.jpg'를 선택하고 [열기] 버튼을 클릭합니다.

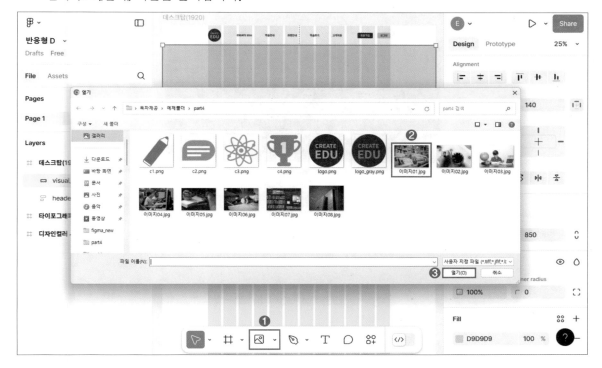

**03** 선택한 이미지01.jpg와 + 모양이 보이면 사각형 도형 위로 클릭합니다.

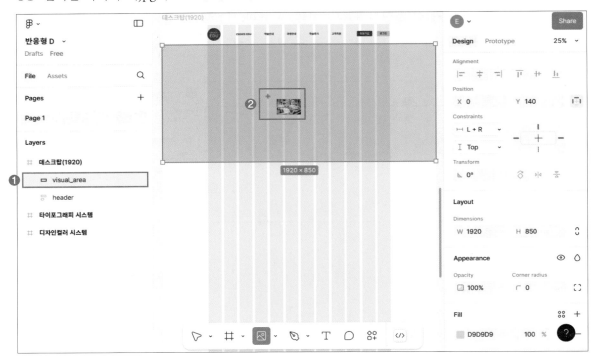

**04** 이미지 위에 불투명도 검정색을 적용하기 위해 [Fill]의 + (Add fill) 버튼을 클릭합니다. 이미지 위로 [Fill]의 Color가 '000000'으로 채워지면 불투명도를 '60%'로 설정합니다.

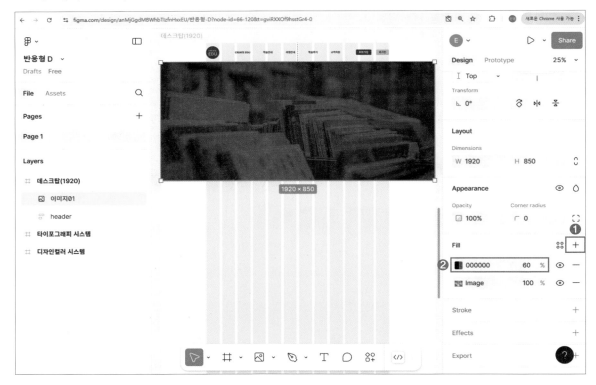

**05** [T] (Text) 도구로 'CREATE EDU'를 입력하고, [Position]에서 X는 '320', Y는 '280'로 배치합니다. [Constraints]의 Horizontal constraints는 'Center'로 설정한 다음, [Typography]는 'Big_L_B90', [Fill]은 '폰트/폰트컬러04'를 선택합니다.

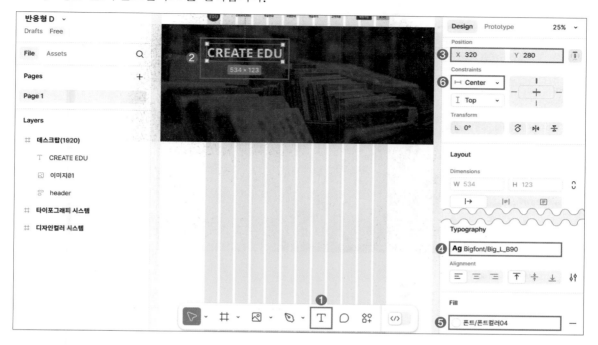

**06** 같은 방법으로 다음과 같이 텍스트를 입력하고 Position과 Constranints를 설정합니다. X는 '320', Y는 '420'으로 배치한 다음, [Typography]는 'Big_M_R60', [Fill]은 '폰트/폰트컬러04'를 선택하여 스타일을 설정합니다.

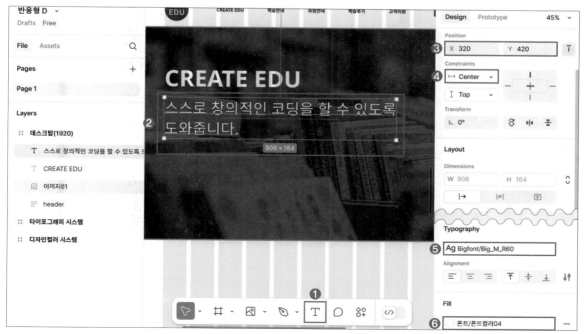

**07** 작업 화면에서 텍스트 부분을 더블클릭한 다음, '창의적인 코딩'만 영역을 설정합니다. [Typo graphy]는 'Big_M_B60' 스타일을, [Fill]은 '브랜드/브랜드컬러02' 스타일을 적용합니다.

**08** ⊞ (Frame) 도구로 영역(X:320, Y:630, W:520, H:100)을 제작한 다음, [Constraints]의 Horizontal constraints는 'Center'로 설정합니다. [Fill]은 '브랜드/브랜드컬러01' 스타일로 지정하고, [Layers] 패널에서 Frame의 이름을 '서브카피박스'로 변경합니다.

**09** ⬛ (Text) 도구로 '서브카피박스' Frame 위에 클릭하여 텍스트 입력 영역을 생성합니다. Frame 안에 텍스트 레이어가 생성된 것을 확인합니다.

**10** 텍스트 입력 영역에 '재밌고, 쉽고 흥미로운 수업'을 입력하고, [Position]에서 X는 '58', Y는 '25'로 배치합니다. [Constraints]의 Horizontal constraints는 'Center'로 설정한 다음, [Typography]는 'Big_S_B36', [Fill]은 '폰트/폰트컬러04' 스타일을 선택합니다.

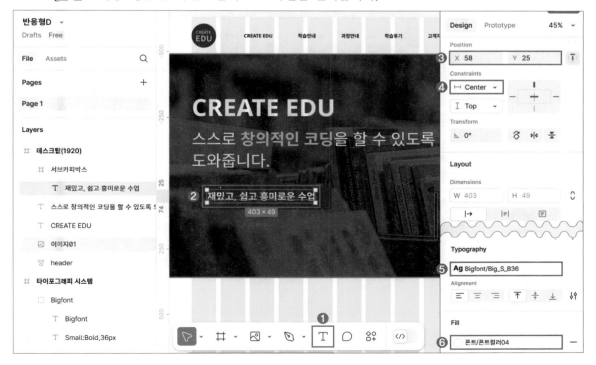

**11** [Layers] 패널에서 '서브카피박스'와 '재밌고, 쉽고 흥미로운 수업' 레이어 2개를 선택한 다음, [Layout]에서 ▯▯(Use auto layout)을 클릭합니다.

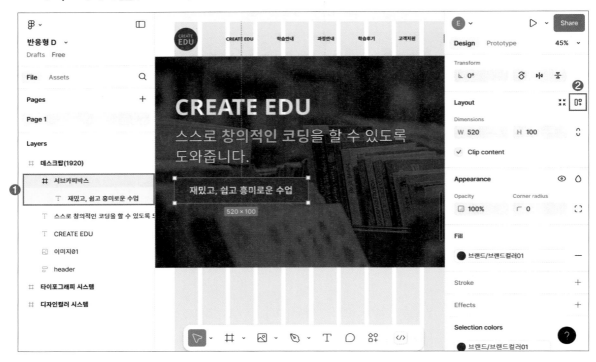

**12** [Layers] 패널에서 Auto layout이 설정된 것을 확인한 다음, [Design] 패널의 [Auto layout]– [Alignement]에서 'Align center'를 설정합니다.

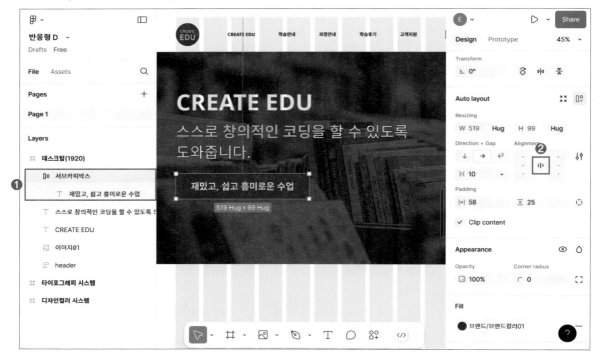

**13** 다음과 같이 [Layers] 패널에서 3개의 레이어를 선택한 다음, [Design] 패널의 [Layout]에서 ▢▢(Use auto layout)을 클릭합니다.

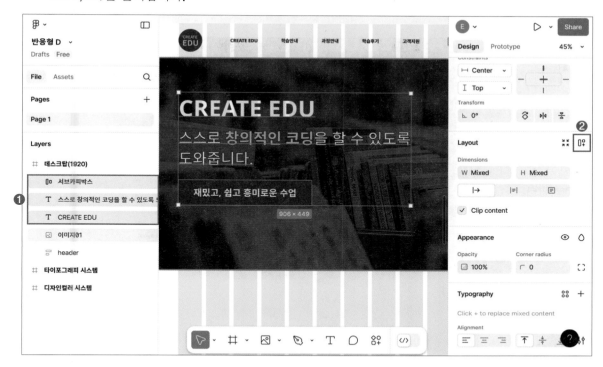

**14** 레이어의 이름을 '메인카피'로 변경합니다. [Design] 패널의 [Auto layout]−[Alignment]에서 'Align top left'로, W를 '1280'으로 변경합니다. [Constraints]의 Horizontal constraints는 'Left + Right'로 설정합니다.

TIP 개체에 Autolayout을 설정하여 만든 오브젝트 그룹은 최대한 기본 너비로 변경하면 그 크기만큼은 개체의 위치 변화에 영향을 주지 않습니다.

**15** 롤링 버튼을 만들기 위해 다음과 같이 원형(X:760, Y:810, W:30, H:30)을 제작한 다음, [Constraints]의 Horizontal constraints는 'Center'로 설정합니다. [Fill]은 '브랜드/브랜드컬러02'로 스타일을 적용합니다.

**16** 원 도형을 선택한 다음, Shift + Alt 를 누른 상태로 드래그하여 다음과 같이 복사합니다. 복사한 2개의 원 도형을 선택하고 [Fill]은 '배경/배경컬러04' 스타일을 적용합니다.

**17** [Layers] 패널에서 Ellipse 3개를 선택한 다음, [Layout]에서 (Use auto layout)을 클릭합니다.

**18** [Design] 패널에서 [Position]-[Alignment]는 ╪ (Align horizontal centers)로, [Auto layout]-[Alignment]는 'Align centers', Horizontal gap between objects는 '30'으로 적용한 다음, 레이어의 이름을 '롤링버튼'으로 변경합니다

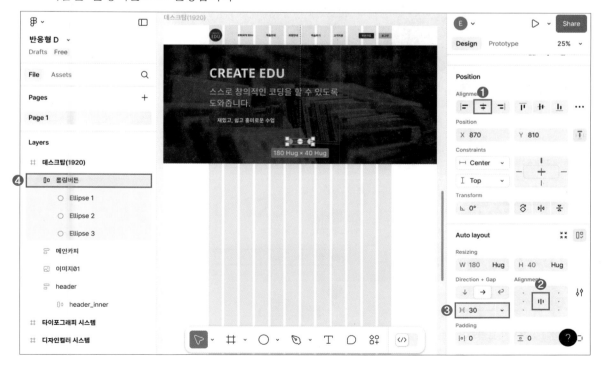

**19** '이미지01', '메인카피', '롤링버튼' 3개의 레이어를 선택한 다음, [Layout]에서 🔲(Use auto layout)을 클릭합니다.

**20** [Design] 패널에서 [Constraints]의 Horizontal constraints는 'Left + Right'로 설정한 다음, 레이어의 이름을 'Main_visual'로 변경합니다.

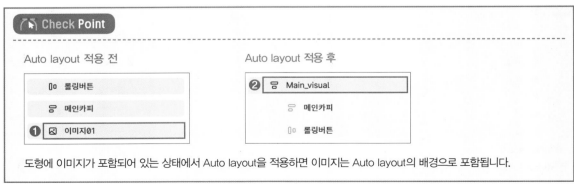

Check Point

Auto layout 적용 전

| ❶ 이미지01 |
|---|
| 메인카피 |
| 롤링버튼 |

Auto layout 적용 후

| ❷ Main_visual |
|---|
| 메인카피 |
| 롤링버튼 |

도형에 이미지가 포함되어 있는 상태에서 Auto layout을 적용하면 이미지는 Auto layout의 배경으로 포함됩니다.

## 4. 메인 콘텐츠 영역 만들기 01 : 제목 영역 만들기

**01** ⊞ (Frame) 도구로 다음과 같이 'X:0, Y:990' 위치에 'W:1920, H:900'의 크기로 제작한 다음, [Constraints]에서 Horizontal constraints는 'Left + Right'로 설정합니다. [Fill]은 '배경/배경컬러04' 스타일로 지정하고, [Layers] 패널에서 레이어 이름을 'content01'로 변경합니다.

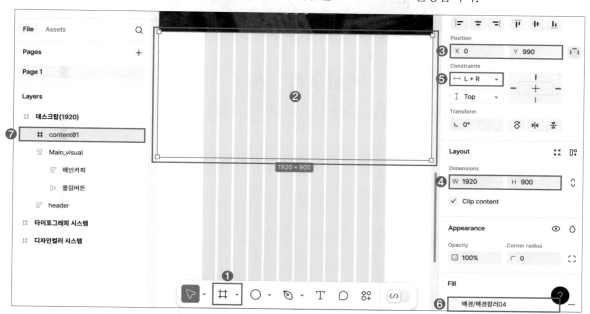

**02** Ⓣ (Text) 도구로 'CREATE EDU'를 입력합니다. X는 '812', Y는 '100'으로 배치하고, [Constraints] 에서 Horizontal constraints는 'Center'로 지정합니다. [Typography]에서 'Title_L_B50', 'Align center', [Fill]은 '폰트/폰트컬러01' 스타일을 선택합니다.

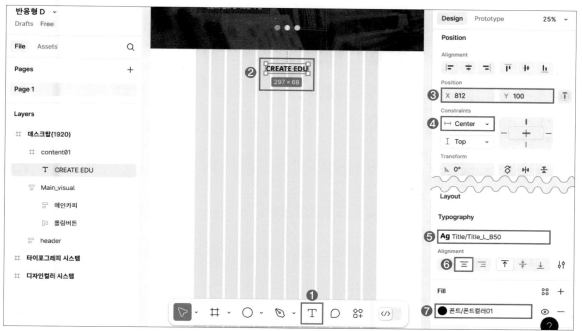

**03** 같은 방법으로 다음과 같은 위치에 텍스트를 입력합니다. X는 '655', Y는 '180'으로 배치하고, [Constraints]의 Horizontal constraints는 'Center'로 설정합니다. [Typography]는 'Title_M_R30', 'Align center', [Fill]은 '폰트/폰트컬러01' 스타일을 선택합니다.

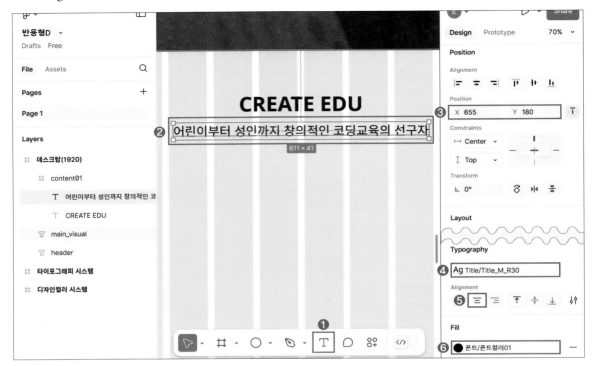

**04** [Layers] 패널에서 다음과 같이 2개의 레이어를 선택합니다. [Layout]에서 ᐃ(Use auto layout)을 클릭합니다.

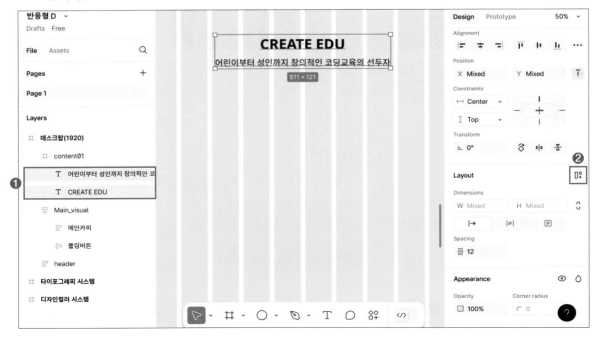

**05** [Design] 패널의 [Auto layout]–[Alignment]에서 'Align top center'로 설정한 다음, X는 '320', W는 '1280'으로 변경합니다. [Constraints]의 Horizontal constraints는 'Center'로 설정한 다음, 레이어의 이름을 'content01_title'로 변경합니다.

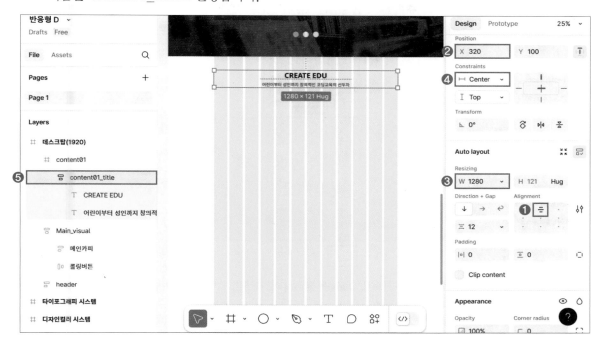

**06** ⊞ (Frame) 도구로 다음과 같이 'X:752, Y:330' 위치에 'W:416, H:470' 크기로 제작합니다. [Constraints]의 Horizontal constraints는 'Center'로 설정합니다. [Fill]은 '배경/배경컬러02' 스타일로 지정합니다.

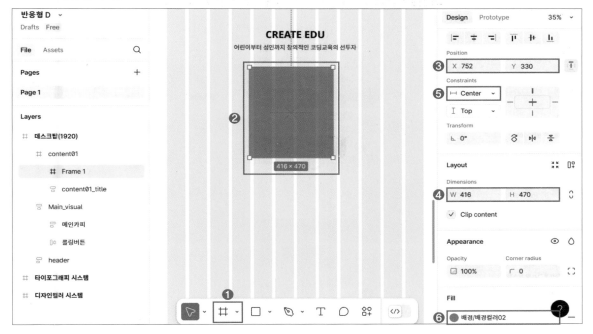

**07** 6번에서 제작한 Frame1 위에 ▣ (Shape tools)로 사각형(X:0, Y:0, W:416, H:470)을 제작한 다음, [Constraints]의 Horizontal constraints는 'Center'로 설정합니다.

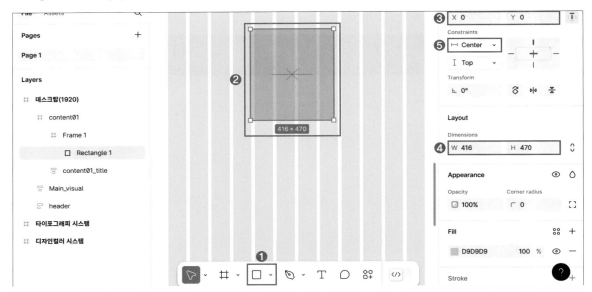

> **TIP** Frame 도구와 사각 도형은 다른 도구로서, Frame은 영역의 기본이 되는 겉박스이고 같은 크기의 사각형은 속박스라고 생각하면 됩니다. Autolayout과 Component 설정 시 영향을 받기 때문에 같은 크기라도 별도로 제작해서 Frame 안에 넣습니다.

**08** ⊞ (Frame) 도구로 'X:0, Y:360' 위치에 'W:416, H:110' 크기로 제작한 다음 [Constraints]의 Horizontal constraints는 'Center'로 설정합니다. [Fill]은 '배경/배경컬러01' 스타일로 지정합니다.

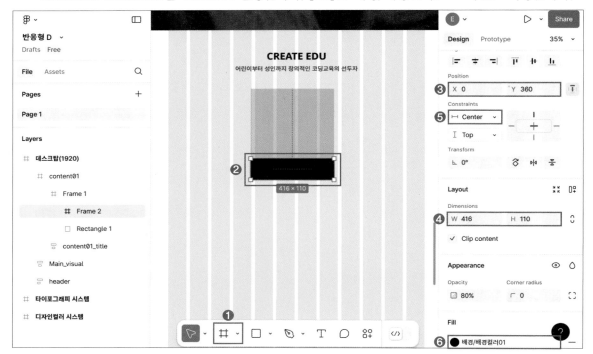

**09** 'Frame1'을 선택한 다음, [Layout]에서 🗃️(Use auto layout)을 클릭합니다.

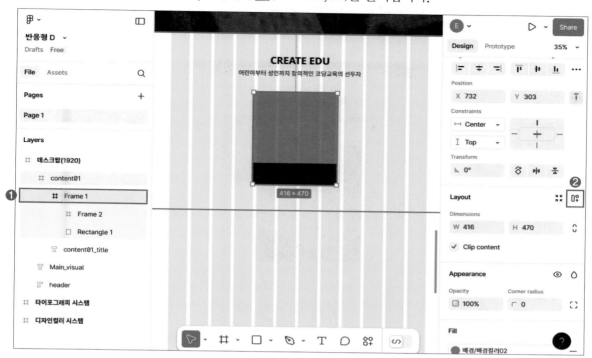

**10** [Design] 패널에서 [Constraints]의 Horizontal constraints는 'Center'로 설정합니다. [Auto layout]의 [Alignment]에서 'Align bottom center'로 지정하고, 레이어의 이름을 '이미지영역'으로 변경합니다.

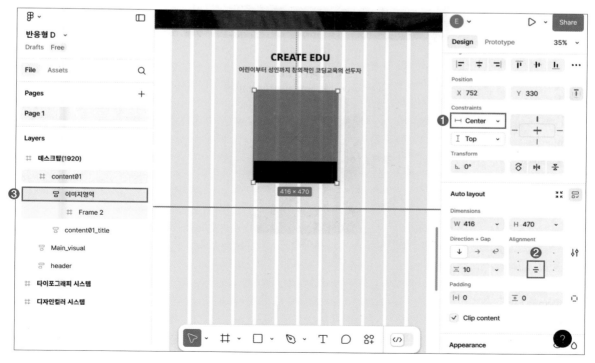

**11** 다음과 같은 위치(X:167, Y :34)에 '타이틀'를 입력한 다음, [Constraints]의 Horizontal constraints는 'Center'로 설정합니다. [Typography]는 'Title_M_B30', 'Align center', 'Align middle'로 정렬하고, [Fill]은 '폰트/폰트컬러04' 스타일을 선택합니다.

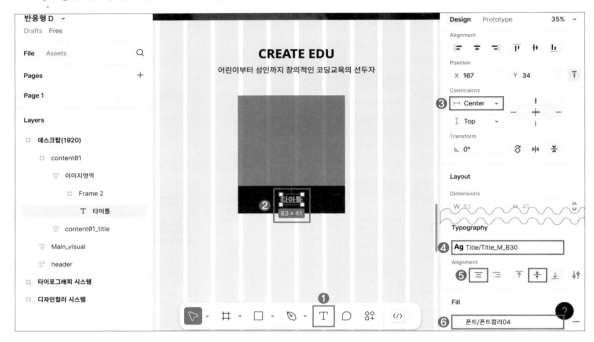

**12** 'Frame2' 레이어를 선택한 다음, [Layout]에서 [0](Use auto layout)를 클릭합니다.

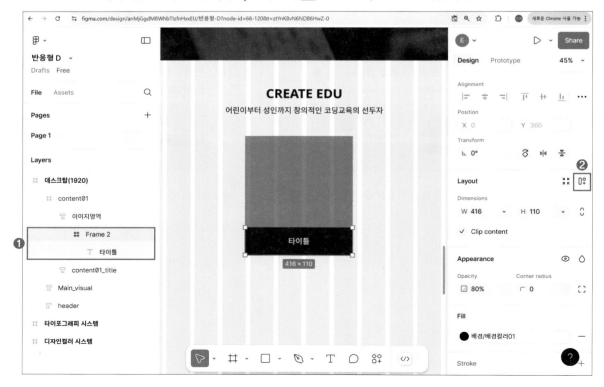

**13** [Auto layout]–[Resizing]에서 W는 'Fixed width'로, H는 '110'으로 설정한 다음, Alignment의 'Align bottom center'로 지정합니다. 레이어 이름을 '타이틀영역'으로 변경합니다.

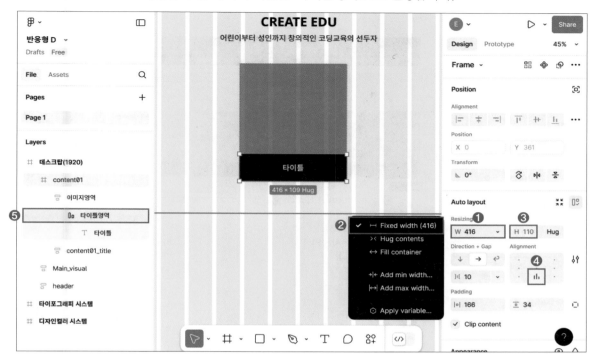

**14** Component로 등록하기 위해 '이미지영역' 레이어를 선택하고, ✥ (Create component)를 클릭합니다.

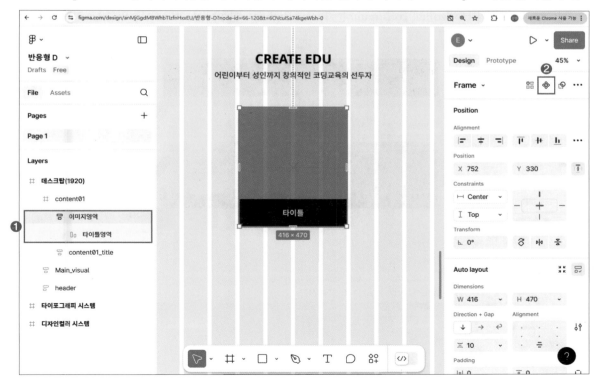

**15** [Layers] 패널에서 ✦ (Component)로 등록된 '이미지영역' 레이어를 선택한 다음, 작업영역에서
Shift + Alt 를 누른 상태로 드래그하여 4개를 복사합니다(단, 복사된 Instance는 'Content01' Frame 안에
반드시 포함되어 있어야 합니다).

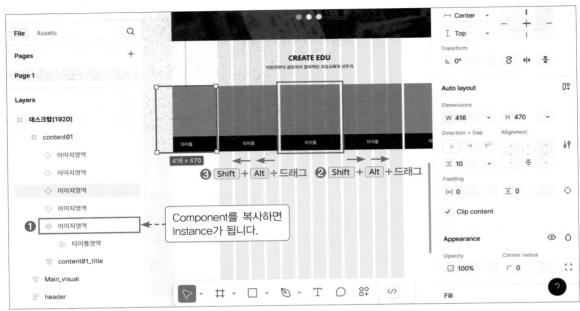

**16** '이미지영역' 중에서 1개의 ✦ (Component) 레이어와 4개의 ◇ (Instance) 레이어를 선택합니다.
Shift + A 를 눌러 Auto layout으로 설정한 후, [Auto layout]에서 'Align center'로 지정합니다.
[Constraints]의 Horizontal constraints는 'Left + Right'로 설정하고, 레이어의 이름을 '이미지와 타
이틀'로 변경합니다.

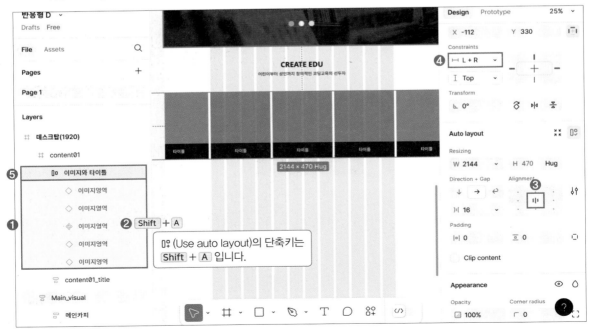

**Check Point** 컴포넌트(Components) 등록하기

컴포넌트(Components)는 재사용이 가능하여 UI 디자인을 구성할 때 필요한 요소입니다. 사용자가 컴포넌트를 재사용하기 위해서는 원본을 제작해야 합니다. 이때의 원본을 컴포넌트라고 하고, 원본에서 복제된 컴포넌트를 인스턴스(Instance)라고 합니다. 원본인 컴포넌트를 수정하면, 인스턴스의 내용도 모두 수정이 가능합니다. 인스턴스를 수정하게 되면 원본인 컴포넌트에는 영향을 미치지 않습니다.

피그마를 처음 사용하는 분들은 레이어 상에서 보이는 아이콘 모양이 달라서 피그마를 사용할 때 헷갈릴 수 있습니다. 따라서, 먼저 아이콘 모양을 살펴보도록 하겠습니다.

| 아이콘 | 이름 | 설명 |
|---|---|---|
| ⬚ | Group | 개체를 그룹화할 때 |
| # | Frame | - 작업영역을 만들 때 사용<br>- 반드시 Frame을 먼저 만든 후에 작업을 시작 |
| ⊟ | Autolayout 수평 Frame | 여러 개의 개체를 Auto layout으로 설정했을 때 만들어지는 Frame으로 |
| ⬚ | Autolayout 수직 Frame | 수평/수직으로 설정 |
| ⬡ | Create component | 컴포넌트를 생성 |
| ⬡ | Component | - 컴포넌트 지정<br>- 이미지, 프레임 등을 사용하여 요소를 만들어 저장한 후 재사용이 가능하도록 함 |
| ◇ | Instance | - Component를 복사해서 생성된 요소 |
| ◆ | Variant | - 컴포넌트를 여러 개 조합하여 세트를 만드는 기능<br>- 스타일이나 속성이 다른 여러 가지 컴포넌트 세트 |

※ 아래의 표는 Components를 제작하고, 이를 복사하여 Instance를 만들었습니다. 그리고, Components와 Instance를 각각 수정하여 차이점을 살펴보겠습니다.

여러 가지 개체로 만들어 Components로 등록해서 사용하는 방법은 뒤에서 다루도록 하겠습니다.

| | | |
|---|---|---|
| Component    instance<br>[버튼]    [버튼]<br>instance    instance<br>[버튼]    [버튼] | Component    instance<br>[버튼수정]    [버튼수정]<br>instance    instance<br>[버튼수정]    [버튼수정] | Component    instance<br>[버튼]    [버튼수정]<br>instance    instance<br>[버튼]    [버튼] |
| 원본인 Component 1개와 복사하여 만든 Instance 3개 | Component를 수정할 때 모든 Instance가 변경 | Instance를 수정할 때 해당 Instance만 변경 |

**17** ❖ (이미지영역)의 '타이틀영역' 레이어를 선택한 다음, [Position]에서 ⧉(Ignore auto layout)을 클릭합니다.

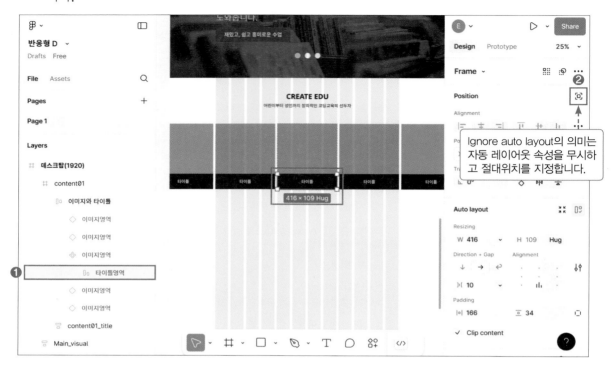

**18** [Constraints]의 Horizontal constraints는 'Center'로 설정합니다.

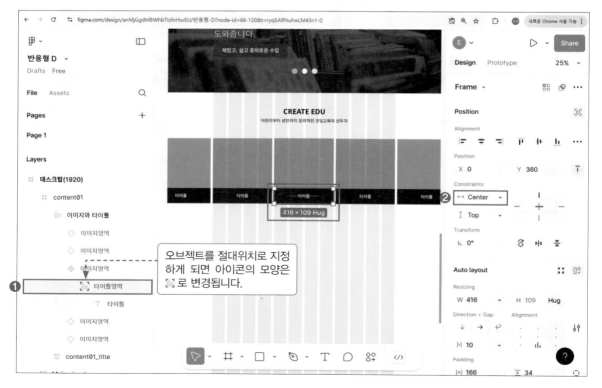

**19** [Layers] 패널에서 ✥ (이미지영역) 레이어를 선택하고 [Design] 패널에서 [Fill]을 클릭한 다음 [Custom]을 선택합니다.

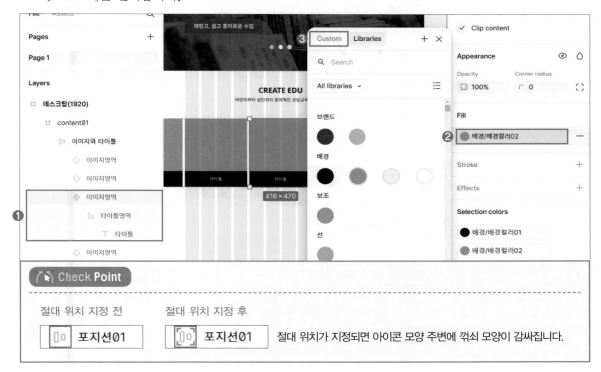

**Check Point**

절대 위치 지정 전          절대 위치 지정 후

┃▫┃ **포지션01**      ┗▫▫┛ **포지션01**      절대 위치가 지정되면 아이콘 모양 주변에 꺾쇠 모양이 감싸집니다.

**20** [Custom] 창에서 ◪ (Image)를 선택한 다음, [Upload from computer]를 클릭합니다. 독자에게 제공한 예제파일의 part4 폴더로 이동한 다음 '이미지04.jpg'를 선택하고 [열기] 버튼을 클릭합니다.

**21** ❖ (Component)와 ◇ (Instance)의 이미지 모두 한 번에 삽입된 것을 확인한 다음, ☒(닫기)를 클릭합니다.

❖ (Component)는 원본이기 때문에 복사된 Instance 전체에 이미지가 삽입되었습니다.

**22** ◇ (Instance)로 복사된 '이미지영역' 레이어를 선택합니다. [Design] 패널의 [Fill]에서 ⠿ (Apply styles and Variables)를 선택하고, [Custom]−🖾 (Image)−[Upload from computer]를 클릭합니다.

**23** 독자에게 제공한 예제파일의 part4 폴더로 이동한 다음 '이미지03.jpg'를 선택하고 [열기] 버튼을 클릭합니다.

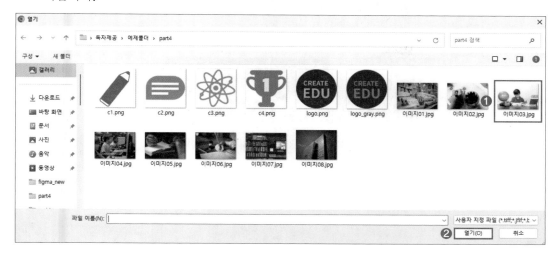

**24** 작업 영역에 이미지를 교체하기 위해서 선택한 '이미지03.jpg'으로 변경된 것을 확인한 다음, ⊠(닫기)를 클릭하여 [Custom] 창을 닫습니다.

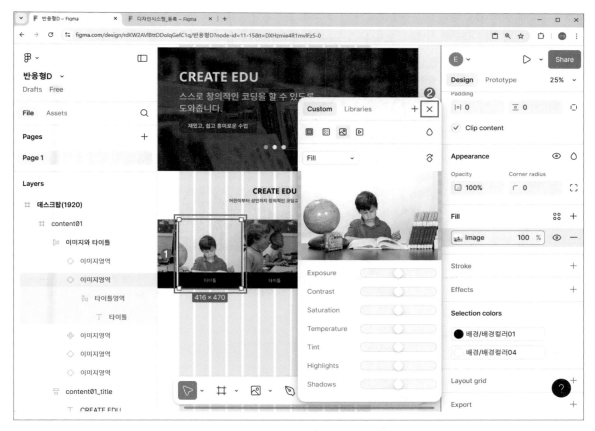

**25** 같은 방법으로 '이미지02.jpg', '이미지05.jpg', '이미지06.jpg' 3개의 이미지도 변경합니다.

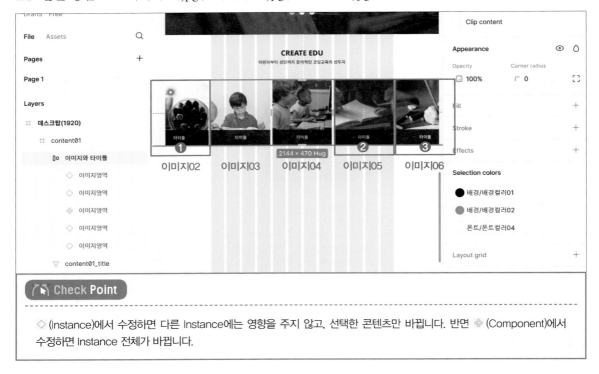

> ### Check Point
> ◇ (Instance)에서 수정하면 다른 Instance에는 영향을 주지 않고, 선택한 콘텐츠만 바뀝니다. 반면 ◈ (Component)에서 수정하면 Instance 전체가 바뀝니다.

**26** ◈ (Component)로 등록된 '타이틀영역'의 텍스트를 '코딩실습'으로 변경합니다. 원본이 수정되어서 ◇ (Inatance)의 모든 텍스트가 '코딩실습'으로 변경되었습니다.

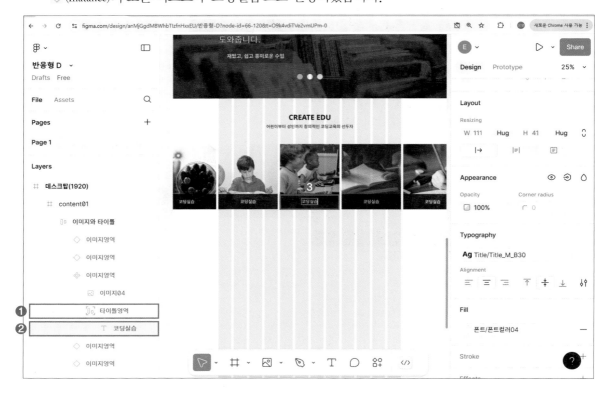

**27** ◇ (Instance)로 복사된 '타이틀영역'의 텍스트를 작업영역에서 '알고리즘 실습'으로 변경합니다.

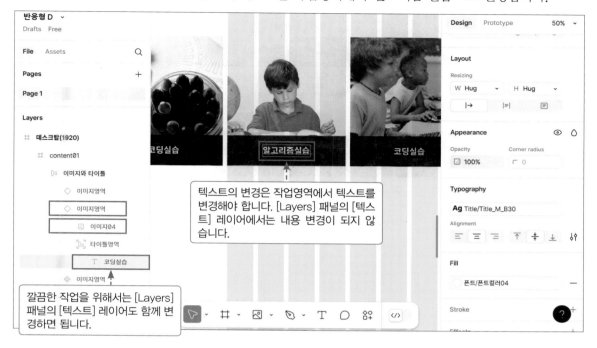

> 텍스트의 변경은 작업영역에서 텍스트를 변경해야 합니다. [Layers] 패널의 [텍스트] 레이어에서는 내용 변경이 되지 않습니다.

> 깔끔한 작업을 위해서는 [Layers] 패널의 [텍스트] 레이어도 함께 변경하면 됩니다.

**28** 같은 방법으로 3개의 텍스트도 '코딩스케치', '코딩설계', '코딩연습'으로 변경합니다.

---

**Check Point** ❖ (Component)로 등록된 오브젝트의 재사용 방법

❶ [Assets] 패널을 선택한 다음, All [Libraries]–[Created in this file]을 클릭합니다.

❷ Component로 등록된 오브젝트가 나타나면 클릭하거나 작업영역으로 드래그합니다.

❸ 재사용할 영역에 [Insert Instance]를 클릭합니다.

**29** ⼗ (content01) Frame을 선택한 다음, Shift + A 를 눌러 Auto layout으로 설정합니다.

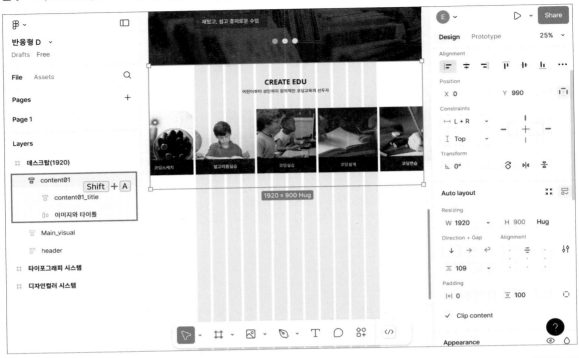

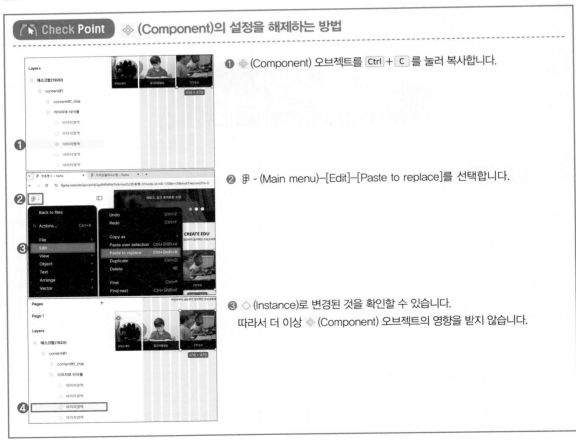

❶ ❖ (Component) 오브젝트를 Ctrl + C 를 눌러 복사합니다.

❷ ⽥ ˅ (Main menu)–[Edit]–[Paste to replace]를 선택합니다.

❸ ◇ (Instance)로 변경된 것을 확인할 수 있습니다.
따라서 더 이상 ❖ (Component) 오브젝트의 영향을 받지 않습니다.

## 5. 콘텐츠 영역 만들기 02 : 제목 영역 만들기

**01** 다음과 같이 사각형(X:0, Y:1890, W:1920, H:800)을 제작한 다음, [Constraints]의 Horizontal constraints는 'Left + Right'로 설정합니다.

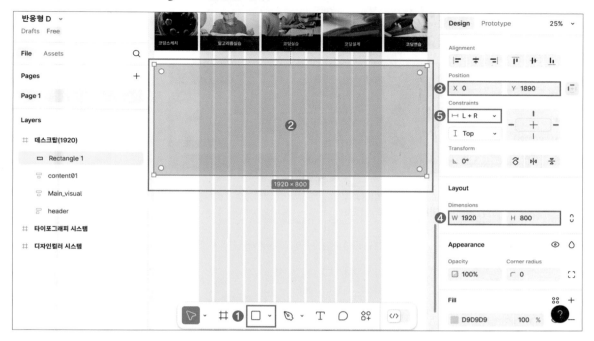

**02** (Image/video) 도구로 독자에게 제공한 예제파일의 part4 폴더로 이동한 다음 '이미지07.jpg'를 선택하고 [열기] 버튼을 클릭합니다.

**03** 선택한 '이미지07.jpg'를 사각형 도형 위를 클릭하여 이미지를 삽입합니다. 이미지 위에 불투명도를 검정색으로 적용하기 위해 [Fill]의 + (Add fill)를 클릭합니다.

**04** [Fill]의 불투명도는 '70'으로 설정하여 '이미지07.jpg'이 비치도록 지정합니다.

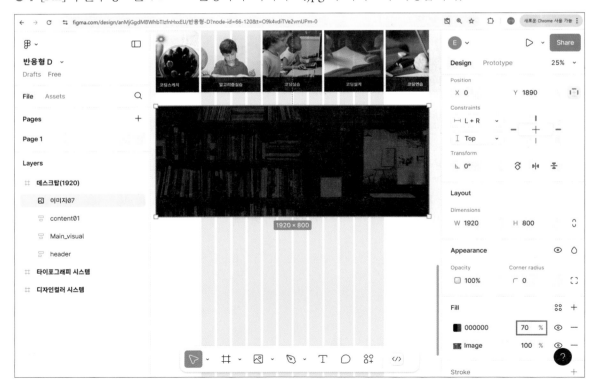

**05** 다음과 같이 '커리큘럼'을 입력하고, [Position]에서 X는 '868', Y는 '1980'으로 배치합니다. [Constraints]의 Horizontal constraints는 'Center'로 설정한 다음, [Typography]는 'Title_L_B50', [Fill]은 '폰트/폰트컬러04' 스타일을 설정합니다.

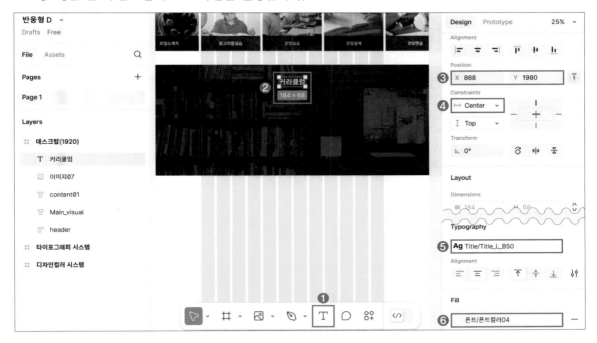

**06** ▦ (Frame) 도구로 다음과 같이 'X:320, Y:2150' 위치에 'W:308, H:400' 크기로 제작한 다음, [Constraints]에서 Horizontal constraints는 'Center'로 설정합니다. [Fill]은 '배경/배경컬러04' 스타일로 지정하고, [Layers] 패널에서 Frame 이름을 '커리큘럼'으로 변경합니다.

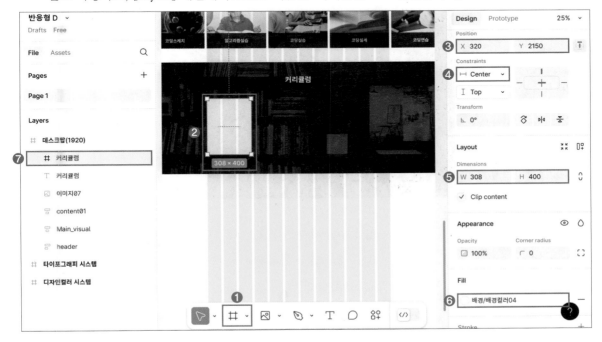

**07** ⊞(커리큘럼) 안쪽에 드래그하여 사각형 (X:79, Y:79, W:150, H:150)을 제작한 다음, [Constraints]의 Horizontal constraints는 'Center'로 설정합니다. [Layers] 패널에서 레이어 이름을 '아이콘'으로 변경합니다.

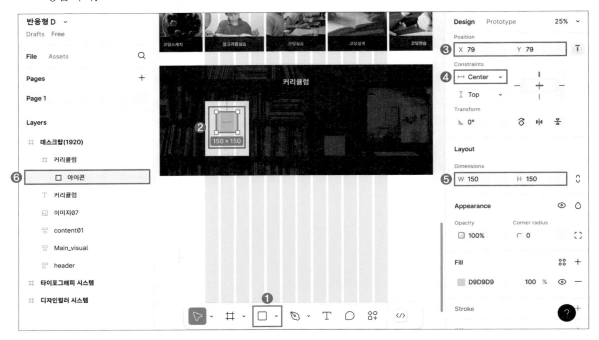

**08** '타이틀' 텍스트를 입력한 다음, [Constraints]의 Horizontal constraints는 'Center'로 설정합니다. [Typography]는 'Title_M_B30', [Fill]은 '폰트/폰트컬러01' 스타일을 선택한 다음, [Position]에서 X는 '112', Y는 '250'으로 배치합니다.

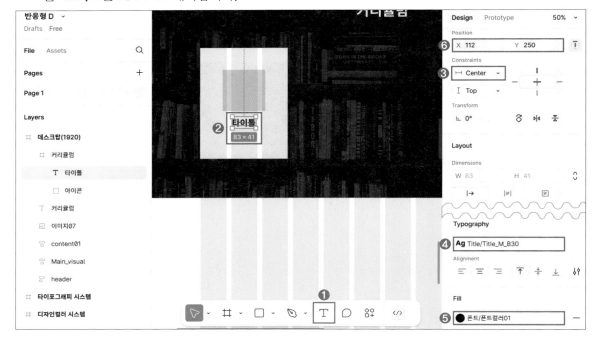

**09** '커리큘럼' Frame 레이어를 선택한 다음, Shift + A 를 눌러 Auto layout을 설정합니다.

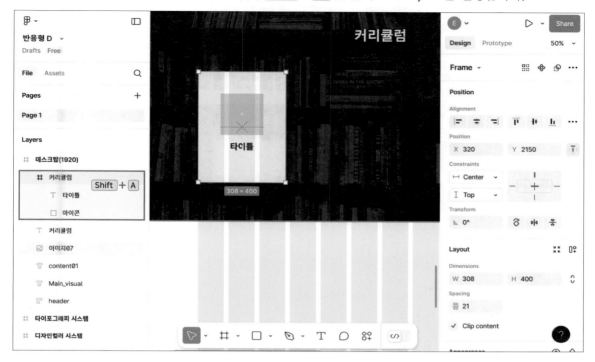

**10** '커리큘럼' 레이어를 선택한 다음, [Design] 패널의 ⊞(Create component)를 클릭하여 component로 등록합니다.

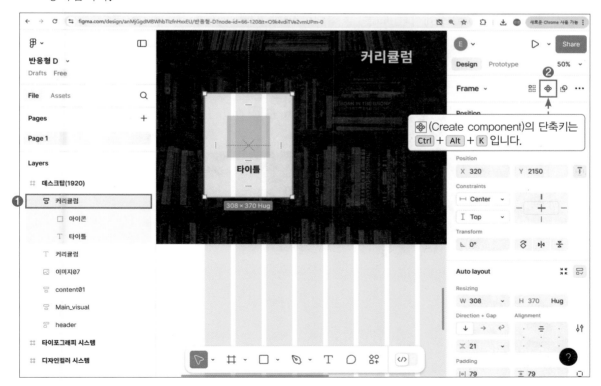

**11** ◈ (Component)로 등록된 '커리큘럼'을 선택한 다음, 가이드라인에 맞춰 [Alt] 를 누른 상태로 드래그
하여 3개더 복사합니다.

> **TIP** 오브젝트를 [Alt] +드래그 하여 복사하면 오브젝트 사이의 간격이
> 화면에 표시되어 일정한 간격으로 복사할 수 있습니다.

**12** ◈ (커리큘럼)의 '아이콘' 레이어를 선택합니다. [Design] 패널에서 [Fill]의 ▦ (Apply styles and variables)를
선택하고, [Custom] 창에서 ▨ (Image) 를 클릭한 다음, [Upload from computer] 클릭합니다.

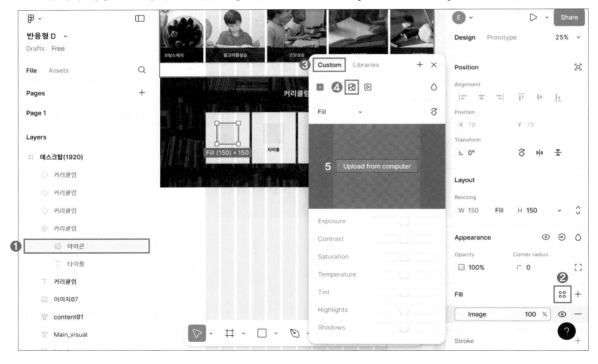

**13** 독자에게 제공한 예제파일의 part4 폴더로 이동한 다음, 'c1.png'를 선택하고 [열기] 버튼을 클릭합니다.

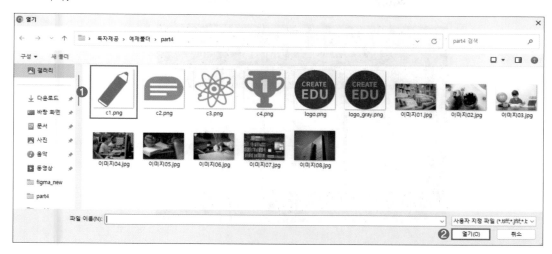

**14** 'c1.png' 아이콘 이미지가 삽입된 것을 확인하고, ⊠(닫기)를 클릭합니다.

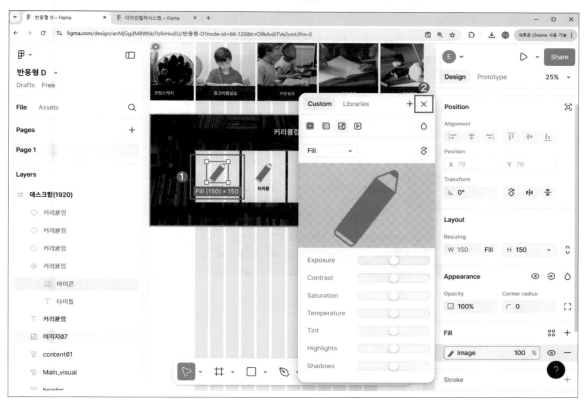

**15** ✱ (Component) 안의 텍스트를 'Introductory(입문)'으로 변경합니다. 원본이 수정되어서 ◇ (Instance)의
모든 텍스트가 'Introductory(입문)'으로 변경됩니다.

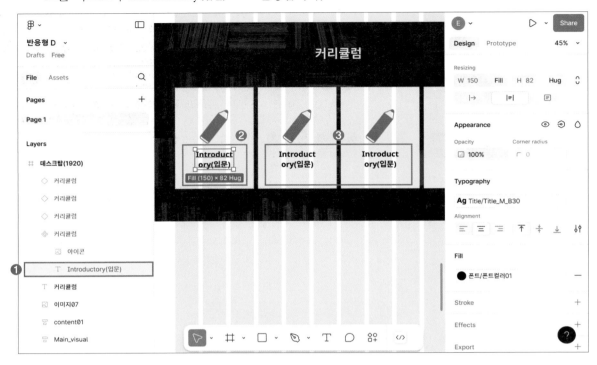

**16** [Design] 패널의 [Layout]에서 W를 '308'로 변경하여 크기를 조절한 후, 다음과 같이 'Introductory'
텍스트 왼쪽에 Enter 를 눌러 '(입문)' 텍스트를 아래로 내립니다.

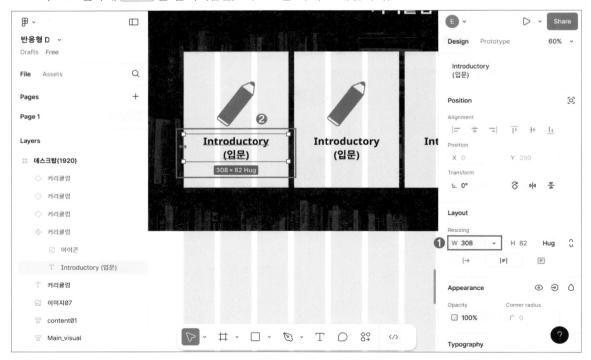

**17** ◇ (Instance)로 복사된 '커리큘럼'의 '아이콘' 레이어를 선택한 다음, 작업 영역에서 이미지를 더블클릭합니다. [Custom] 창이 나타나면 🖾(Image)−[Upload from computer]를 클릭합니다.

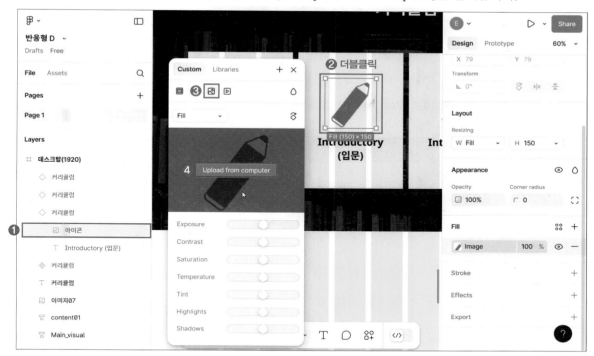

**18** 독자에게 제공한 예제파일의 part4 폴더로 이동한 다음, 'c2.png'를 선택하고 [열기] 버튼을 클릭합니다.

**19** 'c2.png' 아이콘 이미지가 삽입된 것을 확인하고, ☒(닫기)를 클릭합니다.

**20** ◇ (Instance)로 복사된 '커리큘럼'의 텍스트를 선택하고, 'Beginner(초급)'으로 변경합니다.

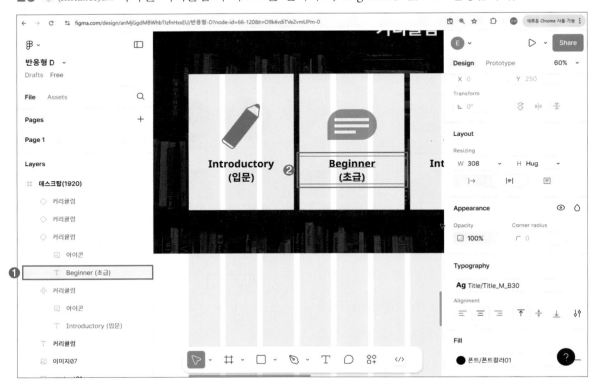

**21** 같은 방법으로 ◇ (Instance)로 복사된 '커리큘럼'의 이미지와 텍스트를 다음과 같이 변경합니다.

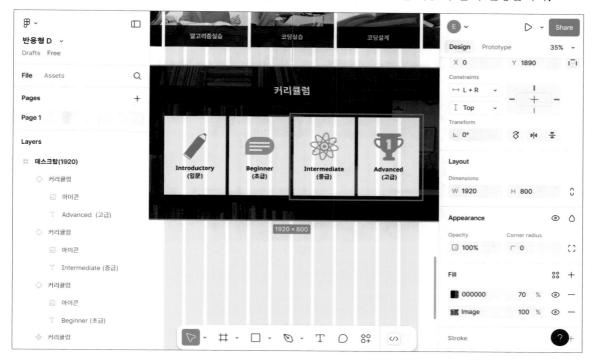

**22** ⬥ (커리큘럼)과 ◇ (커리큘럼)을 모두 선택한 다음, Shift + A 를 눌러 Auto layout으로 지정합니다. [Constraints]의 Horizontal constraints는 'Center'로, [Auto layout]에서 'Align center'로 설정합니다. 레이어의 이름을 '커리큘럼들'로 변경합니다.

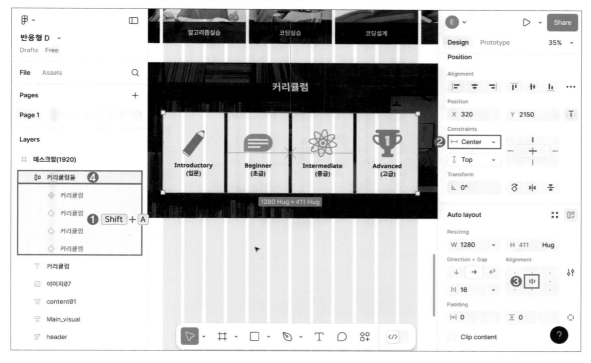

**23** '커리큘럼들', '커리큘럼', '이미지07' 3개의 레이어 선택하고 Shift + A 를 눌러 Auto layout으로 지정합니다.

**24** [Constraints]의 Horizontal constraints는 'Left + Right'로, [Auto layout]−[Aligment]에서 'Align center'로 지정합니다. Auto layout 레이어의 이름을 'content02'로 변경합니다.

## 6. 콘텐츠 영역 만들기 03

**01** ⊞ (Frame) 도구로 다음과 같이 'X:0, Y:2690' 위치에 'W:1920, H:460' 크기로 제작합니다. [Constraints]에서 Horizontal constraints는 'Left + Right'로 설정하고, [Fill]은 배경/배경컬러03' 스타일로 지정하고, [Layers] 패널에서 Frame의 이름을 'consulting'으로 변경합니다.

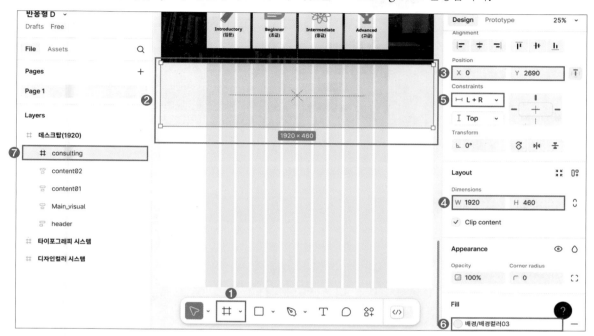

**02** 다음과 같이 텍스트를 입력하고, [Constraints]의 Horizontal constraints는 'Center'로 설정합니다. [Typography]는 'Big_M_R60'을, [Fill]은 '브랜드/브랜드컬러01' 스타일로 지정한 다음, [Position]에서 X는 '320', Y는 '130'을 설정합니다.

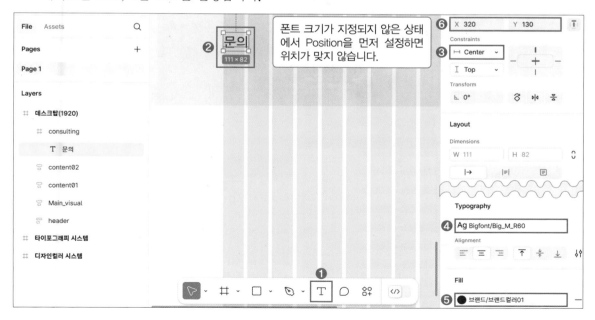

**03** 다음과 같이 텍스트를 입력하고, [Constraints]의 Horizontal constraints는 'Center'로 설정합니다. [Typography]는 'Big_M_B60', [Fill]은 '브랜드/브랜드컬러01' 스타일로 지정한 다음 [Position]에서 X는 '320', Y는 '240'을 설정합니다.

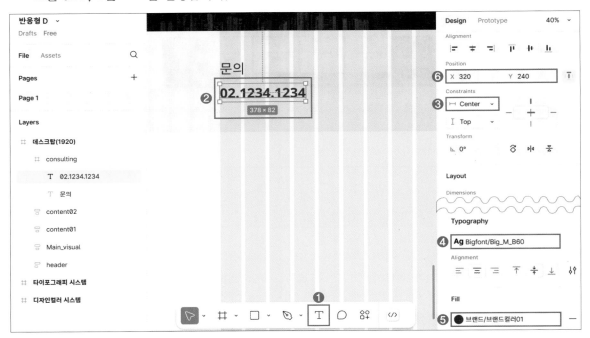

**04** '문의'와 '02.1234.1234' 텍스트 레이어를 선택한 다음 Shift + A 를 눌러 Auto layout으로 지정하고, [Autolayout]의 [Alignment]에서 'Align left'로 설정합니다. [Constraints]의 Horizontal constraints는 'Center'로, 레이어의 이름은 '문의전화'로 변경합니다.

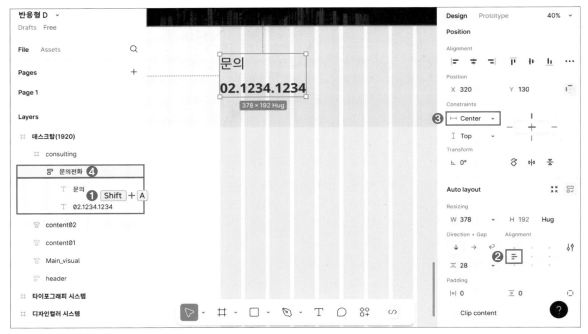

**05** '문의전화' 레이어 오른쪽에 사각형(X:968, Y:150, W:416, H:60)을 제작합니다. [Constraints]의
Horizontal constraints는 'Center'로 설정한 다음, 레이어의 이름은 '이름상자'로 변경합니다.

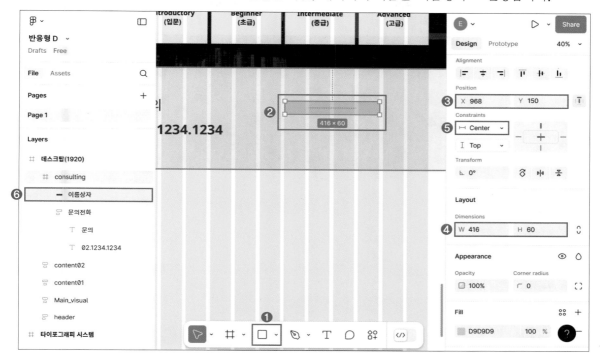

**06** '이름상자' 레이어는 [Fill]에서 '배경/배경컬러04'로, [Stroke]는 '선/선컬러' 스타일로 설정합니다.

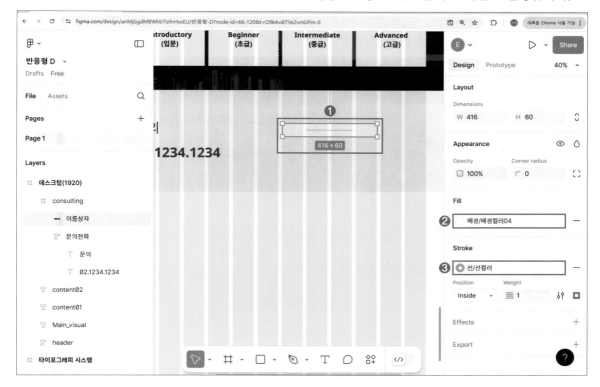

**07** 다음과 같이 '이름'을 입력하고, [Constraints]의 Horizontal constraints는 'Center'로 설정합니다. [Typography]는 'Body_L_R18', [Fill]은 '폰트/폰트컬러02' 스타일로 지정한 다음 Position에서 X는 '1000', Y는 '167'로 배치합니다.

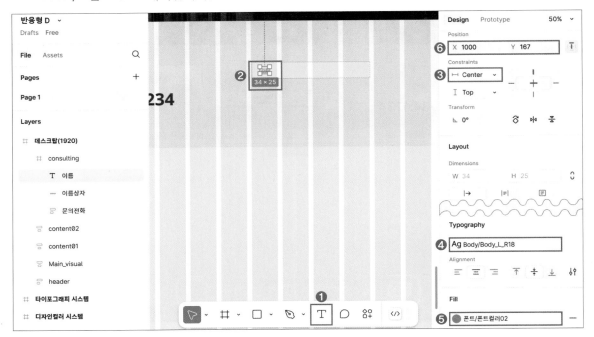

**08** '이름상자'와 '이름' 2개의 레이어를 모두 선택하고, Shift + A 를 눌러 Auto layout으로 지정하고, [Autolayout]에서 'Align left'로 설정합니다. [Constraints]의 Horizontal constraints는 'Center'로, 레이어의 이름은 '이름상자'로 변경합니다.

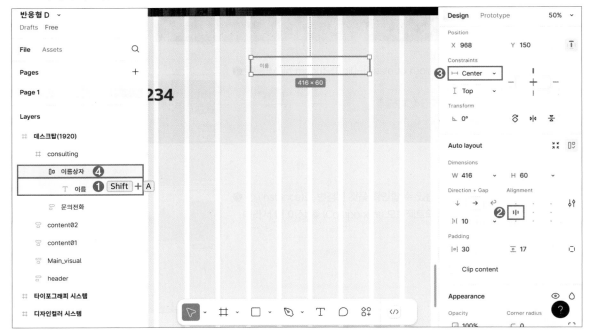

**09** '이름상자' 레이어를 선택하고 Alt + 드래그하여 다음과 같이 복사하고, [Position]에서 X는 '968', Y는 '230'으로 배치합니다. 텍스트와 레이어의 이름을 '연락처'로 변경합니다.

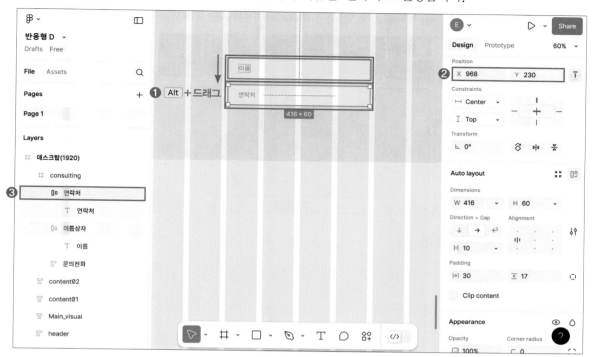

**10** '연락처' 레이어 아래에 사각형(X:968, Y:310, W:32, H:32, Corner Radius:3)을 제작한 다음, [Constraints] 의 Horizontal constraints는 'Center'로 설정합니다. [Fill]은 '배경/배경컬러04', [Stroke]는 '선/선컬러' 스타일로 선택합니다. [Layers] 패널에서 레이어 이름을 '체크박스'로 변경합니다.

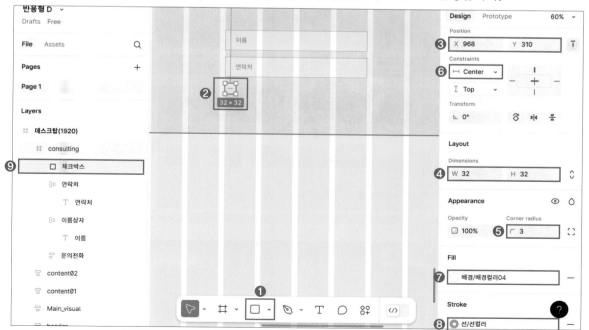

**11** ⊤ (Text) 도구로 "개인정보수집 및 이용에 동의합니다"를 입력하고, [Constraints]의 Horizontal constraints는 'Center'로 설정합니다. [Typography]는 'Body_M_R16', [Fill]은 '폰트/폰트컬러02' 스타일을 선택하고 'Align left'로 정렬합니다. [Position]에서 X는 '1010', Y는 '314'로 배치합니다.

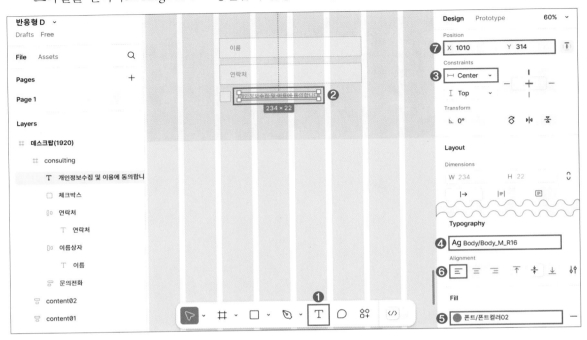

**12** '체크박스'와 "개인~ 동의합니다" 2개의 레이어를 모두 선택하고, Shift + A 를 눌러 Auto layout 으로 지정하고, [Constraints]의 Horizontal constraints는 'Center'로 설정합니다. 레이어의 이름을 '개인정보동의'로 변경합니다.

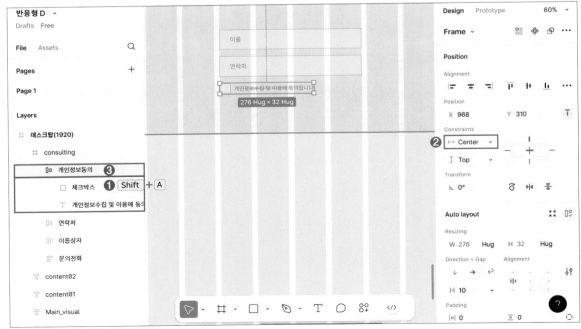

**13** '이름상자', '연락처', '개인정보동의' 3개의 레이어를 모두 선택하여 Shift + A 를 눌러 Auto layout
으로 지정하고, [Auto layout]의 [Alignment]에서 'Align top left'로 설정합니다. [Constraints]의
Horizontal constraints는 'Center'로, 레이어의 이름은 '정보입력'으로 변경합니다.

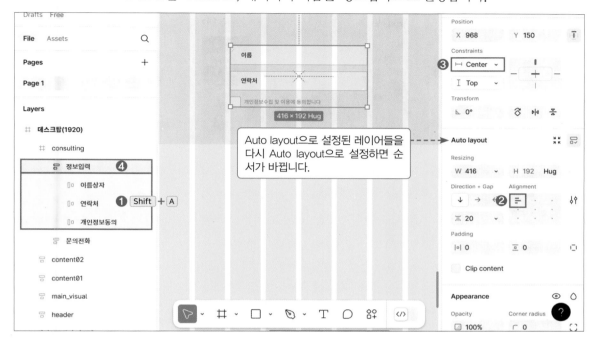

**14** '정보입력' 레이어 오른쪽에 사각형(X:1460 Y:150, W:140, H:140, Corner Radius:10)을 제작한 다음,
[Constraints]의 Horizontal constraints는 'Center'로 설정합니다. [Fill]은 '브랜드/브랜드컬러01' 스
타일로 지정합니다.

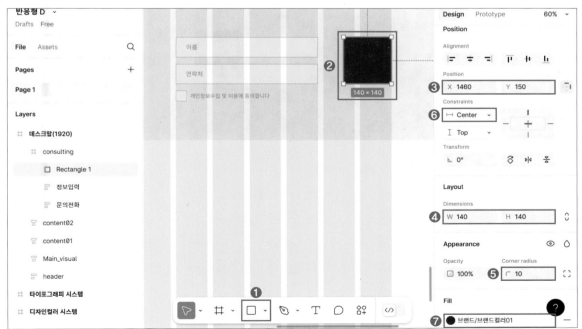

**15** '상담신청'을 입력하고 [Constraints]의 Horizontal constraints는 'Center'로 설정합니다. [Typography]는 'Title_M_B30', [Fill]은 '브랜드/브랜드컬러02' 스타일을 선택하고, [Position]에서 X는 '1502', Y는 '179'로 배치합니다.

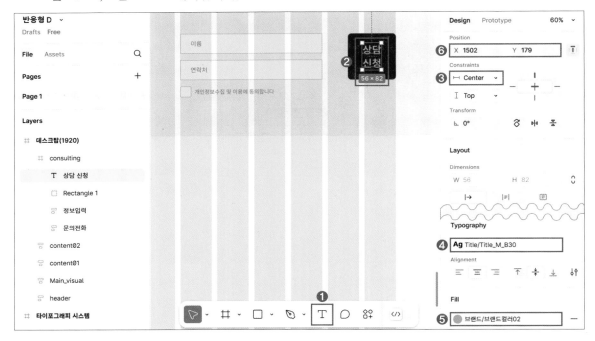

**16** '상담신청', 'Rectangle 1' 2개의 레이어를 선택하여 Shift + A 를 눌러 Auto layout으로 지정하고, 'Align center'로 설정합니다. [Constraints]의 Horizontal constraints는 'Center'로 설정합니다. 레이어의 이름을 '신청버튼'으로 변경합니다.

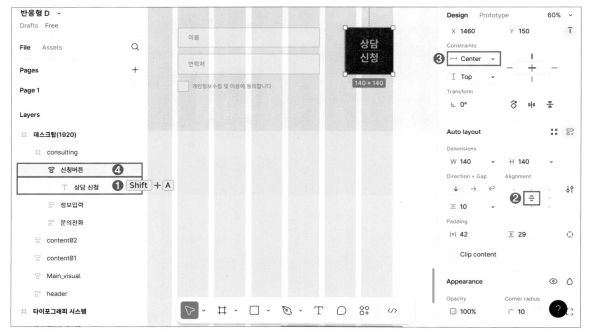

**17** 'Consulting' 레이어를 선택하고 Shift + A 를 눌러 Auto layout으로 지정하고, H는 '460', 'Align center'로 설정합니다. [Constraints]의 Horizontal constraints는 'Left + Right'로 설정합니다.

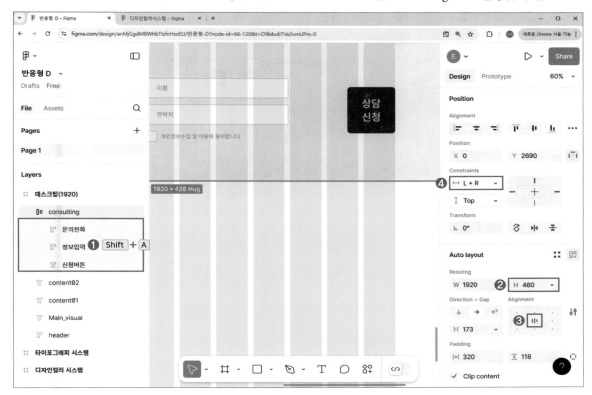

## 7. 배너 영역 만들기

**01** ⊞ (Frame) 도구로 다음과 같이 'X:0, Y:3150' 위치에 'W:1920, H:770' 크기로 제작합니다. [Constraints]에서 Horizontal constraints는 'Left + Right'로 설정하고, 레이어의 이름은 'banner'로 변경합니다.

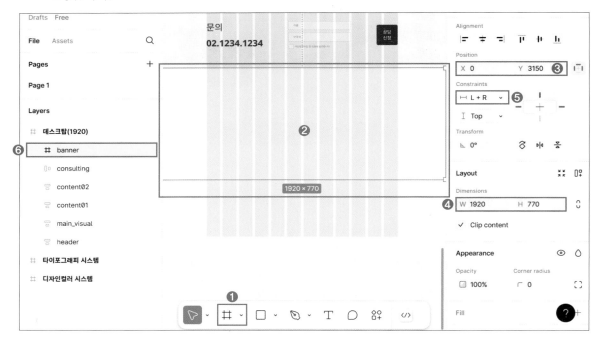

**02** [Design] 패널에서 [Fill]의 ⠿ (Apply styles and variables)─[Custom]의 ⊠ (Image)를 선택하고, [Upload from computer]를 클릭합니다.

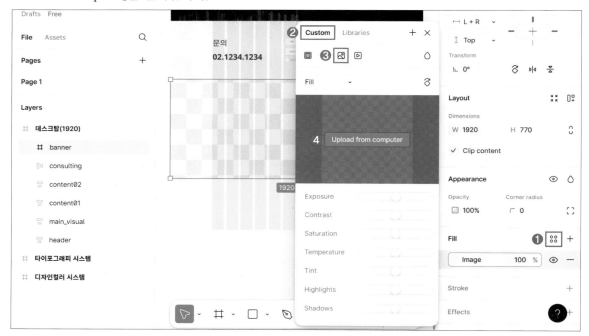

**03** 독자에게 제공한 예제파일의 part4 폴더로 이동한 다음, '이미지08.jpg'를 선택하고 [열기] 버튼을 클릭합니다.

**04** '이미지08.jpg' 이미지가 삽입된 것을 확인하고, ☒(닫기) 클릭합니다.

**05** '이미지08.jpg' 위에 [Design] 패널의 [Fill]에서 ＋ (Add fill)을 클릭하여 검정이 채워지면 불투명도를 60%로 설정합니다.

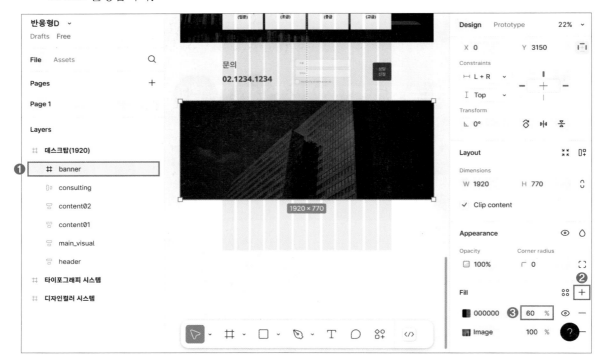

**06** '코딩입문부터 고급까지' 텍스트를 입력하고, [Constraints]의 Horizontal constraints는 'Center' 로 설정합니다. [Typography]는 'Big_M_B60', [Fill]은 '브랜드/브랜드컬러02' 스타일을 선택하고, 'Align Center'로 정렬합니다. [Position]에서 X는 '676', Y는 '270'으로 배치합니다.

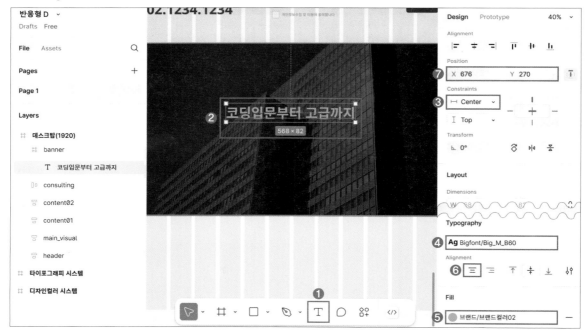

**07** 'CREATE EDU'를 입력하고, [Constraints]의 Horizontal constraints는 'Center'로 설정합니다. [Typography]는 'Big_L_B90', [Fill]은 '폰트/폰트컬러04' 스타일을 선택하고, 'Align center'로 정렬합니다. [Position]에서 X는 '693', Y는 '360'으로 배치합니다.

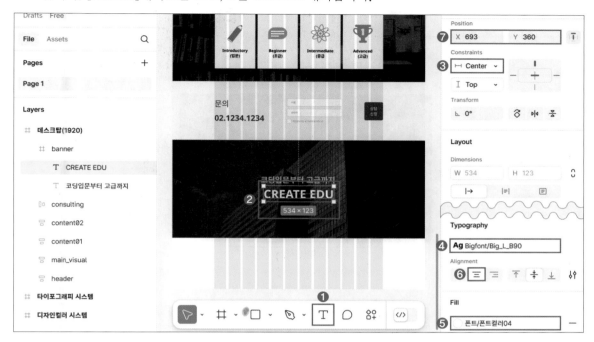

**08** 'CREATE~', '코딩입문~' 2개의 레이어를 선택고 Shift + A 를 눌러 Auto layout으로 지정하고, 'Align center'로 설정합니다. [Constraints]의 Horizontal constraints는 'Center'로 설정합니다. 레이어의 이름을 '카피문구'으로 변경합니다.

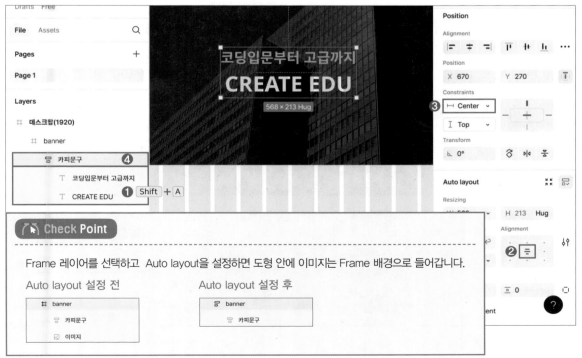

## 8. footer 만들기

**01** ⊞(Frame) 도구로 다음과 같이 'X:10, Y:3920' 위치에 'W:1920, H:396' 크기로 제작합니다. [Constraints]의 Horizontal constraints는 'Left + Right'로 설정합니다. [Fill]은 '배경/배경컬러01'로 지정하고, [Layers] 패널에서 Frame의 이름을 'footer'로 변경합니다.

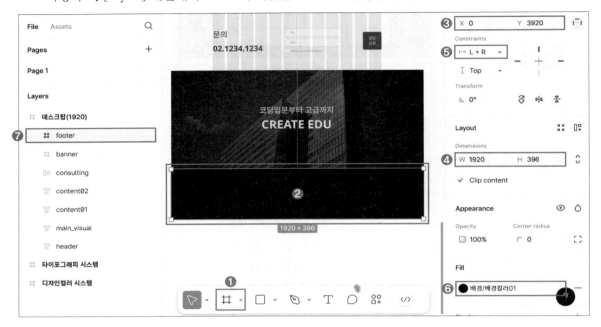

**02** 'CREATE EDU'를 입력하고, [Constraints]의 Horizontal constraints는 'Center'로 설정합니다. [Typography]는 'Big_M_B60'으로 지정하고, 'Align left', 'Align top'으로 정렬합니다. [Fill]은 '폰트/폰트컬러04' 스타일을 지정하고, [Position]에서 X는 '320', Y는 '130'으로 배치합니다.

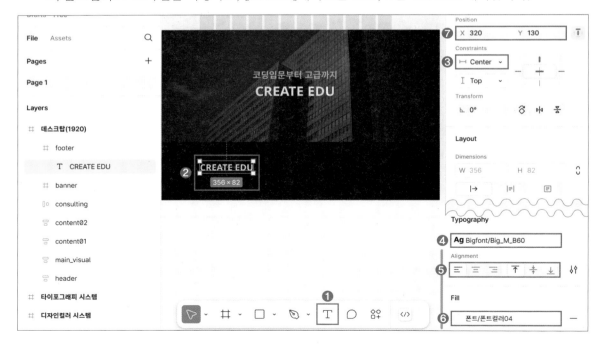

**03** '대표:김코딩 개인정보책임관리자:김코딩'을 입력합니다. [Constraints]의 Horizontal constraints는 'Center'로 설정합니다. [Typography]는 'Title_M_R30', [Fill]은 '폰트/폰트컬러04' 스타일을 선택하고, [Position]에서 X는 '320' Y는 '220'으로 설정합니다.

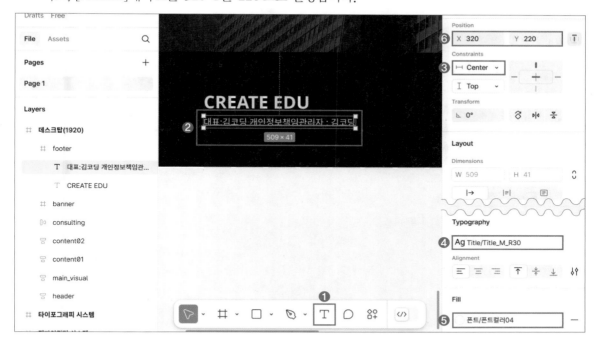

**04** '개인정보 처리방침 / 서비스약관 / 고객센터' 문자를 입력합니다. [Constraints]의 Horizontal constraints는 'Center'로 설정합니다. [Position]에서 X는 '320', Y는 '260'으로 설정합니다.

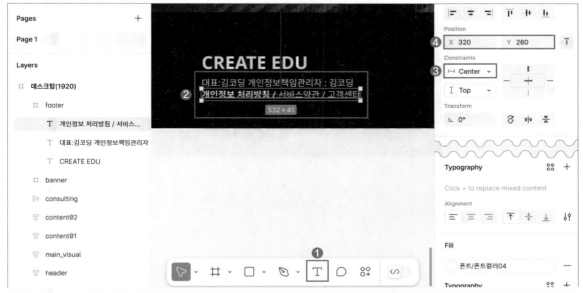

> **TIP** Text 패널에서 'Click replace mixed content'로 설정되어 있으면 두 개 이상의 폰트가 적용된 것입니다. 여기에서는 '개인정보 처리방침'은 'Title_M_B30', '서비스약관'과 '고객센터'는 'Title_M_R30'이 적용되었습니다.

**05** '대표:김코딩~', '개인정보' 2개의 레이어를 선택하고 Shift + A 를 눌러 Auto layout으로 지정하고, 'Align top left'로 설정합니다. [Constraints]의 Horizontal constraints는 'Center'로 설정하고, 레이어의 이름을 '회사정보'로 변경합니다.

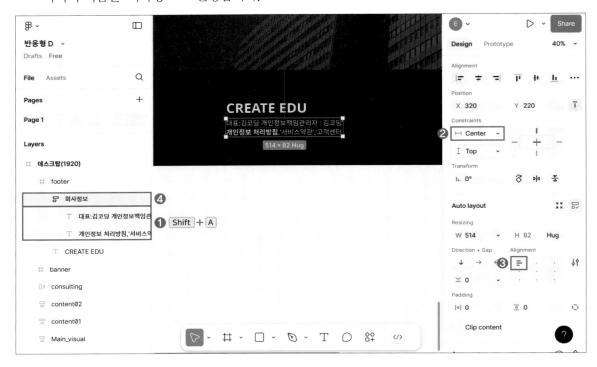

**06** '회사정보', 'CREATE EDU' 2개의 레이어를 선택하고 Shift + A 를 눌러 Auto layout으로 지정하고, Autolayout의 'Align top left'로 설정합니다. [Constraints]의 Horizontal constraints는 'Center'로 설정하고, 레이어의 이름을 '정보'로 변경합니다.

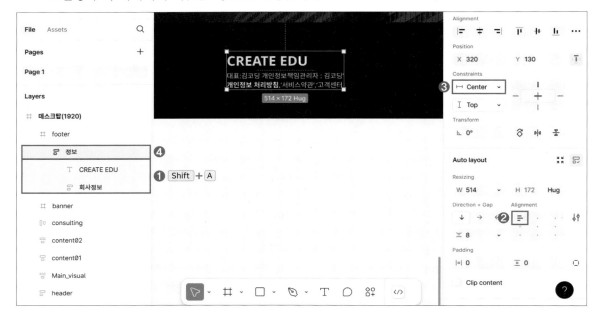

**07** 하단로고를 삽입하기 위해 사각형(X:1470, Y:130, W:130, H:130)을 제작한 다음, [Constraints]의 Horizontal constraints는 'Center'로 설정합니다.

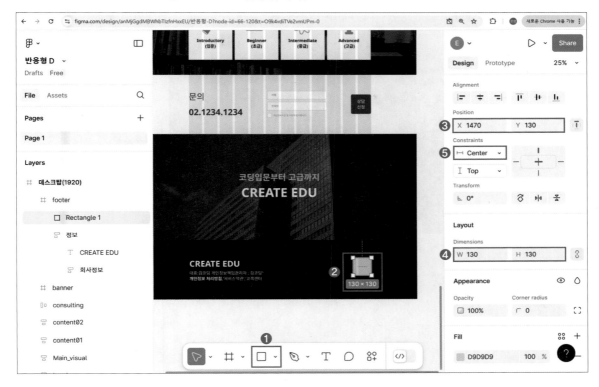

**08** 'Rectangle 1' 레이어에 'Logo_gray.png'를 삽입합니다.

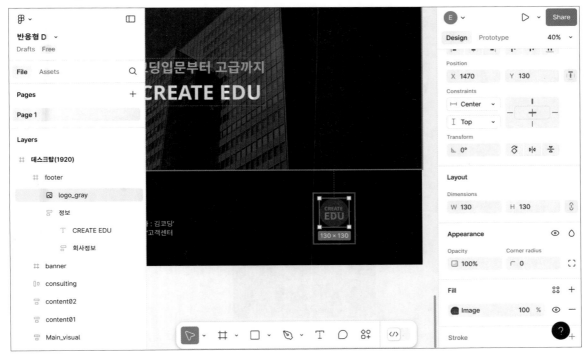

**09** '정보', 'logo_gray' 2개의 레이어를 선택하고 ⌜Shift⌟ + ⌜A⌟ 를 눌러 Auto layout으로 지정하고, 'Align top'을 더블클릭하여 설정합니다(이미 설정되어 있으면 그대로 두면 됩니다). [Constraints]의 Horizontal constraints는 'Center'로 설정합니다. 레이어의 이름을 'footer_inner'로 변경합니다.

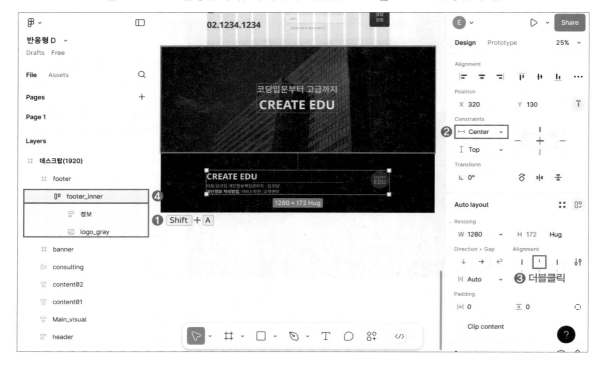

**10** 아카데미 웹 디자인(Desktop) 최종 완성 화면입니다.

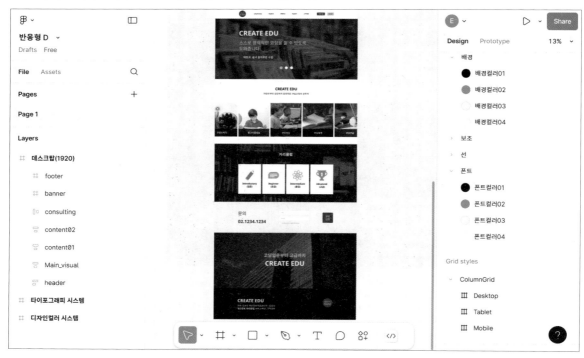

## 9. 디자인 결과물 Export 하기

**01** '데스크탑(1920)' Frame을 선택하고, [Design] 패널의 [Export] + (Add export settings)를 클릭합니다.

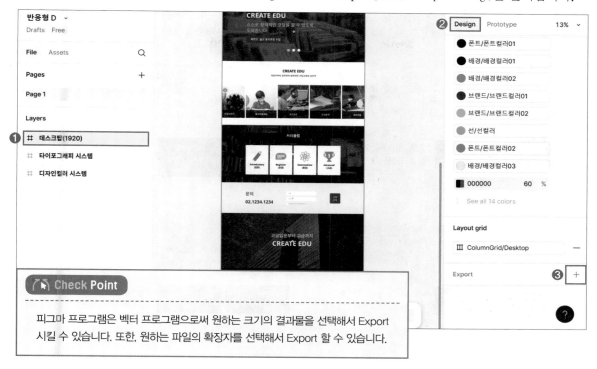

> **Check Point**
>
> 피그마 프로그램은 벡터 프로그램으로써 원하는 크기의 결과물을 선택해서 Export 시킬 수 있습니다. 또한, 원하는 파일의 확장자를 선택해서 Export 할 수 있습니다.

**02** 디자인 결과물은 3×배수, JPG 또는 JPEG 확장자를 선택하여 [Export 데스크탑(1920)]을 클릭합니다(작업자가 원하는 크기와 확장자를 선택하면 됩니다).

**TIP** Export된 최종 이미지는 다운로드 폴더에 저장되어 있습니다.

Auto layout Resizing을 이해하고 활용하기 위해서는 Parent(부모)-Child(자식) 간의 관계를 알아야 합니다. 어떤 개체가 자식이냐에 따라 Resizing 옵션이 달라집니다. 부모가 감쌌을 경우 자식은 고정된 부모의 설정값에 따라 움직입니다.

Parent 없이 개별 개체 서로 영향을 미치지 않음

Parent(부모)-Child(자식) 오토 레이아웃(부모)에 텍스트 만 자식

오토 레이아웃으로 설정되었을 때

텍스트만 자식일 때

Parent(부모)-Child(자식)- Fixed width/height 개체의 너비/높이가 고정됨

Parent(부모)-Child(자식)- Fill container 부모영역 안에 전체로 채워짐

Frame, 이미지, 원도형, Text가 자식일 때

Frame, 이미지, 원도형, Text가 자식일 때

Grandparent(조부모)- Parent(부모)-Child(자식)

Grandparent(조부모)- Parent(부모)-Child(자식)

부모와 자식 ( Frame, 이미지, 원도형, Text)

조부모가 있을 경우 아래 부모와 손자 3가지 Resizing이 생김

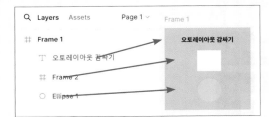

Frame에 소속되어 있지만, 오토레이아웃으로 묶이지 않았을 경우 : 개별 상태

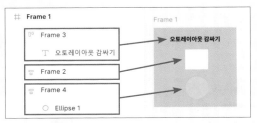

1) Frame에 소속되어 있지만, 오토레이아웃으로 묶였을 경우 : 텍스트와 벡터 도구(원, 사각형 등등)는 오토레이아웃으로 묶였을 때 각각의 콘텐츠가 보입니다.

2) Frame 자체를 오토레이 아웃으로 묶였을 때 : Frame 자체가 오토레이 아웃이 됩니다.

# 베이커리 앱
# UI 디자인 제작하기

이번 단원에서는 베이커리에 앱 화면의 디자인을 제작할 때 필요한 버튼을 컴포넌트로 만들고 이를 베리언츠(Variants)로 등록하는 방법과 활용하는 방법에 대해서 알아봅니다. 베리언츠는 같은 모양이지만, 다양한 크기(큰 것, 작은 것)나 색상(흰색, 검정색) 등의 속성을 가진 컴포넌트를 하나로 묶어서 사용하는 것을 말합니다. 따라서 베리언츠 제작 방법을 통해 디자인 간소화와 일관성을 유지하는 데 쉽도록 도와주는 기능에 대해서 살펴봅니다.

# 01 베이커리 앱 버튼 **만들기**

베리언츠(Variants)를 적용한 베이커리 앱 디자인을 제작하는 방법에 대해서 알아봅니다. 미리 제작해 둔 버튼을 토대로 베이커리 베리언츠 앱 버튼을 제작해 보겠습니다.

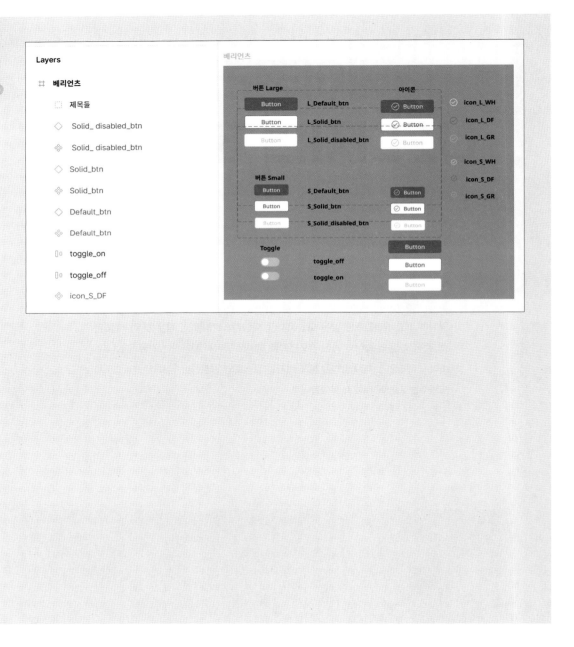

## 1. 베리언츠 이해와 제작하기

**01** 베이커리 앱에 사용할 버튼을 베리언츠로 등록하기 위해 독자에게 제공한 예제파일을 준비한 다음, [+ Create new]–[Import]를 클릭합니다.

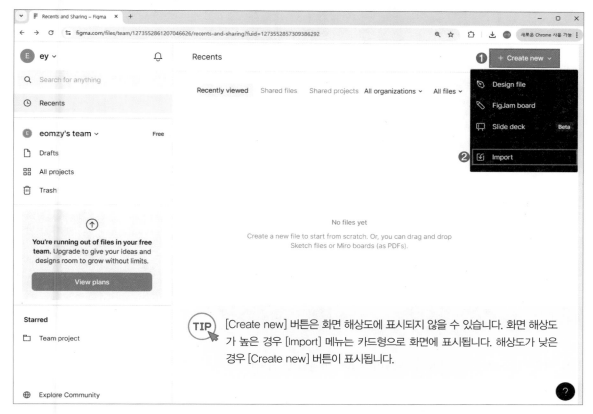

**TIP** [Create new] 버튼은 화면 해상도에 표시되지 않을 수 있습니다. 화면 해상도가 높은 경우 [Import] 메뉴는 카드형으로 화면에 표시됩니다. 해상도가 낮은 경우 [Create new] 버튼이 표시됩니다.

**02** 화면에 [Import] 창이 나타나면 [Import from computer] 버튼을 클릭합니다.

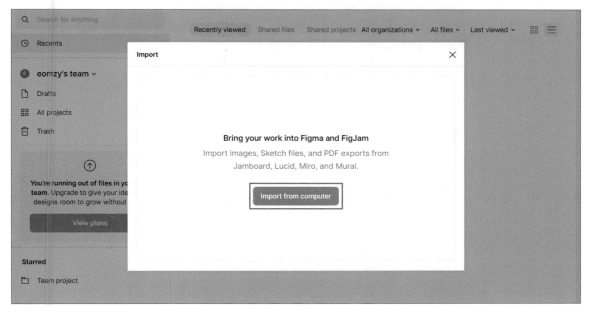

**03** 독자에게 제공한 예제파일이 있는 경로로 접근하여 '베이커리_베리언츠.fig'를 선택하고, [열기] 버튼을 클릭합니다.

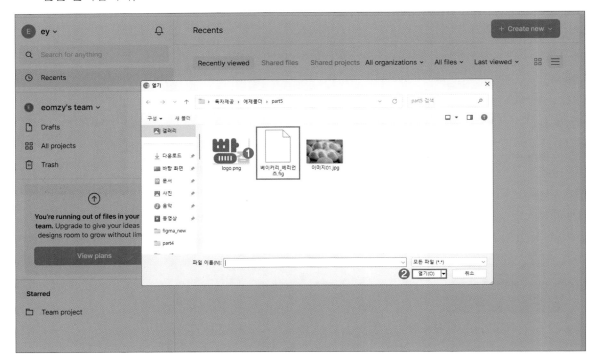

**04** 파일이 Imported to Drafts 되면 [Done] 버튼을 클릭합니다.

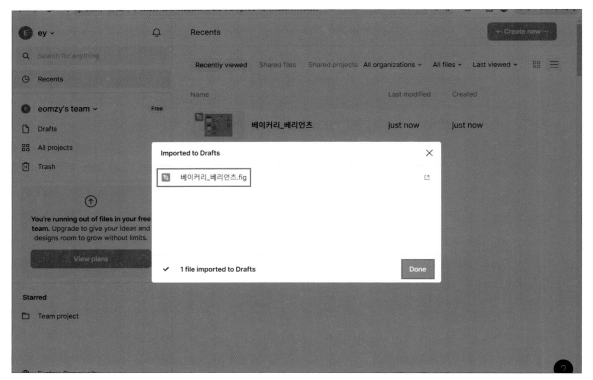

**05** '베이커리_베리언츠.fig' 파일이 파일 리스트 화면에 나타나면 더블클릭하여 파일을 엽니다.

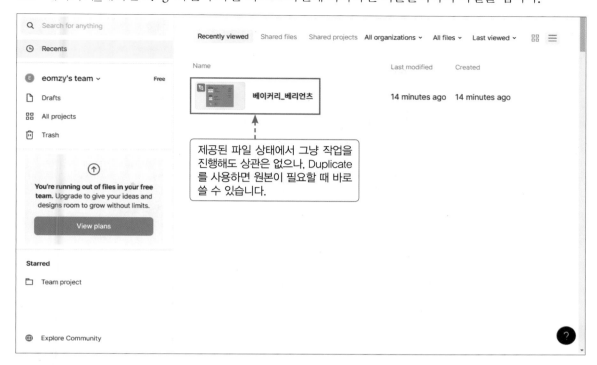

제공된 파일 상태에서 그냥 작업을
진행해도 상관은 없으나, Duplicate
를 사용하면 원본이 필요할 때 바로
쓸 수 있습니다.

**06** 작업영역에 import된 '베이커리_베리언츠.fig' 파일 이름 옆에 ▾(화살표)를 클릭합니다. [Duplicate]
를 선택하여 현재의 파일을 복제합니다.

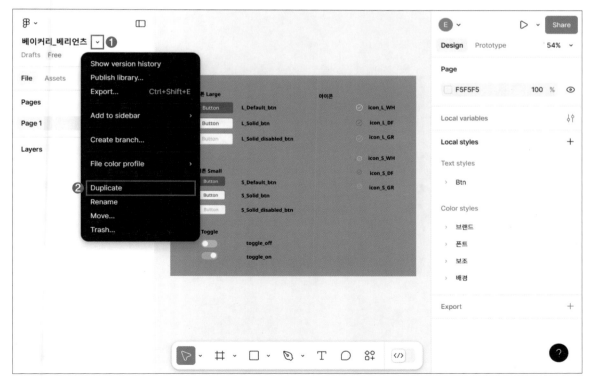

**07** 파일의 이름을 '베이커리 베리언츠 등록작업'으로 변경합니다.

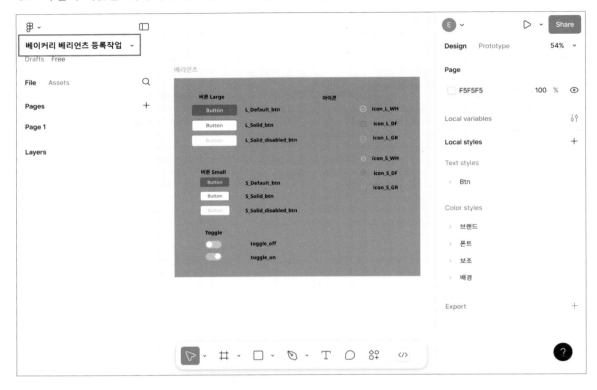

**08** 'L_Default_btn' 레이어를 선택하고 Shift + A 를 눌러 Auto layout으로 등록합니다.

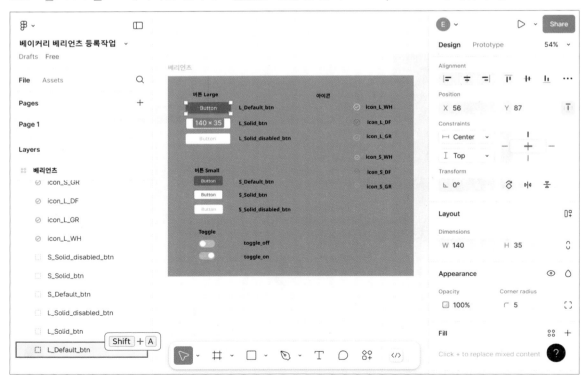

**09** Auto layout으로 등록된 'L_Default_btn'에서 [Constraints]의 Horizontal constraints는 'Center'로 설정한 다음 [Auto layout]에서 'Clip content'를 체크합니다.

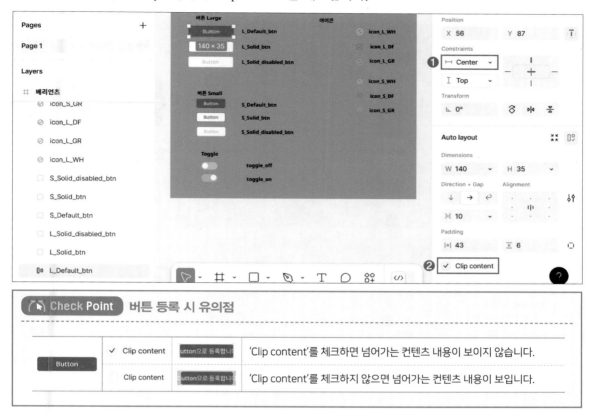

**10** 같은 방법으로 'L_Solid_btn', 'L_Solid_disabled_btn', 'S_Default_btn', 'S_Solid_btn', 'S_Solid_disabled_btn', 'toggle_on', 'toggle_off' 7개의 버튼을 등록합니다.

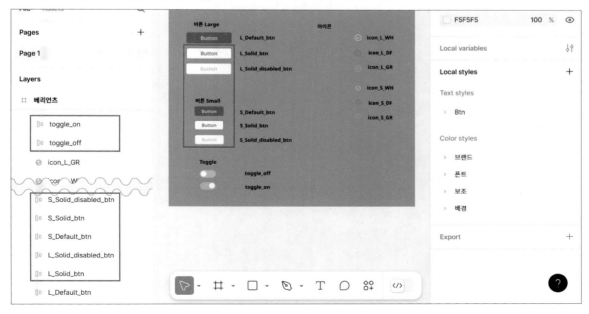

**11** [Layers] 패널에서 6개 아이콘을 모두 선택한 다음, [Design] 패널에서 ❖[Create multiple components]을 클릭합니다.

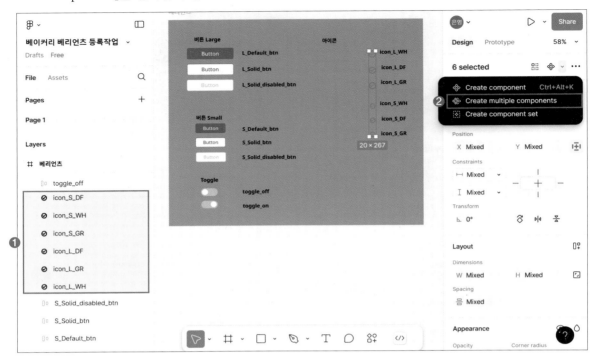

**12** [Layers] 패널에서 선택한 아이콘이 한 번에 ❖ (component)로 설정되었습니다.

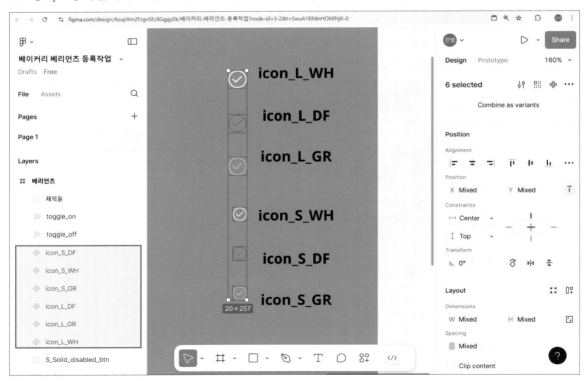

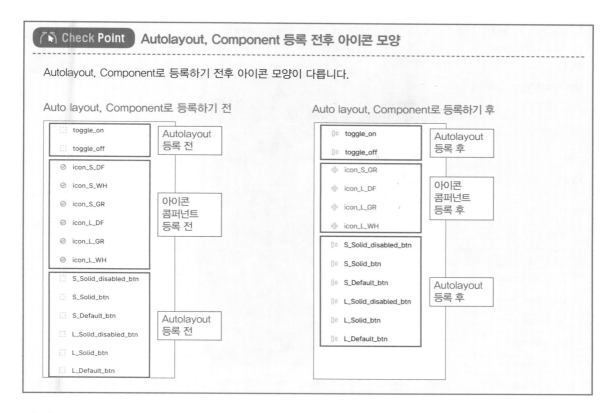

**13** 'L_Default_btn', 'L_Solid_btn', 'L_Solid_disabled_btn', 'S_Default_btn', 'S_Solid_btn', 'S_Solid_disabled_btn' 6개의 버튼을 Shift + Alt + 드래그하여 오른쪽에 복사합니다.

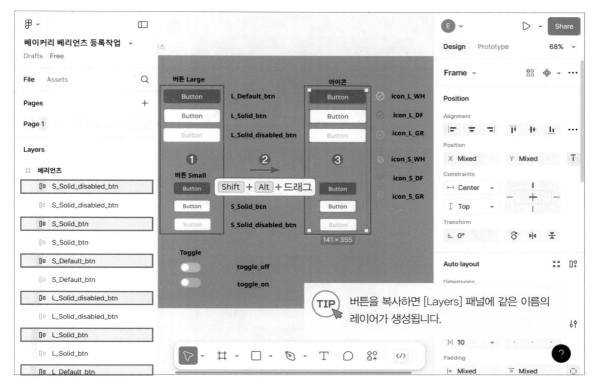

TIP 버튼을 복사하면 [Layers] 패널에 같은 이름의 레이어가 생성됩니다.

**14** 복사한 'L_Solid_btn' 앞에 ❖ 'icon_L_WH'을 복사하기 위해 아이콘을 선택합니다.

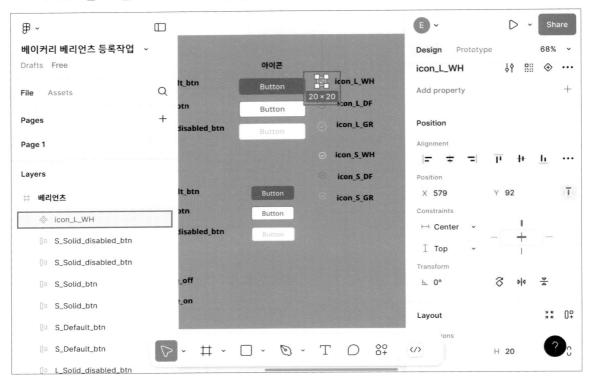

**15** ❖ 'icon_L_WH'을 선택한 상태에서 [Alt] + 드래그하여 'L_Default_btn' 앞으로 복사합니다.

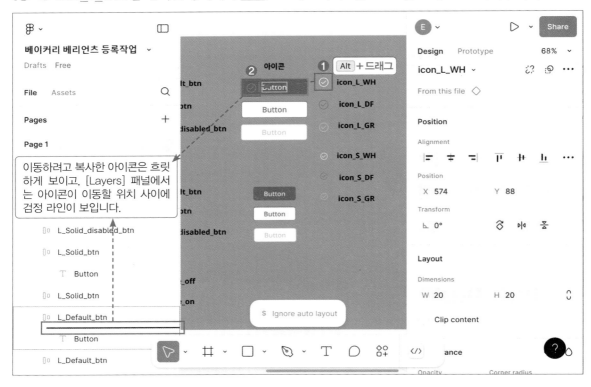

이동하려고 복사한 아이콘은 흐릿하게 보이고, [Layers] 패널에서는 아이콘이 이동할 위치 사이에 검정 라인이 보입니다.

**16** ◇ 'icon_L_WH' 아이콘이 복사된 것을 확인합니다.

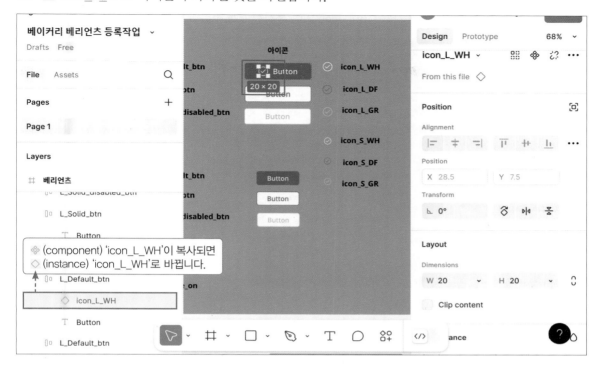

**17** 같은 방법으로 'icon_L_DF', 'icon_L_GR', 'icon_S_WH', 'icon_S_DF', 'icon_S_GR' 5개 아이콘을 각각 Alt + 드래그하여 복사합니다.

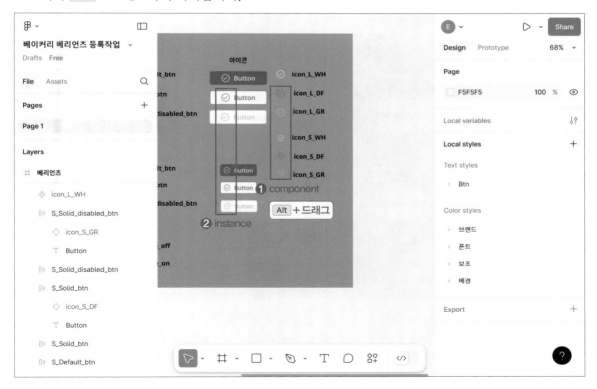

**18** L_Default_btn_icon, L_Solid_btn_icon, L_Solid_disabled_btn_icon, S_Default_btn_icon, S_Solid_btn_icon, S_Solid_disabled_btn_icon으로 복사한 6개 버튼의 레이어 이름을 모두 수정합니다.

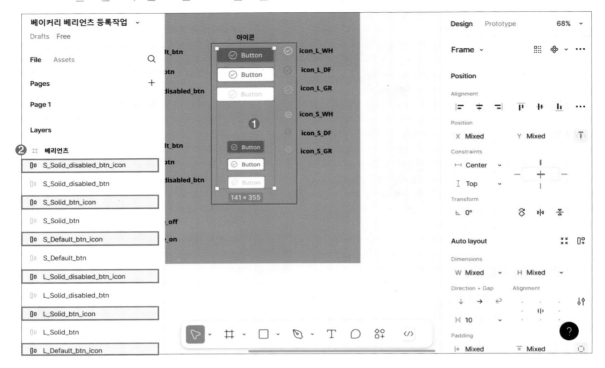

**19** Large 버튼(L_Default_btn, L_Default_btn_icon), Small 버튼(S_Default_btn, S_Default_btn_icon)을 선택하고, [Design] 패널에서 ⌄(Create component options)을 클릭하여 [Create component set]를 선택합니다.

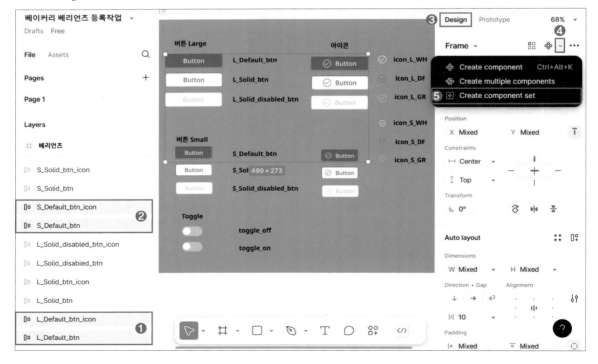

**20** Large 버튼, Small 버튼이 'Component 1' set으로 등록되었습니다. [Design] 패널에서 [Component 1]의 [Properties]을 클릭하여 'Size'를 입력합니다.

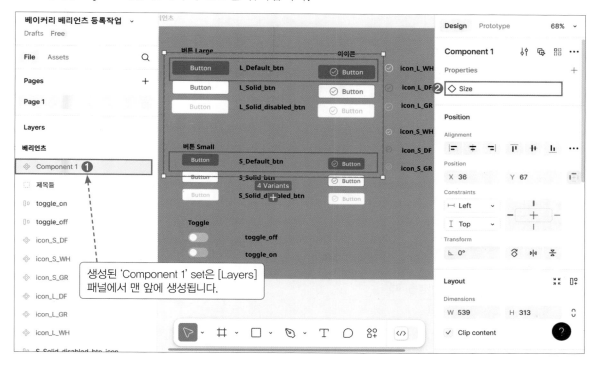

**21** [Layers] 패널에서 ◈ L_Default_btn, ◈ L_Default_btn_icon 2개의 variant를 선택합니다. [Design] 패널에서 [Component 1]의 [Current variant]에서 Size를 클릭한 다음, [Rename]을 선택합니다.

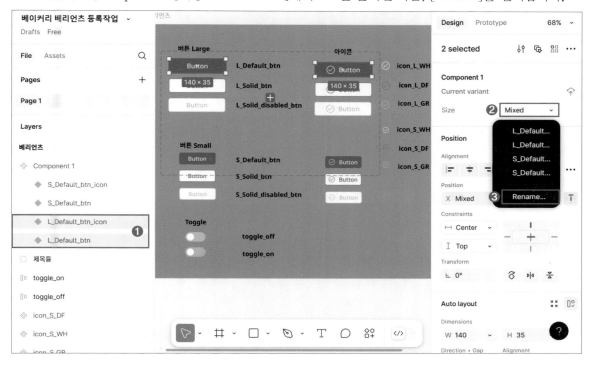

**22** [Component 1]의 [Current variant]에서 Size의 이름을 'Large_Default'로 수정한 후 Enter 를 입력
합니다.

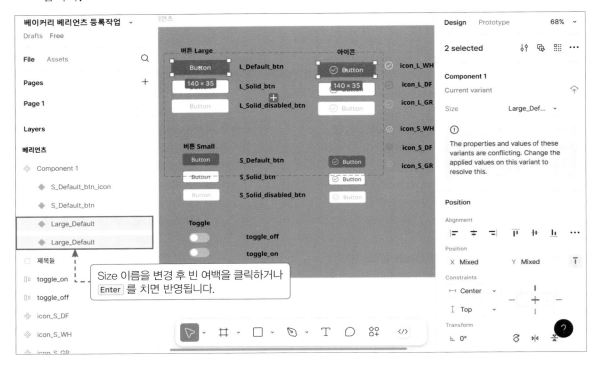

**23** 같은 방법으로 ◆ S_Default_btn, ◆ S_Default_btn_icon 2개의 variant를 선택한 다음, [Design]
패널에서 [Component 1]−[Current variant]의 [Rename]을 'Small_Default'로 변경합니다.

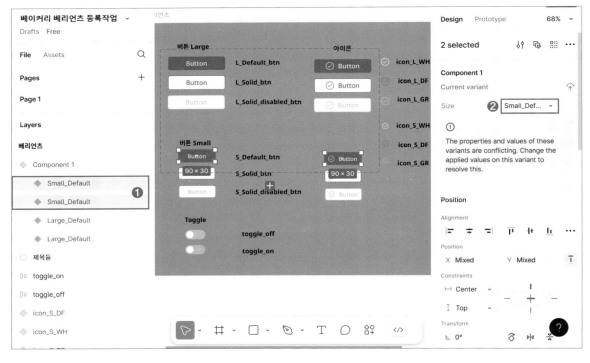

**24** 'Component 1'을 선택하고, [Design] 패널에서 [Component 1]의 [Properties]에 ⊞(Create component property)를 클릭 후 [Variant]를 선택합니다.

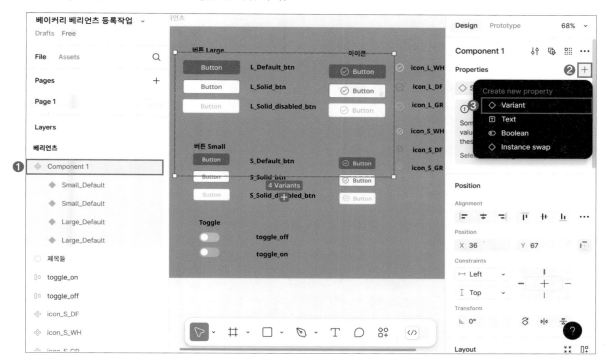

**25** [Create Component Property] 창에서 Name은 'icon', Value는 'True'를 입력하고 [Create property] 버튼을 클릭합니다.

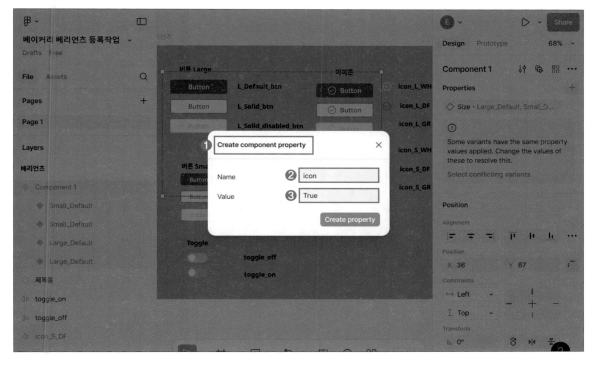

**26** Component 1의 이름을 'Default_btn'으로 수정한 다음, 4개의 ◆ (variant)에 'icon=True'로 설정된 것을 확인합니다.

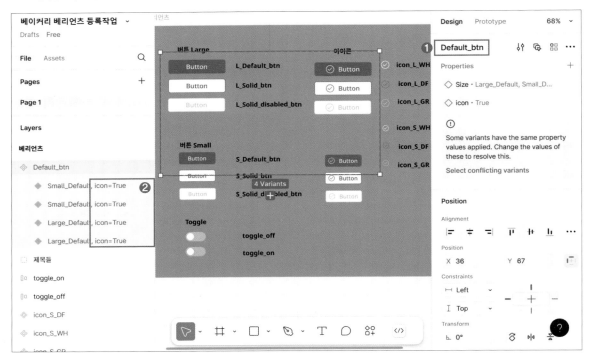

**27** [Layers] 패널에서 Default_btn의 variant 중에서 다음과 같이 아이콘이 없는 ◆ (variant)를 선택합니다. [Design] 패널에서 [Default_btn]−[Current variant]의 [icon] 값을 'False'로 입력합니다.

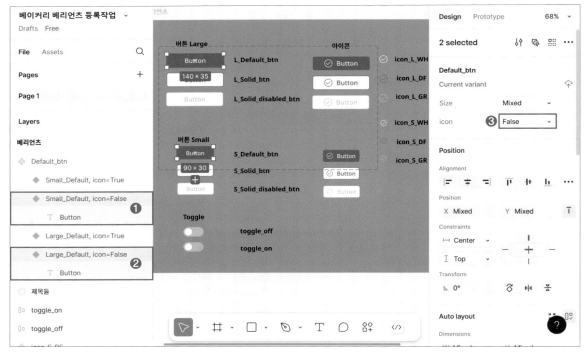

**28** [Layers] 패널에서 'Large_default, icon=False'를 선택하여 작업 영역에서 Component 밖으로 Alt + 드래그합니다.

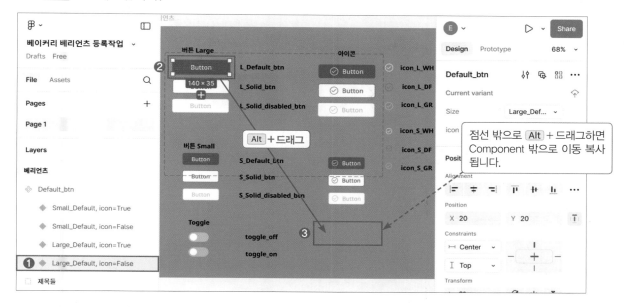

**29** 'Default_btn, icon=False' 버튼이 Component 밖으로 복사됩니다. [Design] 패널에서 [Default_btn]−[from this file]−[icon]의 Toggle button이 생성되었습니다.

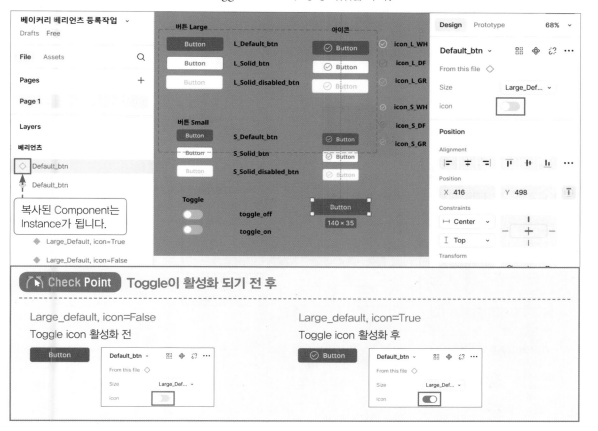

Check Point **Toggle이 활성화 되기 전 후**

Large_default, icon=False
Toggle icon 활성화 전

Large_default, icon=True
Toggle icon 활성화 후

**30** 'Large_Solid_btn', 'Large_Solid_btn_icon', 'Small_Solid_btn', 'Small_Solid_btn_icon'을 Varient로 등록하는 방법입니다. 'Large_btn'의 등록 방법과 같아서, 등록 순서를 정리하였습니다.

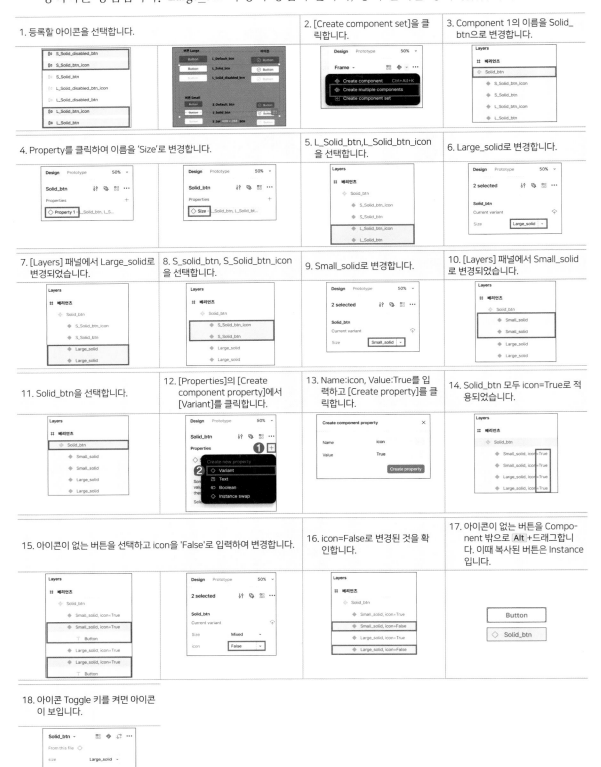

1. 등록할 아이콘을 선택합니다.

2. [Create component set]을 클릭합니다.

3. Component 1의 이름을 Solid_btn으로 변경합니다.

4. Property를 클릭하여 이름을 'Size'로 변경합니다.

5. L_Solid_btn, L_Solid_btn_icon을 선택합니다.

6. Large_solid로 변경합니다.

7. [Layers] 패널에서 Large_solid로 변경되었습니다.

8. S_solid_btn, S_Solid_btn_icon을 선택합니다.

9. Small_solid로 변경합니다.

10. [Layers] 패널에서 Small_solid로 변경되었습니다.

11. Solid_btn을 선택합니다.

12. [Properties]의 [Create component property]에서 [Variant]를 클릭합니다.

13. Name:icon, Value:True를 입력하고 [Create property]를 클릭합니다.

14. Solid_btn 모두 icon=True로 적용되었습니다.

15. 아이콘이 없는 버튼을 선택하고 icon을 'False'로 입력하여 변경합니다.

16. icon=False로 변경된 것을 확인합니다.

17. 아이콘이 없는 버튼을 Component 밖으로 Alt +드래그합니다. 이때 복사된 버튼은 Instance 입니다.

18. 아이콘 Toggle 키를 켜면 아이콘이 보입니다.

**31** 'Large_Solid_disabled_btn', 'Large_Solid_disabled_btn', 'Small_Solid_disabled_btn', 'Small_Solid_disabled_btn_icon'을 Varient로 등록하는 방법입니다. 'Large_btn', 'Solid_btn' 등록 방법과 같아서, 등록 순서를 정리하였습니다.

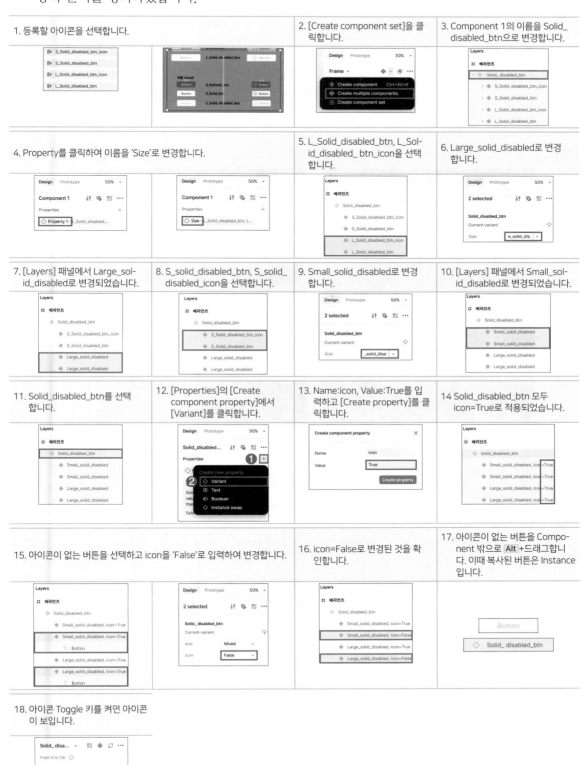

18. 아이콘 Toggle 키를 켜면 아이콘이 보입니다.

# 02 | 베리언츠 앱 버튼 적용하기

베리언츠 앱 버튼을 적용한 베이커리 앱 상세페이지 디자인을 제작하는 방법에 대해서 알아봅니다.

Preview

## 1. 디자인에 필요한 아이콘 가져오기

**01** 아이콘을 제작하기 위해 🔲(Actions)—[Plugins & widgets] 탭을 클릭하고 검색란에 'iconify'을 입력한 후 [Iconify] Plugin을 선택합니다.

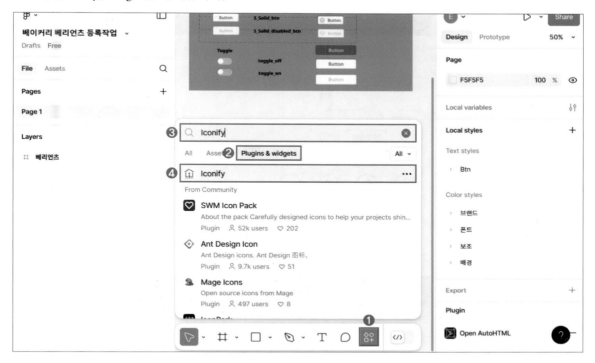

**02** 선택한 [Iconify] Plugin 화면이 나타나면 'Filer icon set' 입력란에 'mono'를 입력하여 검색한 다음 [Mono Icons]을 클릭합니다.

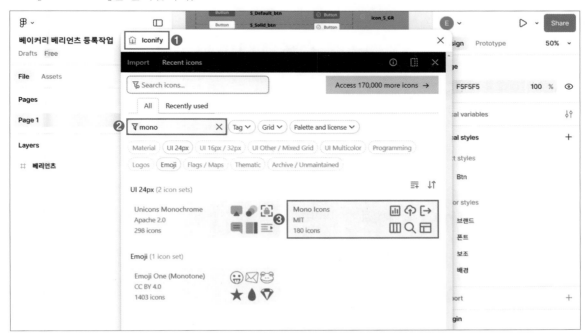

**03** Mono Filer에 'arrow'를 검색하여 나온 아이콘 중에서 'allow_left'를 선택한 다음, [Import as component] 버튼을 클릭하여 작업 영역에 삽입합니다.

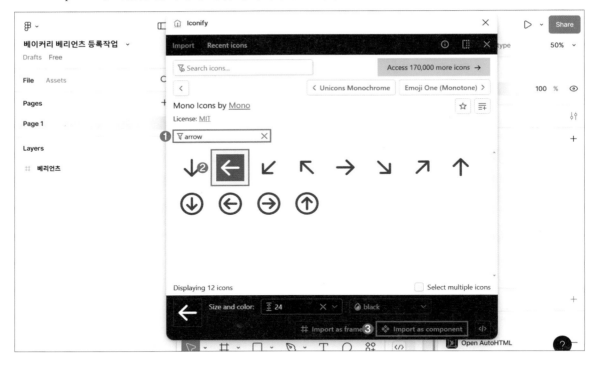

**04** 같은 방법으로 다음과 같이 아이콘을 작업 영역에 삽입합니다.

**05** Iconify에서 'share'를 입력하여 'solor:share-linear' 아이콘을 선택한 다음, [Import as component] 버튼을 클릭하여 작업 화면에 삽입합니다.

**06** 같은 방법으로 'Iconify'에 'bar'를 검색한 다음, 'fe-bar' 아이콘에서 [Import as component] 버튼을 클릭하여 작업영역에 삽입합니다.

## 2. 기본 Frame 화면 만들기

**01** 작업영역에서 ⊞ (Frame) 도구를 선택하여, 다음과 같이 Frame의 위치(X:0, Y:890)에 크기(W:360, H:880)으로 영역을 만듭니다. Frame의 이름은 '베이커리−상세01'로 변경합니다.

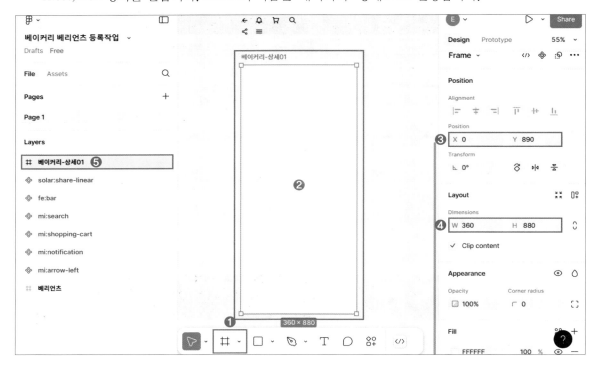

**02** [Design] 패널에서 [Layout grid]의 ⊞ [Add layout grid]를 누릅니다.

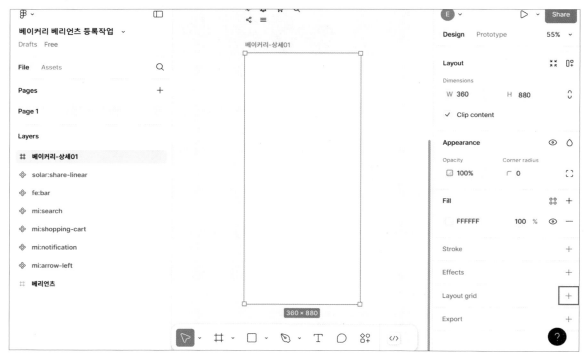

**03** ▥ (Layout grid settings)을 클릭하여 [Grid 설정] 창이 나타나면 'Columns'로 변경하고, Count는 '4', Type은 'Center', Width는 '70', Gutter는 '16'으로 설정합니다.

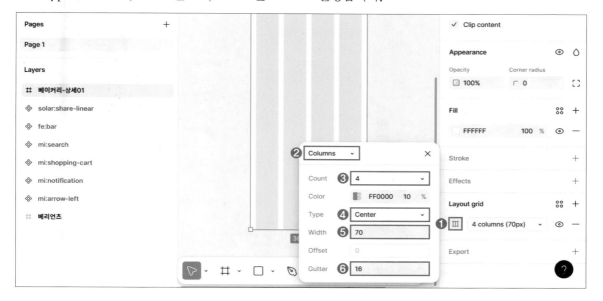

## 3. 상태 바 삽입하기

**01** 앱 상단에 상태 바를 삽입하기 위해 독자에게 제공한 예제파일을 준비한 다음, [Drafts]를 클릭합니다.

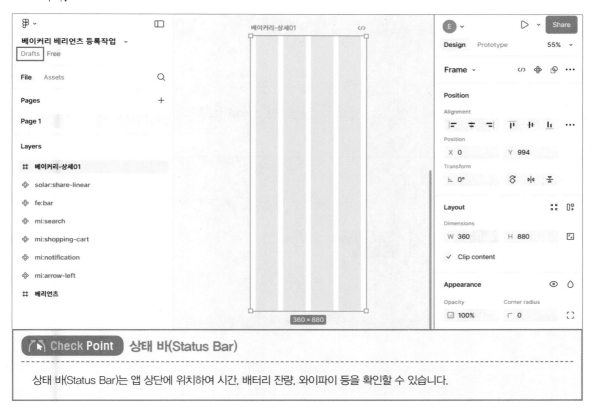

> **⟨ Check Point** 상태 바(Status Bar)
>
> 상태 바(Status Bar)는 앱 상단에 위치하여 시간, 배터리 잔량, 와이파이 등을 확인할 수 있습니다.

**02** 새 탭에 Drafts 화면이 나타나면 [+Create new]−[Import]를 클릭합니다.

**03** 화면에 [Import] 창이 나타나면 [Import from computer] 버튼을 클릭합니다.

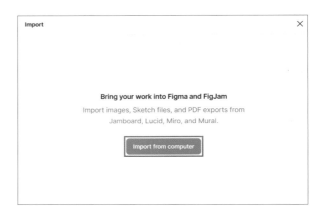

**04** 독자에게 제공한 예제파일이 있는 경로로 접근하여 'Status.fig'를 선택하고, [열기] 버튼을 클릭합니다.

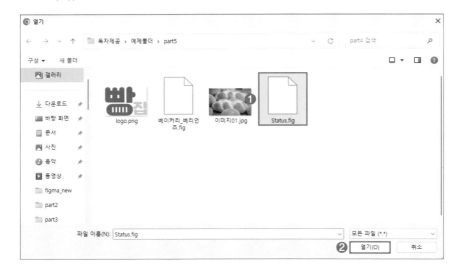

**05** 'Status.fig' 파일이 [Imported to Drafts] 되
면 [Done]을 클릭합니다.

**06** 'Status.fig' 파일이 파일 리스트 화면에 나타나면 더블클릭하여 파일을 엽니다.

**07** 'Status.fig' 파일 화면이 열리면 'Status Bar/Android Dark' 레이어를 선택하고, Ctrl + C 를 눌러
복사합니다.

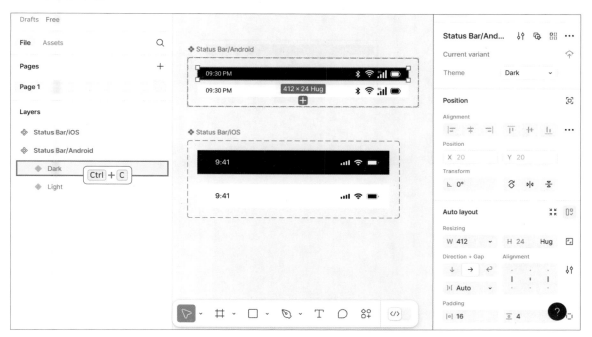

**08** '베이커리 베리언츠 등록작업' 화면으로 이동한 다음, 'Status bar/Android의 Dark'를 Ctrl + V 를 눌러 붙여넣습니다. [Design] 패널에서 [Constraints]의 Horizontal constraints는 'Left + Right'로 설정하고, [Auto layout]에서 W는 '360'으로 설정합니다.

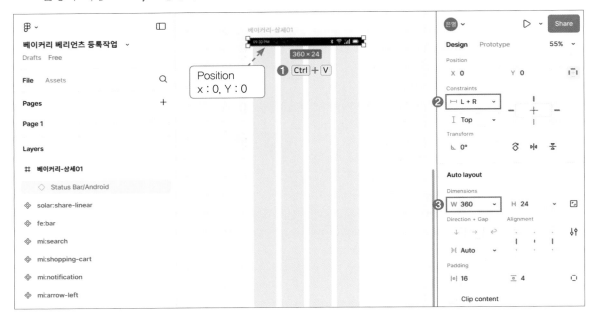

## 4. 헤더 만들기

**01** ▢ (Shape tools)로 사각형(X:0, Y:24, W:360, H:72)을 제작한 다음, [Constraints]의 Horizontal constraints는 'Left + Right'로 설정합니다.

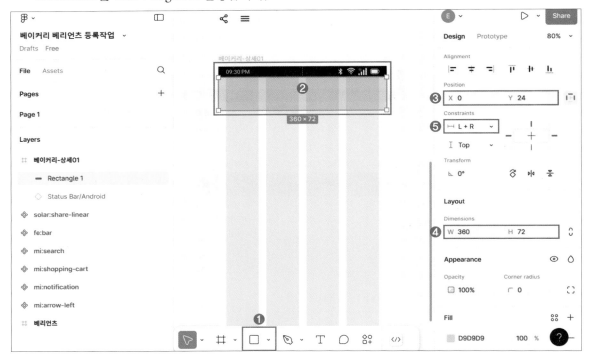

**02** [Fill]에서 Color는 'FFFFFF'를 적용하고, [Effects]의 ⊞ (Add effect)를 클릭한 다음, ☐ (Effect settings)을 클릭합니다. Drop shadow에서 X는 '0', Y는 '2', Blur는 '3', 불투명도는 '10%'로 설정하고 레이어 이름을 '헤더배경'으로 변경합니다.

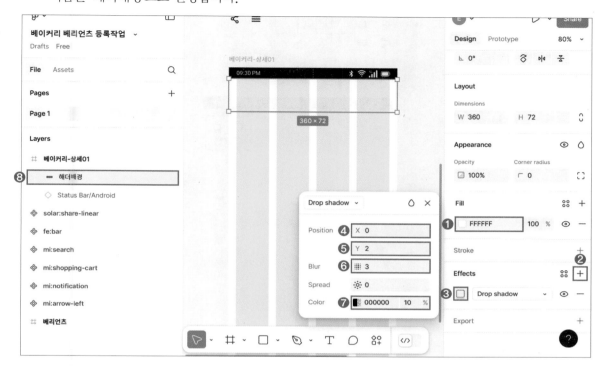

**03** ✦ 'mi:arrow−left' 아이콘을 Alt + 드래그 복사하여 헤더영역(X:16, Y:48)에 배치합니다.

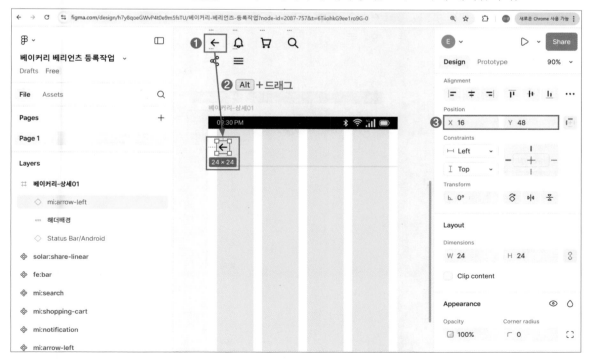

**04** 같은 방법으로 search와 shop 아이콘을 각각 선택하고, [Alt] + 드래그 복사하여 헤더 영역에 search(X:280, Y:48), shop(X:320, Y:48)을 배치합니다.

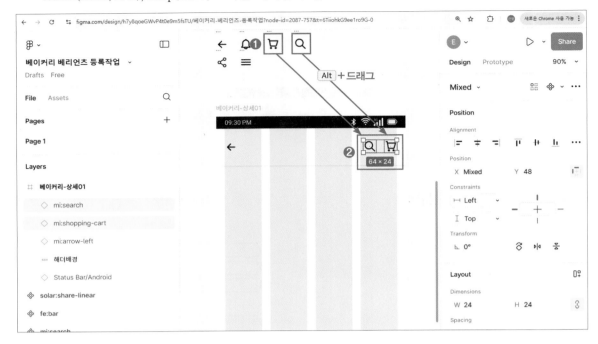

**05** search와 shop 아이콘을 선택하고, [Shift] + [A] 를 눌러 Auto layout으로 설정한 다음, [Auto layout]에서 'Align right'로 지정합니다. [Constraints]의 Horizontal constraints는 'Right'로 설정한 다음, [Layers] 패널의 레이어 이름을 'right_icon'으로 변경합니다.

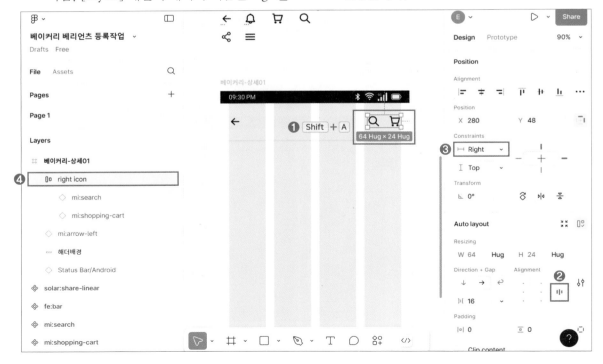

**06** 다음과 같이 사각형(X:162, Y:48, W:36, H:24)을 제작한 다음, [Constraints]의 Horizontal constraints 는 'Center'로 설정합니다.

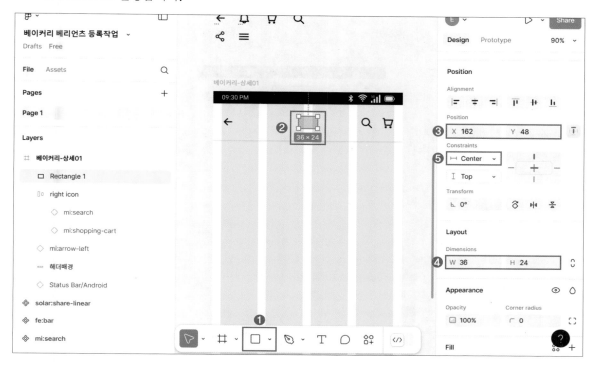

**07** 사각형에 독자에게 제공한 예제파일의 이미지를 넣기 위해 ▢(Shape tools)—[Image/video] 도구를 클릭한 다음, 'logo.png' 선택합니다.

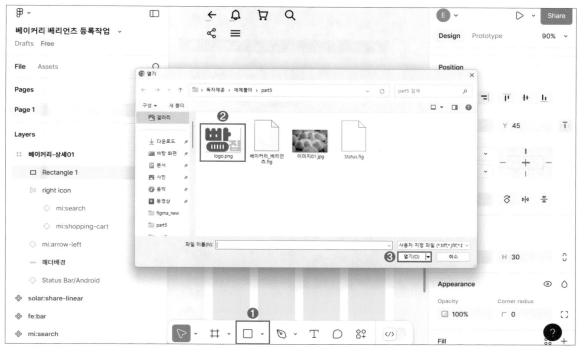

**08** 사각형에 'logo.png' 이미지가 삽입되었습니다.

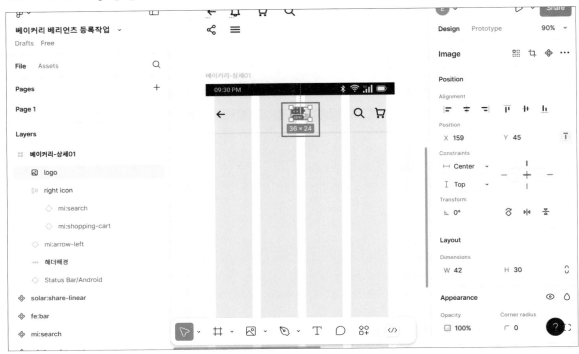

**09** 'mi:arrow-left', 'right icon', 'logo' 레이어를 선택하고 Shift + A 를 눌러 Auto layout으로 설정한 다음, 'Align center'로 지정합니다. [Constraints]의 Horizontal constraints는 'Left + Right'로 설정한 다음, 이름을 '헤더'로 변경합니다.

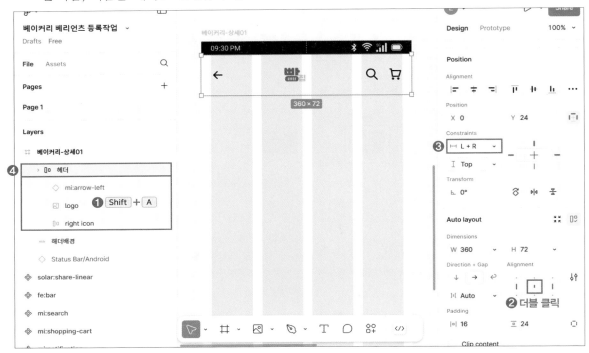

**10** 'logo' 레이어를 선택하고, [Design] 패널의 [Position]에서 ⬚ (Ignore auto layout)를 클릭하여 절대 위치로 설정한 다음, ⥮ (Align horizontal centers)로 지정합니다.

> **TIP** 오브젝트를 Ignore auto layout으로 설정하면, 절대 위치(Absolute Position)로 지정되어 오브젝트를 움직일 수 있습니다.

**11** [Design] 패널에서 [Constraints]의 Horizontal constraints는 'Center'로 설정합니다.

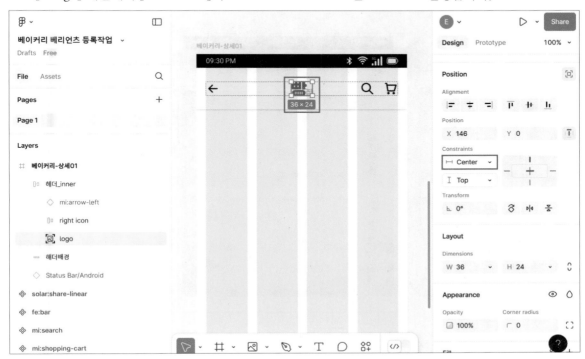

## 5. 메인 비주얼 영역 만들기

**01** ▣ (Shape tools)로 사각형(X:0, Y:96, W:360, H:360)을 제작한 다음, [Constraints]의 Horizontal constraints는 'Left + Right'로 설정합니다.

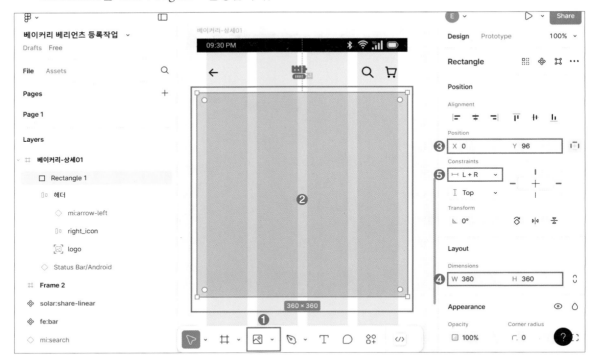

**02** ▣ (Shape tools)에서 [Image/video]를 클릭하여 독자에게 제공한 예제파일에서 '이미지01.jpg'를 사각형에 삽입합니다.

## 6. 상세 설명 영역 만들기

**01** (Frame) 도구로 사각형(X:0, Y:456, W:360, H:424)을 제작한 다음, [Fill]에서 Color는 'FFFFFF'으로 지정하고 [Constraints]의 Horizontal constraints는 'Left + Right'로 설정합니다.

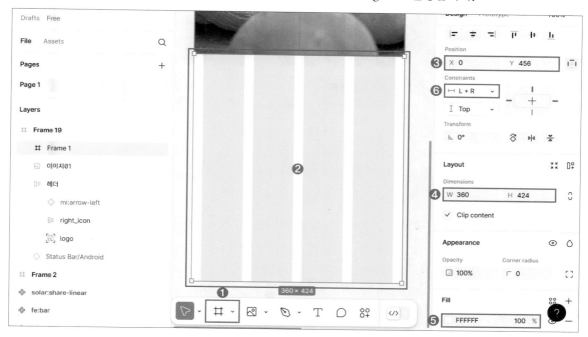

**02** (Text) 도구로 '버터 소금빵'을 입력하고, [Position]에서 X는 '16', Y는 '24'로 배치합니다. [Constraints]의 Horizontal constraints는 'Left'로 설정한 다음, [Typography]의 스타일은 'Noto sans/Bold', 텍스트 크기는 '24', [Fill]에서 Color는 '000000'으로 지정합니다.

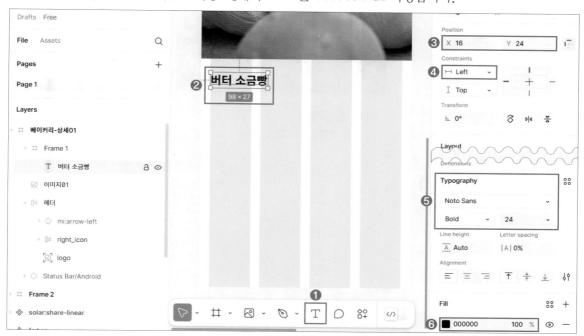

**03** ⊤ (Text) 도구로 'Butter Salt Bread'를 입력하고, [Position]에서 X는 '150', Y는 '34'로 배치합니다. [Constraints]의 Horizontal constraints는 'Left'로 설정한 다음, [Typography]의 스타일은 'Medium', 텍스트 크기는 '14', [Fill]에서 Color는 '828282'로 지정합니다.

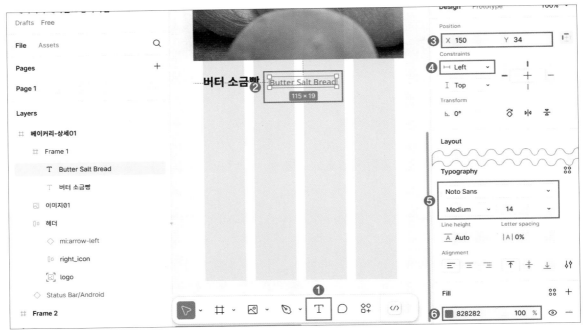

**04** '버터 소금빵', 'Butter~' 레이어를 선택하고 Shift + A 를 눌러 Auto layout으로 설정한 다음, [Auto layout]의 [Alignment]에서 'Align Center'로 설정합니다. [Constraints]의 Horizontal constraints는 'Center'로 지정하고, 레이어의 이름을 '제목'으로 변경합니다.

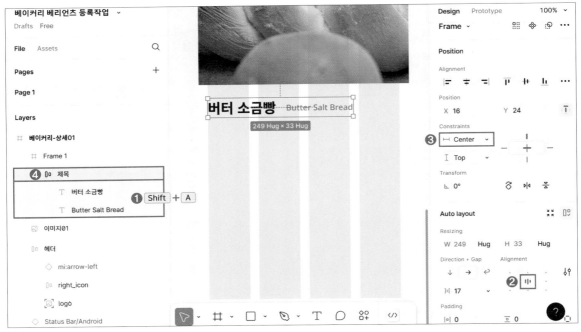

**05** ✦ 'solar:share−linear'를 선택하고, Alt + 드래그하여 복사한 다음, 제목 오른쪽에 배치(X:320, Y:25)
합니다. [Constraints]의 Horizontal constraints는 'Right'로 설정합니다.

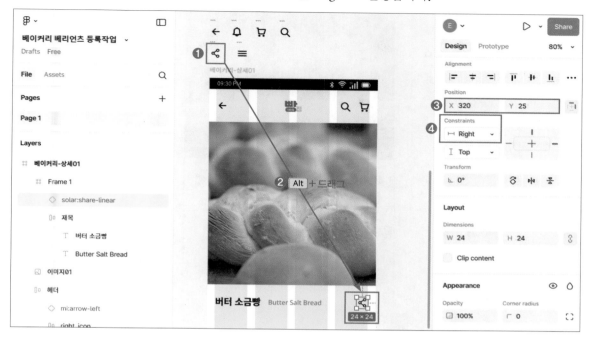

**06** '제목', 'solar:share−linear' 레이어를 선택한 다음, Shift + A 를 눌러 Auto layout로 설정합니다.
[Constraints]의 Horizontal constraints는 'Left + Right'로 지정하고, Frame의 이름을 '제목과 공유'
로 변경합니다.

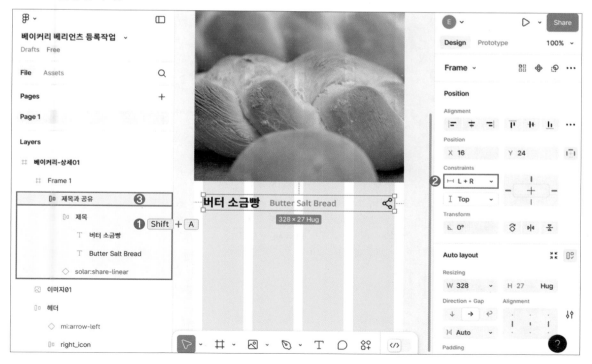

**07** ☐ (Shape tools)로 별 도형(X:16, Y:90, W:20, H:20, Ratio:50%)을 제작한 다음, [Constraints]의 Horizontal constraints는 'Left'로 지정하고, [Fill]에서 Color는 'FFB36B'로 설정합니다.

**08** 별 도형을 선택하고 Alt + 드래그하여 4개 더 복사한 다음, 5개를 선택하고 Shift + A 를 눌러 [Auto layout]의 'Align left'로 설정합니다. [Constraints]의 Horizontal constraints는 'Left'로 지정합니다. Frame의 이름을 '별점'으로 변경합니다.

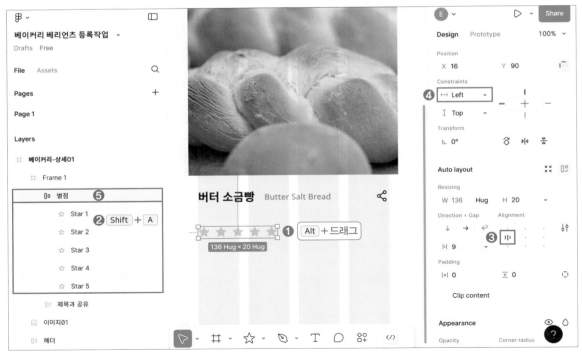

**09** ▢ (Text) 도구로 '별점' 레이어 오른쪽(X:180, Y:90)에 '(5)'를 입력하고, [Typography]의 텍스트 크기는 '14', [Fill]에서 Color는 '000000'로 설정합니다. [Constraints]의 Horizontal constraints는 'Left'로 지정합니다.

**10** '별점', '(5)'를 선택하고, Shift + A 를 눌러 [Auto layout]의 'Align left top'으로 설정합니다. [Constraints]의 Horizontal constraints는 'Left'로, Frame의 이름을 '별점과 점수'로 변경합니다.

**11** 🔲 (Text) 도구로 '3,000원'을 다음과 같은 위치(X:16, Y:130)에 입력하고, [Typography]의 스타일은 'Bold', 텍스트 크기는 '20', [Fill]에서 Color는 '000000'으로 설정합니다. [Constraints]의 Horizontal constraints는 'Left'로 지정합니다.

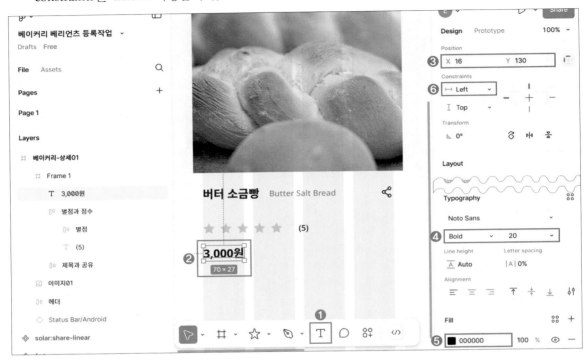

**12** 다음과 같이 3개의 레이어를 선택하고, Shift + A 를 눌러 [Auto layout]의 'Align left'로 설정합니다. [Constraints]의 Horizontal constraints는 'Left + Right'로 지정하고, Frame의 이름을 '제목_별점_가격'으로 변경합니다.

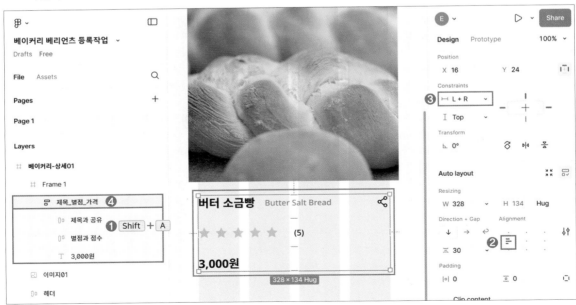

**13** ☐(Text) 도구로 버터 소금빵 입력 내용을 참고하여 (X:16, Y:180)을 입력한 다음, [Typography]의 스타일은 'Medium', 텍스트 크기는 '14'로 설정합니다. [Constraints]의 Horizontal constraints는 'Left + Right'로 지정합니다.

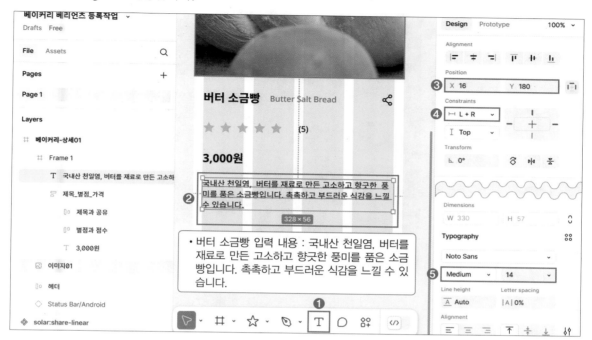

**14** '국내산 천일염~', '제목_별점_가격' 레이어를 선택하고, Shift + A 를 눌러 [Auto layout]의 'Align top center'로 설정합니다. [Constraints]의 Horizontal constraints는 'Left + Right'로 지정한 다음, 레이어의 이름을 '제품정보'로 변경합니다.

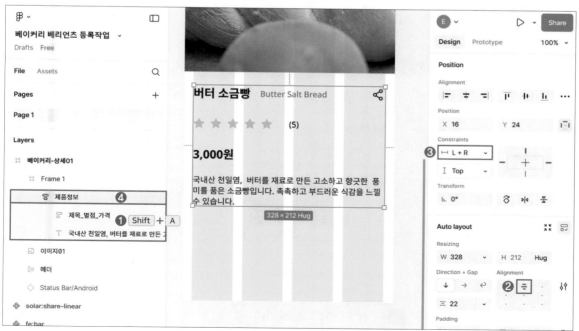

**15** ◈ 'L_Default_btn'을 선택하고, [Alt] +드래그하여 복사해서 배치한 다음, 버튼의 텍스트를 '구매하기'로 변경합니다.

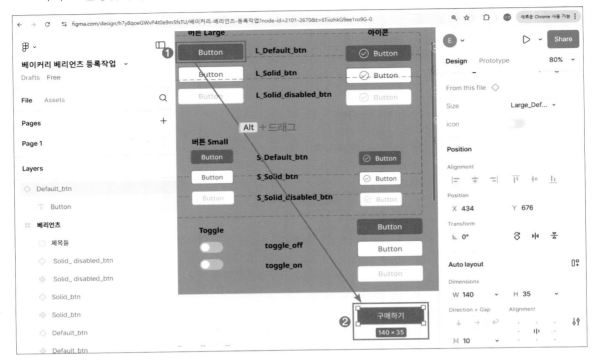

**16** ◇ 'Default_btn' 버튼을 ⊞ Frame 1(X:110, Y:280)의 안으로 이동한 다음, [Constraints]의 Horizontal constraints는 'Left + Right'로 지정합니다.

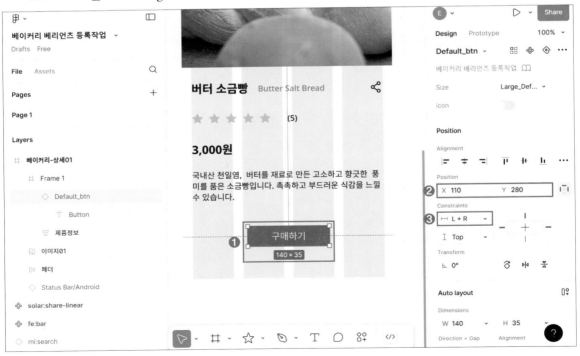

**17** [Layers] 패널에서 ⊞ 'Frame 1' 프레임을 선택한 후 Shift + A 를 누른 다음, [Auto layout]의 'Align center'로 설정합니다. [Constraints]의 Horizontal constraints는 'Left + Right'로 지정하고, 레이어의 이름을 '콘텐츠전체내용'으로 변경합니다.

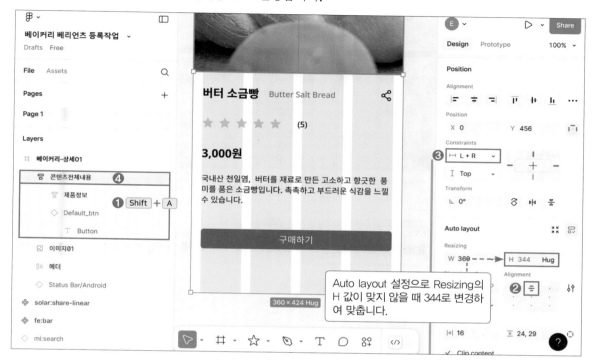

Auto layout 설정으로 Resizing의 H 값이 맞지 않을 때 344로 변경하여 맞춥니다.

**18** Shift + G 를 눌러 Layout grid를 감추고, 전체 작업한 콘텐츠를 확인합니다.

**19** 완성된 '베이커리–상세01' Frame 레이어를 [Alt] + 드래그하여 복사합니다. 복사한 Frame 레이어를 선택한 뒤, 크기조절 화살표가 보이면 크기를 조정하며 반응형 콘텐츠 결과물을 확인합니다.

# 프로토타이핑과
# 인터랙션

이번 단원에서는 앱 화면 간의 생동감 있는 인터랙션을 반영한 프로토타입을 제작하는 방법에 대해서 살펴봅니다. 앱 화면의 비주얼 영역, 배너 영역 등 움직이는 이미지 슬라이드를 보여주는 데 필요한 캐러셀(Carousel)을 제작하는 방법에 대해서 살펴봅니다.

또한 디자인 요소가 지정된 영역에서 벗어났을 때 스크롤을 통해 숨겨진 콘텐츠를 볼 수 있는 기능인 오버플로우 스크롤링(Overflow scrolling)의 제작 방법에 대해서 알아봅니다. 사용자가 숨겨진 정보를 확인하기 위해 상호작용하는 창인 Modal 등을 제작하는 방법에 대해서 학습합니다.

# 01 캐러셀 인터랙션 제작하기

베이커리 앱의 메인 비주얼 영역에 캐러셀(Carousel)을 적용한 베이커리 앱 디자인을 제작하는 방법에 대해서 알아봅니다.

캐러셀의 사전적 의미는 회전목마입니다. 웹이나 앱에서는 이미지, 텍스트, 동영상 등으로 제작한 여러 개의 콘텐츠를 가로로 회전목마처럼 회전하여 보여주는 컴포넌트를 의미합니다.

## 1. 앱 메인 화면 콘텐츠 수정하기

**01** 'Figma.com' 접속하여 피그마의 시작 화면으로 이동합니다. 베이커리 앱 메인 화면의 비주얼 영역에 캐러셀를 제작하기 위해 [+ Create new]–[Import]를 클릭합니다.

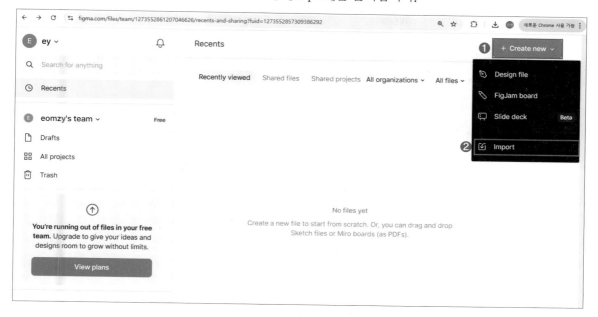

**02** 화면에 [Import] 창이 나타나면 [Import from computer]를 클릭합니다.

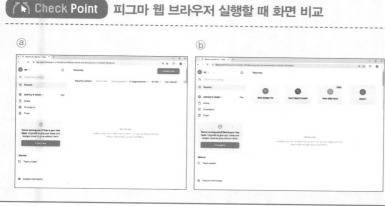

ⓐ    ⓑ

사용하고 있는 모니터 크기에 따라 웹 브라우저의 너비를 조정하면서 사용하게 되는데 너비를 좁게 쓰면 ⓐ와 같이 메뉴 버튼이 오른쪽 위쪽에 있습니다. 조금 넓게 사용하면, ⓑ와 같이 4개 카드형의 메뉴로 크게 보입니다. 둘 다 맞는 것으로서, 사용자가 편한 스타일로 사용하면 됩니다.

**03** 예제파일이 있는 경로로 접근하여 '베이커리 상세.fig'를 선택하고, [열기] 버튼을 클릭합니다.

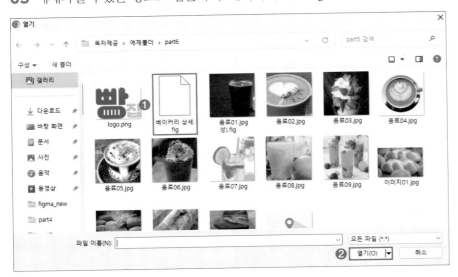

**04** 파일이 Imported to Drafts 되면 [Done]을 클릭합니다.

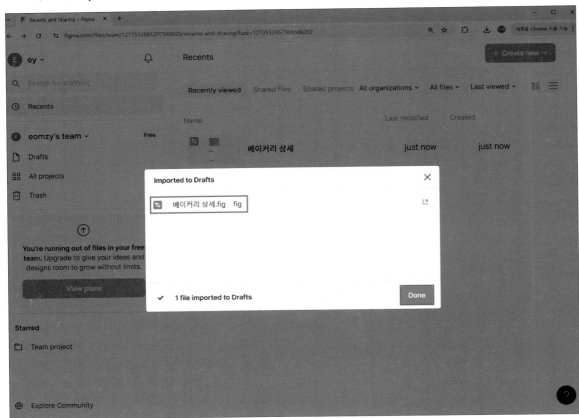

**05** '베이커리 상세.fig' 파일이 파일 리스트 화면에 나타나면 더블클릭하여 파일을 엽니다.

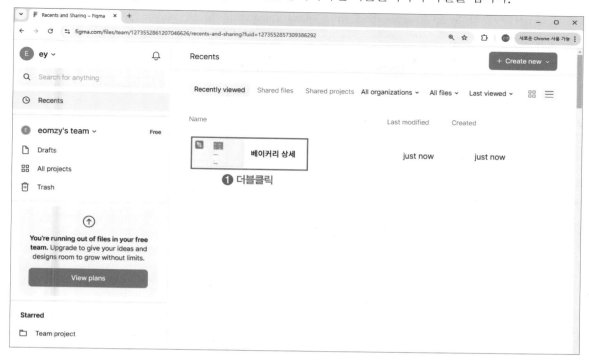

**06** '베이커리 상세' Frame을 모두 선택한 다음, Alt 를 누른 상태로 드래그하여 복사합니다. [Layers] 패널에서 복사한 Frame의 이름을 '베이커리 메인'으로 수정하고, 'Status Bar/Android'와 '헤더' 레이어를 제외한 나머지 레이어를 삭제합니다.

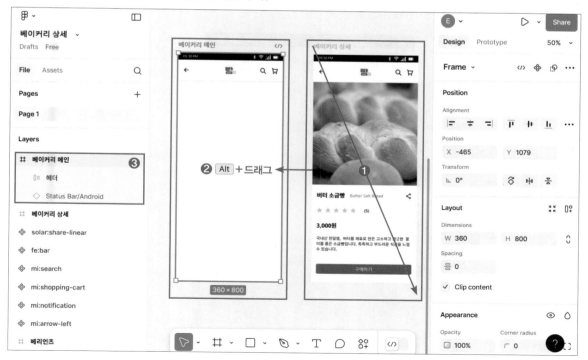

**07** '베이커리 메인' Frame의 헤더 레이어를 활성화한 다음, 'mi:arrow-left' 레이어를 선택합니다. [Design] 패널의 [Swap Instance]를 클릭하여 local instance로 등록된 'fe:ber'를 클릭합니다.

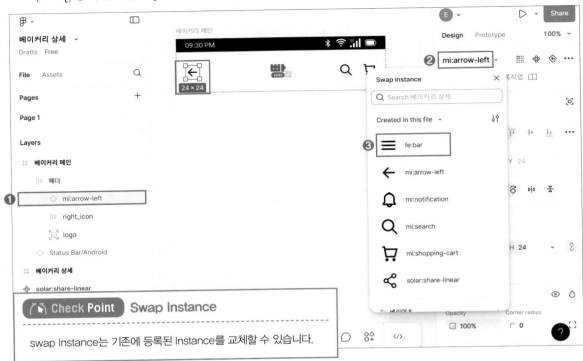

> **Check Point** **Swap Instance**
>
> swap Instance는 기존에 등록된 Instance를 교체할 수 있습니다.

**08** [Layers] 패널의 공간을 활용할 수 있도록 Component 6개를 선택하고 `Ctrl` + `G` 를 눌러 그룹화 합니다. 그룹의 이름을 '컴포넌트 모음'으로 변경하고 ☑ 화살표를 눌러 펼쳐진 레이어를 접습니다.

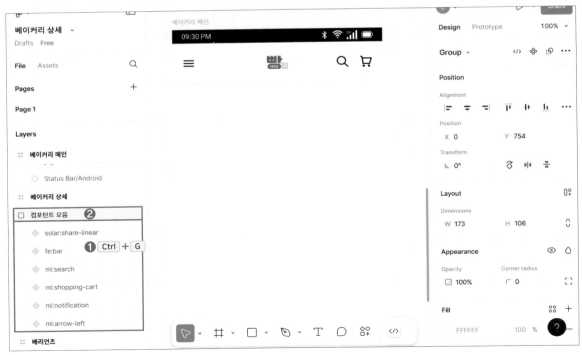

## 2. 페이지네이션 제작하기

**01** Frame 밖으로 화면을 이동한 다음, [Ellipse] 도구로 두 개의 원(W:20, H:20)을 제작하고 [Fill]에서 Color는 각각 '000000', 'E9E9E9'으로 지정합니다.

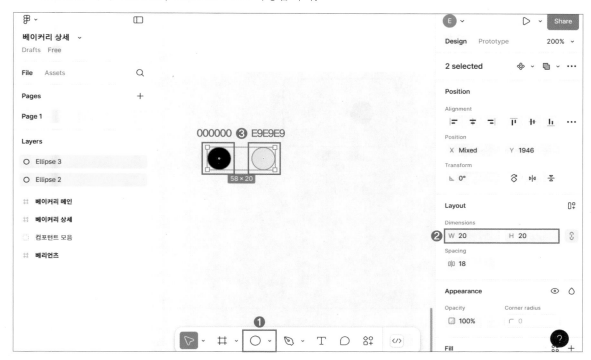

**02** 두 개의 원을 선택하고, [Design] 패널에서 ⊕▾(Create component options)을 클릭하여 [Create component set]을 클릭합니다.

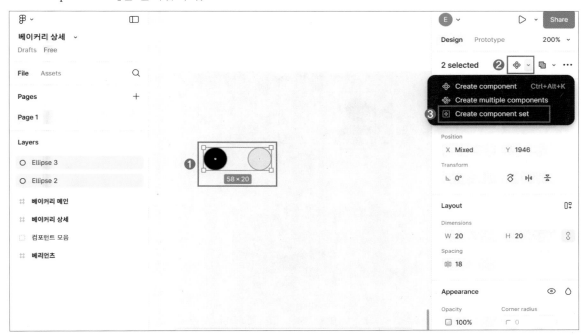

**03** Component set의 레이어 이름을 'Dot'으로 변경하고, [Design] 패널의 [Properties]를 '색상'으로 입력합니다.

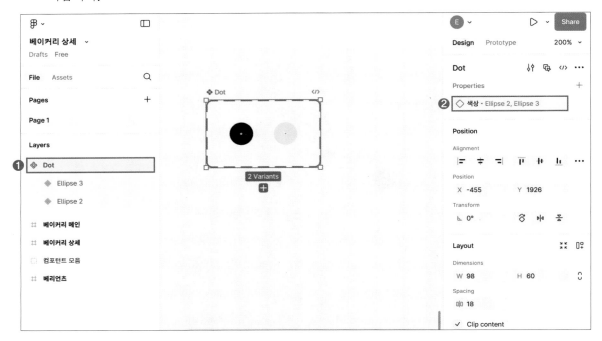

**04** ❖ (Dot)의 검정색 원 도형을 선택한 다음, [Design] 패널에서 [Current variant]의 검정색 원 색상은 'on'으로 입력하고, 회색 원은 'off'로 입력합니다. [Layers] 패널의 ❖ (Dot)에서 '◈ 색상=on, ◈ 색상=off'로 설정된 것을 확인할 수 있습니다.

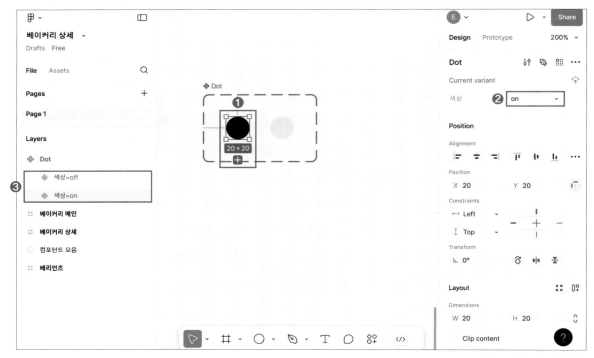

**05** [Layers] 패널에서 ✥ (component) Dot의 ◆ (Variants) 색상=on, ◆ (Variants) 색상=off를 선택한 다음, Alt + 드래그하여 복사하고 ◇ (Instance) 색상=off를 한 개 더 복사합니다.

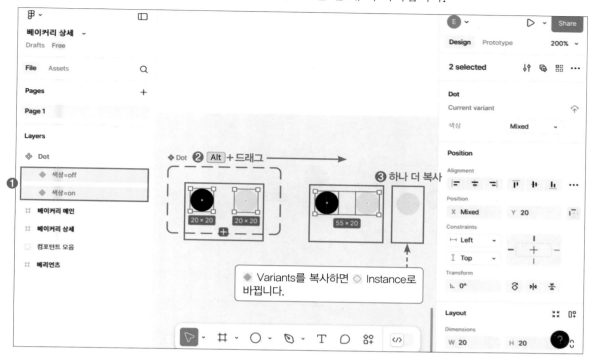

**06** [Layers] 패널에서 복사한 ◇ (Dot) 3개를 선택한 다음, [Design] 패널에서 ⋯ (More actions)을 클릭하고 [Create component]를 선택합니다.

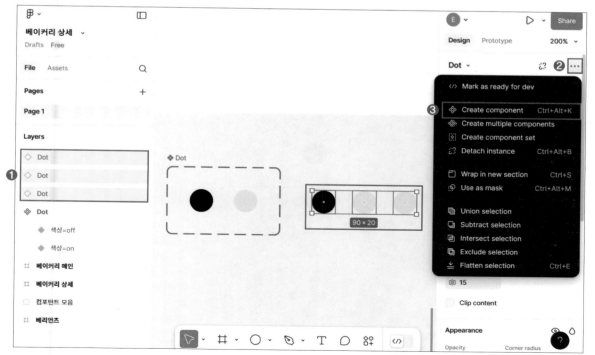

**07** [Layers] 패널에서 Component1 레이어의 이름을 'Indicator'로 변경하고, [Design] 패널에서 ◈ [Add variant]를 클릭하여 variant를 추가합니다.

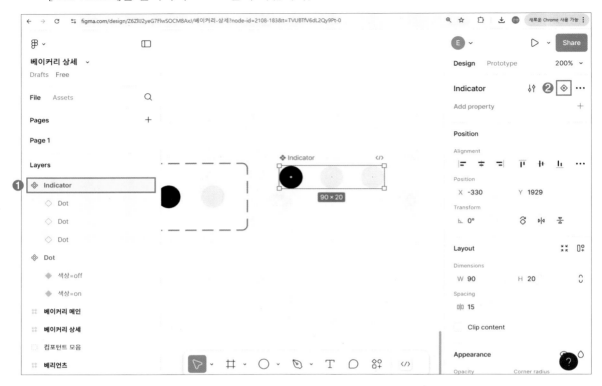

**08** ◈ (Indicator)에 ◆ (Variant2)가 추가되었고, 한 번 더 추가하기 위해 ➕(Add variant)를 클릭합니다.

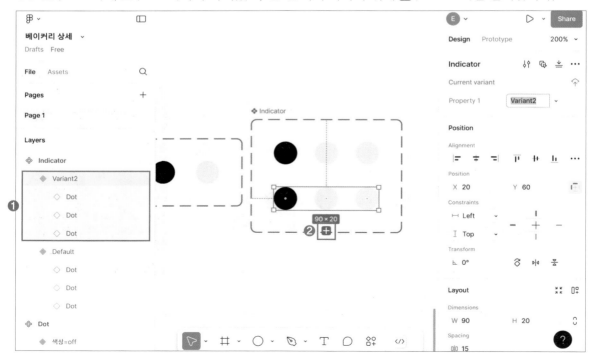

**09** [Layers] 패널에서 ❖ (Indicator)에 3개의 ◆ (Variant)가 생성된 것을 확인합니다.

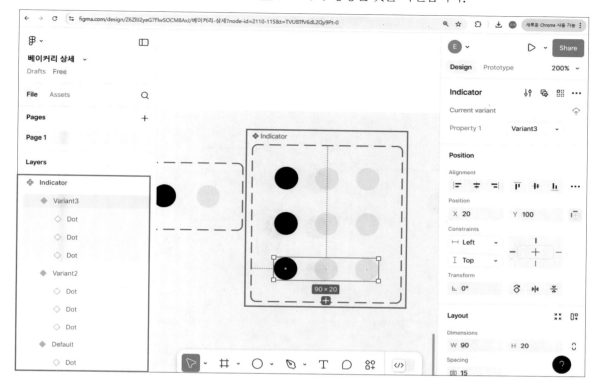

**10** [Layers] 패널의 ◆ (Variant2)에서 두 번째 ◇ Dot (Instance)을 선택합니다.

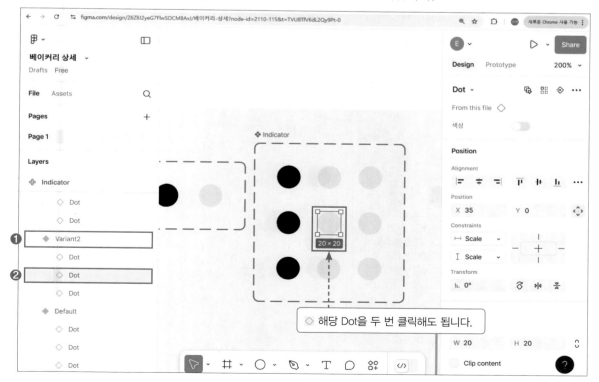

◇ 해당 Dot을 두 번 클릭해도 됩니다.

**11** [Design] 패널에서 Dot의 toggle을 클릭하여 활성화한 다음 Dot의 색상이 검정으로 바뀐 것을 확인합니다.

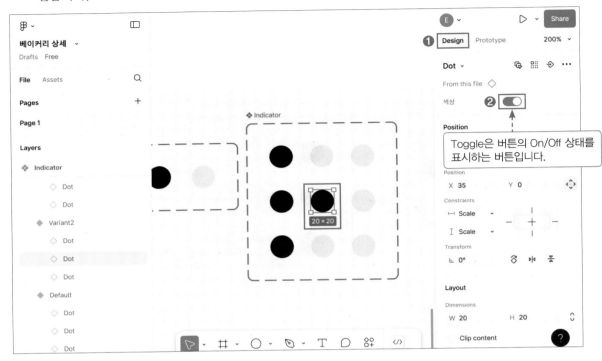

**12** ◆ (Variant2)에서 첫 번째 ◇ Dot (Instance)를 선택한 다음, [Design] 패널에서 Dot의 toggle을 클릭하여 비활성화한 다음 Dot의 색상이 회색으로 바뀐 것을 확인합니다.

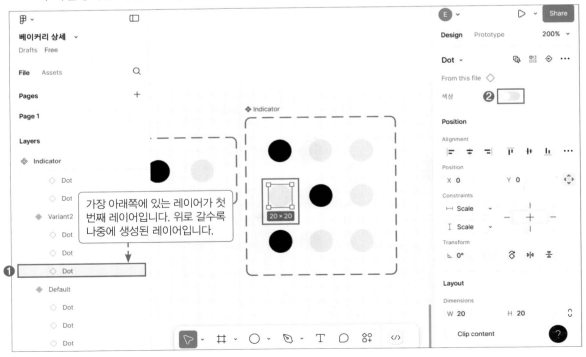

**13** 같은 방법으로 ◆ (Variant3)에서 첫 번째(off)와 세 번째(on) ◇ (Instance) Dot의 toggle을 다음과 같이 변경합니다.

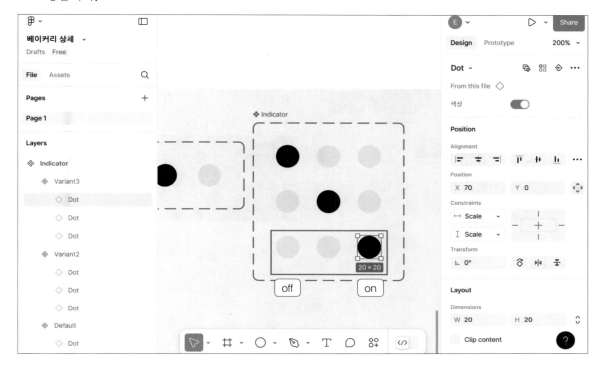

## 3. 메인 비주얼 영역을 Carousel로 제작하기

**01** ▣ (Shape tools)로 사각형(W:360, H:360)을 제작한 다음, 레이어의 이름을 '이미지'로 변경합니다.

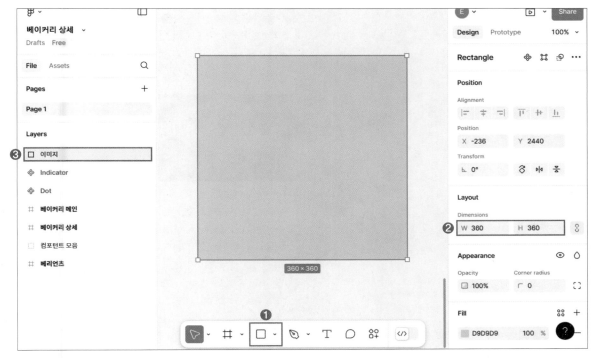

**02** [Design] 패널에서 [Fill]을 클릭합니다. [Custom] 창이 나타나면 🖾 (Image)에서 [Upload from computer] 버튼을 클릭하여 독자에게 제공한 예제파일에서 '이미지01.jpg' 파일을 선택한 다음, [열기] 버튼을 클릭합니다.

**03** 🖾 (이미지)에 '이미지01.jpg가 삽입된 것을 확인하고, ✖ (닫기)를 클릭합니다.

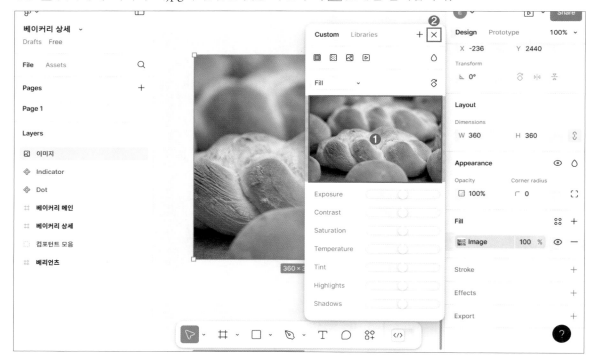

**04** 작업 영역에서 이미지를 선택한 다음 `Shift` + `A` 를 눌러 Auto layout으로 지정하고, [Design] 패널의 [Auto layout]에서 'Horizontal layout'과 'Align top left'로 설정합니다. Horizontal padding은 '0', Vertical padding은 '0'으로 변경합니다.

**05** 작업영역에서 ⎐ (Frame 1)를 선택한 후, `Ctrl` + `Alt` + `K` 를 눌러 component로 설정한 다음, 레이어 이름을 ◈ (img)로 변경합니다.

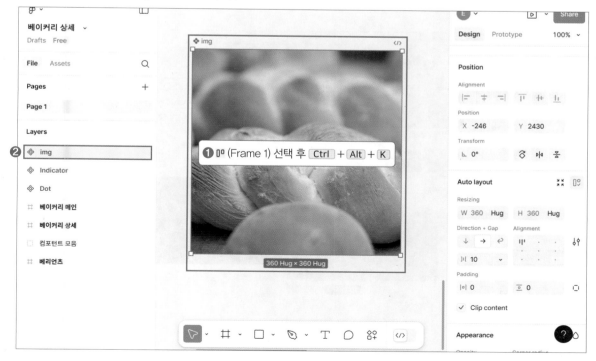

**06** [Layers] 패널에서 ❖ (img)를 선택한 다음, `Alt` + 드래그하여 ◇ (img)를 다음과 같이 3개를 복사합니다.

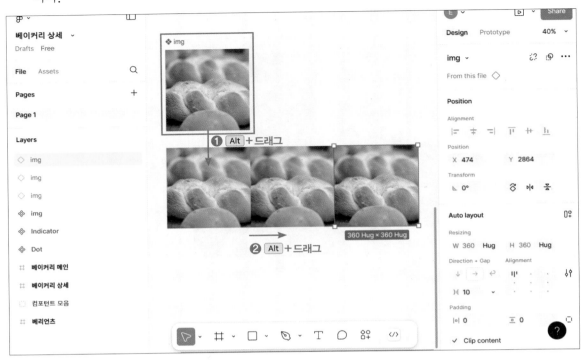

**07** 두 번째의 ◇ (img)-🖼 (이미지)를 선택하고, [Design] 패널의 [Fill]을 클릭합니다. [Custom]에서 [Upload from computer]를 클릭하여 본 교재에서 제공한 '이미지02.jpg'를 선택한 다음, [열기] 버튼을 클릭합니다.

**08** 두 번째의 ◇ (img)—⊠ (이미지)가 '이미지02.jpg'로 교체된 것을 확인한 다음, ☒(닫기)를 클릭합니다.

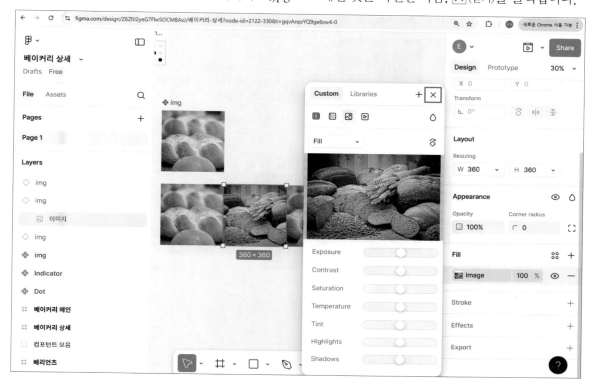

**09** 같은 방법으로 세 번째의 ◇ (img)—⊠ (이미지)를 '이미지03.jpg'로 수정합니다.

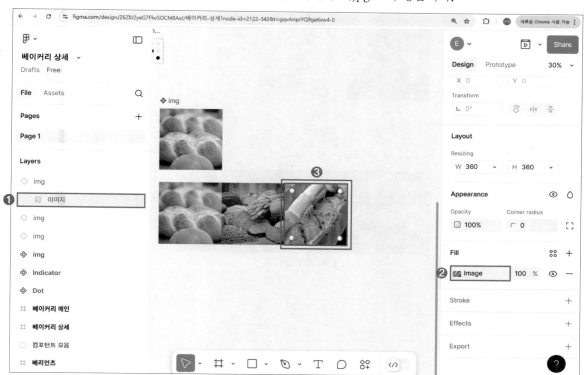

**10** 다음과 같이 ◇ (img) 3개를 모두 선택한 다음. `Shift` + `A` 를 눌러 Auto layout으로 지정하고 이름을 'Bread'로 변경합니다. [Auto layout]에서 'Horizontal layout'과 'Align top left'로 지정합니다.

**11** [Assets] 탭을 선택한 다음, [All Libraries]의 [Created in this file]을 클릭합니다.

**12** [Assets] 패널의 [Created in this file]에서 [Indicator]를 선택하고, ∥º (Bread)로 드래그합니다.

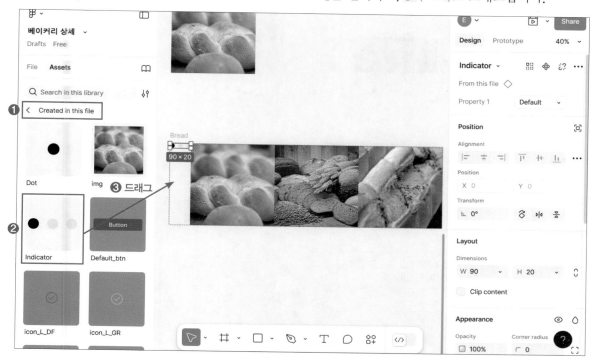

**13** [File] 탭으로 이동하여 ◇ (Indicator)를 선택한 다음, [Design] 패널의 [Position]에서 ▣ (Ignore auto layout)을 클릭합니다.

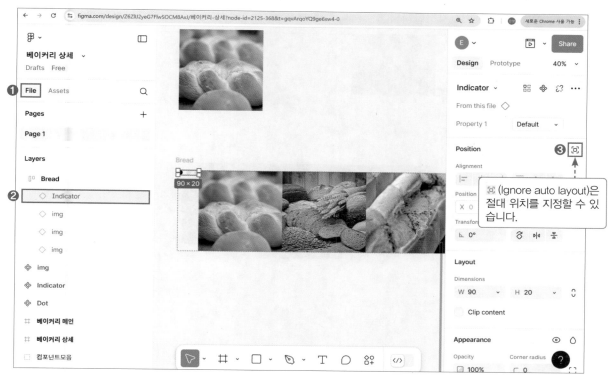

**14** ⬚ (Indicator)는 절대 위치로 지정할 수 있도록 설정되어 있으므로 [Position]의 X는 '135', Y는 '300'으로 지정합니다.

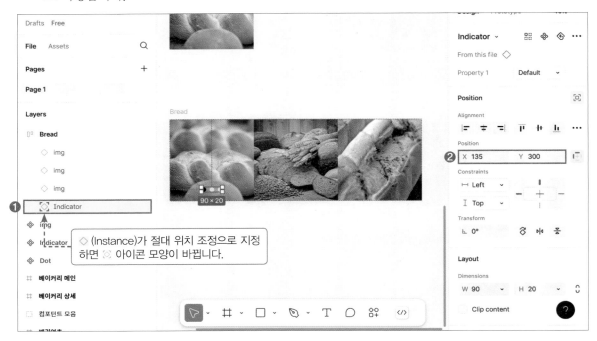

**15** 다음과 같이 [Bread] 레이어 아래 ◇ (img) 3개를 모두 선택한 다음, Shift + A 를 눌러 Auto layout로 지정하고 이름을 'Bread01'로 변경합니다. [Design] 패널에서 [Auto layout]의 'Horizontal layout'과 'Align top left'로 지정합니다.

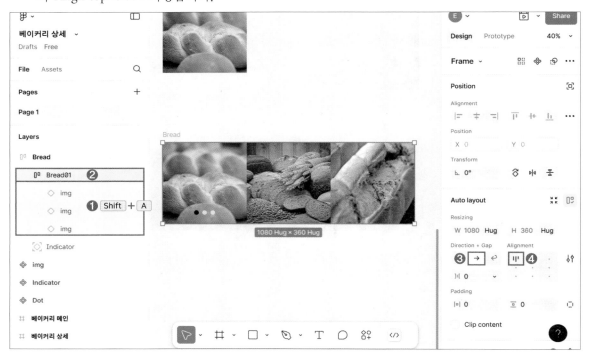

**16** 🔲 (Bread) 레이어를 선택한 다음, 조절 박스를 첫 번째 이미지 너비만큼 드래그하여 줄입니다.

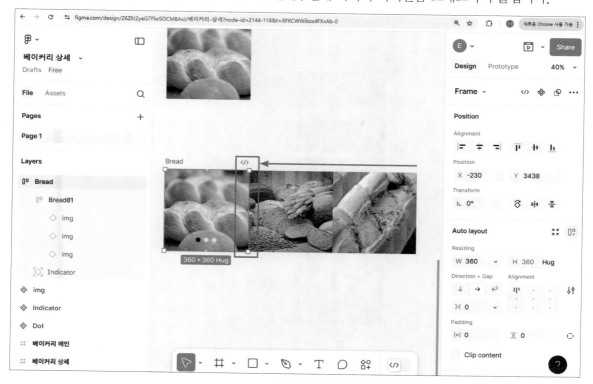

**17** `Ctrl` + `Alt` + `K` 를 눌러 component로 등록한 다음, ◈ (Add variant)를 클릭합니다.

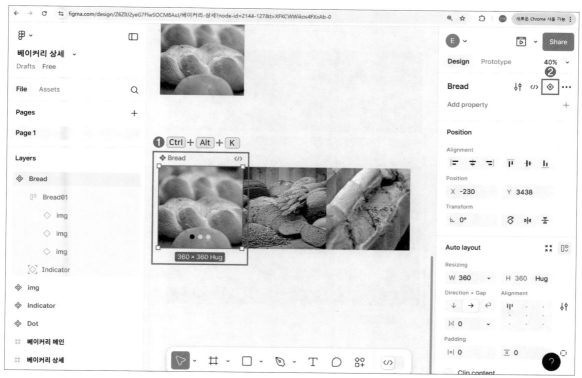

**18** ➕ Add variant를 한 번 더 클릭하여 3개를 만듭니다.

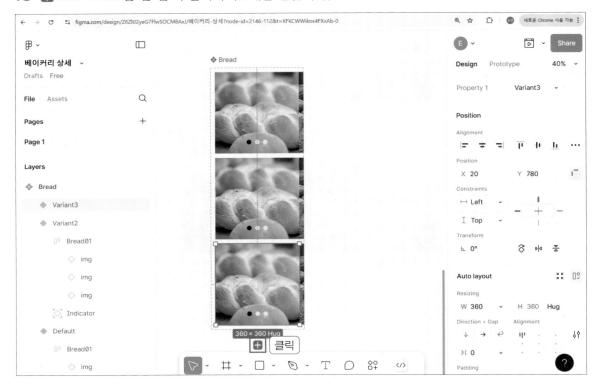

**19** ❖ (Bread)에서 가려진 부분이 보이도록 [Design] 패널의 [Layout]에서 Clip content를 체크 표시를 해제합니다.

**20** ❖ (Bread) 레이어의 이름을 'Carousel'로 변경하고, ◆ (Variant2)를 선택한 다음, [Design] 패널의
[Auto layout]에서 'Align top center'로 지정합니다.

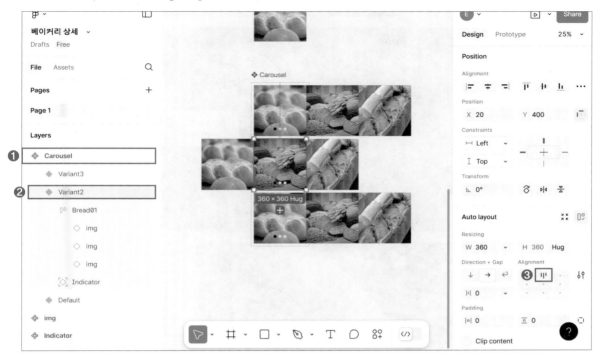

**21** ❖ (Carousel)의 ◆ (Variant3)를 선택한 다음, [Design] 패널의 [Auto layout]에서 'Align top right'로 지
정합니다.

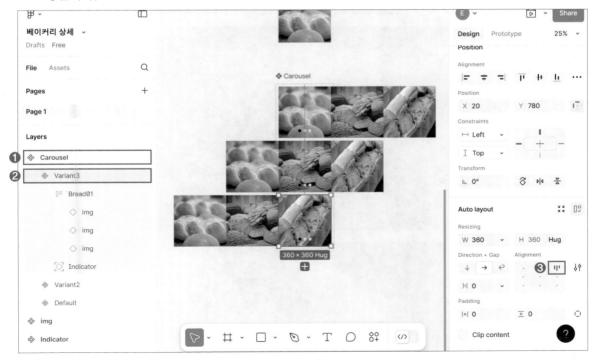

**22** ◆ (Variant2)– ⬡ Indicator의 첫 번째 ◇ Dot를 선택한 다음, [Design] 패널의 [Dot]에서 Toggle 버튼을 클릭하여 비활성화합니다.

**23** ◆ (Varient2) 레이어의 ⬡ Indicator의 두 번째 ◇ (Dot)을 선택한 다음, [Design] 패널의 [Dot]에서 Toggle 버튼을 클릭하여 활성화합니다.

**24** ◆ (Varient3) 레이어에서 ◌ (Indicator)의 첫 번째 ◇ (Dot)은 비활성화, 세 번째 ◇ (Dot)은 활성화합니다.

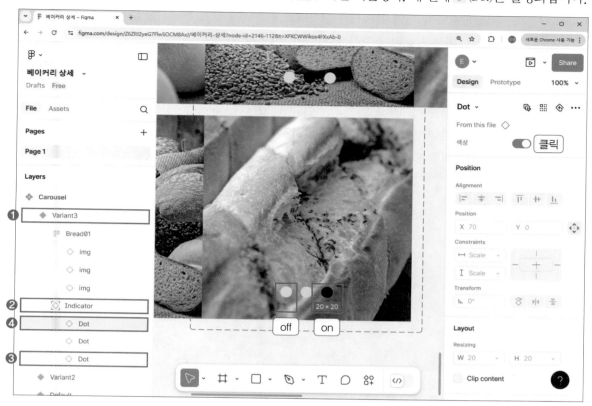

## 4. Carousel에 인터랙션 적용하기

Carousel은 한 화면에서 여러 개의 이미지가 순서대로 회전되어 보여주는 기능입니다. 한정된 공간에 다양한 정보 제공을 위해서 사용되기 때문에 기준이 되는 영역이 필요합니다. 또한, Pagination은 클릭했을 때 해당 이미지로 이동하는 역할을 하며, 보통 원 도형, 숫자 등으로 사용합니다. 피그마에서는 Frame, Variant 등이 스크롤로 좌우로 이동되는 화면을 프로토타입으로 연출해 볼 수 있습니다. 여기에서는 피그마에서 이미지를 순서대로 보여주고 연결할 수 있도록 Component를 활용하여 Variants를 제작하였습니다. 보라색 영역에 이동할 이미지를 배치해서 프로토타입을 설정합니다. Variant 영역 밖의 이미지는 인터랙션을 설정할 수 없습니다.

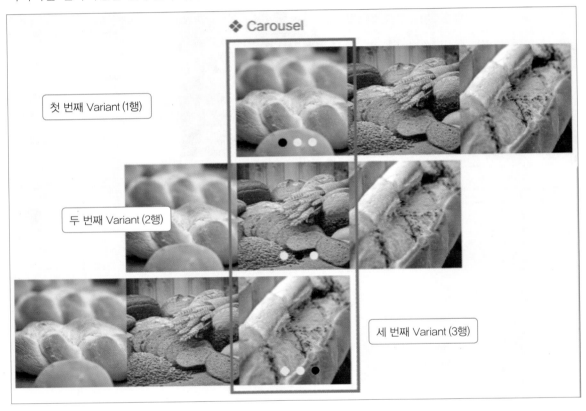

연결 방법은 다음과 같습니다.

1. 첫 번째 Variant(1행)의 2번째 원은 두 번째 Variant 이미지로 연결합니다.
2. 첫 번째 Variant(1행)의 3번째 원은 세 번째 Variant 이미지로 연결합니다.
3. 두 번째 Variant(2행)의 1번째 원은 첫 번째 Variant 이미지로 연결합니다.
4. 두 번째 Variant(2행)의 3번째 원은 세 번째 Variant 이미지로 연결합니다.
5. 세 번째 Variant(3행)의 1번째 원은 첫 번째 Variant 이미지로 연결합니다.
6. 세 번째 Variant(3행)의 2번째 원은 두 번째 Variant 이미지로 연결합니다.

**01** [Prototype] 패널을 클릭합니다. ❖(Carousel) 레이어에서 첫 번째 ◆(Default)의 ⬚(Indicator) 두 번째 ◇(Dot)을 선택한 다음, 마우스 포인터를 위치시키면 ⊕가 나타납니다.

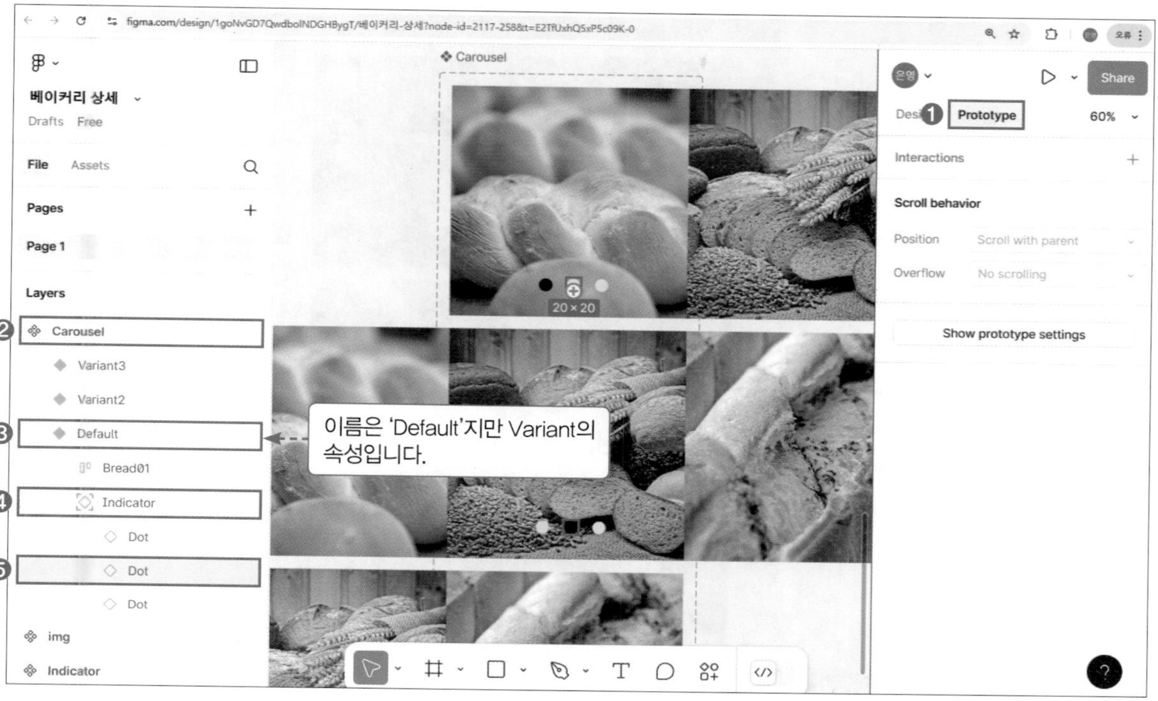


**02** Carousel 1행 이미지의 두 번째 Dot의 ⊕를 마우스로 클릭한 상태에서 Carousel 2행의 두 번째 이미지로 드래그합니다.

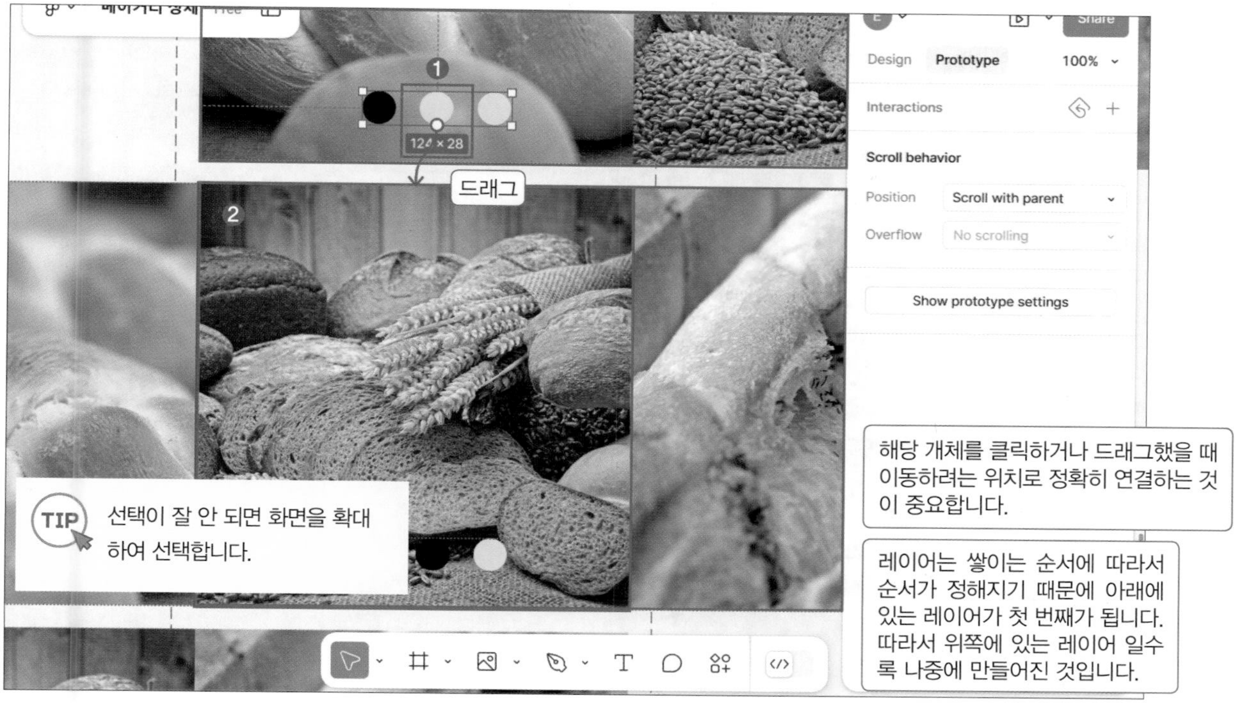


TIP 선택이 잘 안 되면 화면을 확대하여 선택합니다.

**03** [Interaction] 창이 나타나면 [Interaction] 창의 설정 값은 다음과 같이 설정한 후, ⊠(닫기)를 클릭합니다.

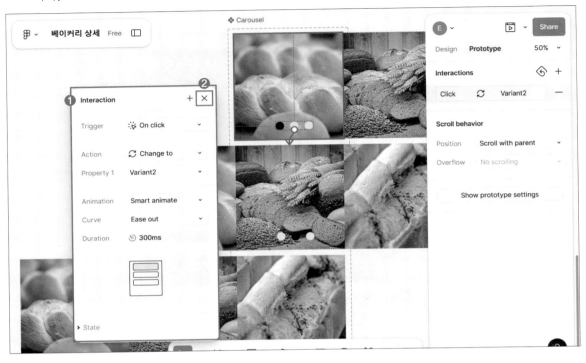

**04** Carousel 1행 이미지의 세 번째 Dot의 ⊕를 마우스로 클릭한 상태에서 3행의 세 번째 이미지로 드래그합니다. [Interaction] 창이 나타나면 다음과 같이 설정합니다.

**05** Carousel 2행 이미지의 첫 번째 Dot의 ⊕를 마우스로 클릭한 상태에서 1행의 첫 번째 이미지로 드래그합니다. [Interaction] 창이 나타나면 다음과 같이 설정합니다.

**06** Carousel 2행 이미지의 세 번째 Dot의 ⊕를 마우스로 클릭한 상태에서 3행의 세 번째 이미지로 드래그합니다. [Interaction] 창이 나타나면 다음과 같이 설정합니다.

**07** Carousel 3행 이미지의 첫 번째 Dot의 ⊕를 마우스로 클릭한 상태에서 1행의 첫 번째 이미지로 드래그합니다. [Interaction] 창이 나타나면 다음과 같이 설정합니다.

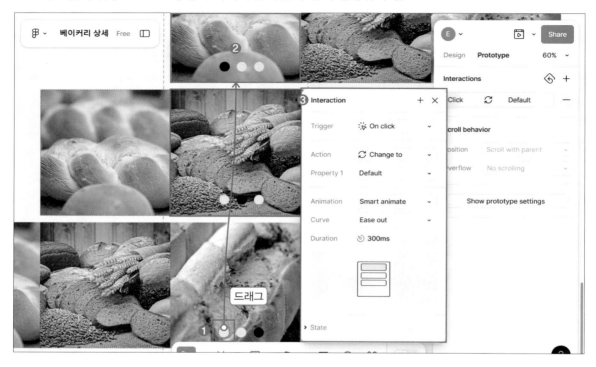

**08** Carousel 3행 이미지의 두 번째 Dot의 ⊕를 마우스로 클릭한 상태에서 2행의 두 번째 이미지로 드래그합니다. [Interaction] 창이 나타나면 다음과 같이 설정합니다.

**09** 전체 화면을 줄인 다음 빈 여백을 클릭하여 ❀ (Carousel)의 Interaction 설정이 완료된 연결선들을 확인합니다.

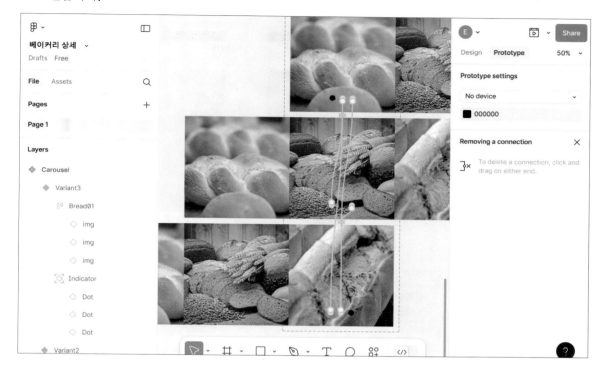

**10** [Assets] 탭을 선택하고, '베이커리 메인' 위치로 화면을 이동합니다. ❀ Carousel을 선택하여 '베이커리 메인' Frame에 드래그하여 삽입합니다.

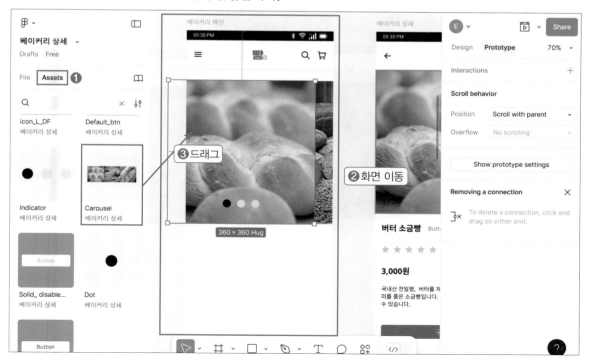

**11** [File] 탭을 선택한 다음 [Layers] 패널에서 'Cauousel' 레이어를 헤더 레이어 아래로 드래그하여 이동합니다. [Design] 패널의 [Position]에서 X는 '0', Y는 '96'으로 배치합니다.

Carousel을 헤더 아래로 이동하는 이유는 헤더에서 Dropshadow 효과를 적용하였기 때문에 이동해야 효과가 보입니다.

**12** (Preview) 버튼을 클릭하여 두 번째 원을 클릭하면 두 번째 이미지로 변경되는 것을 확인합니다. 첫 번째, 두 번째 Dot도 클릭하여 Carousel이 실행된 화면을 확인합니다.

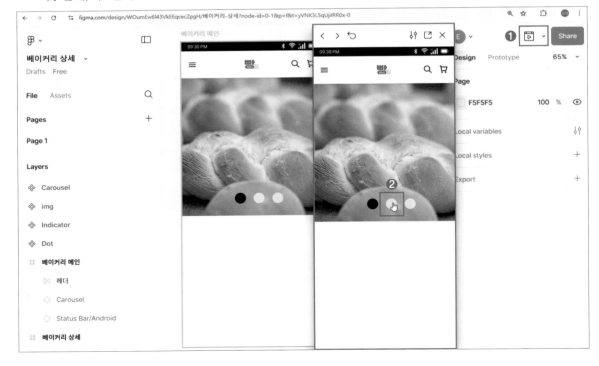

# 02 이동 메뉴 설계 및 구현하기

베이커리 앱의 메인 화면에 오버플로우 스크롤링(Overflow Scrolling)을 적용한 베이커리 앱 디자인을 제작하는 방법에 대해서 알아봅니다.

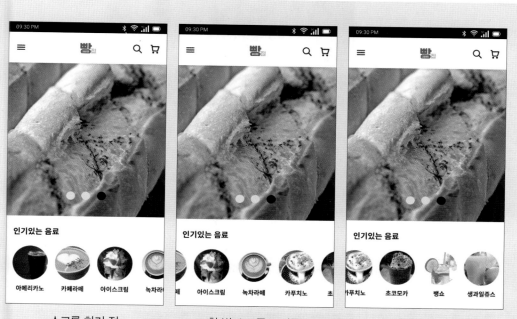

| 스크롤 하기 전 | 한 번 스크롤로 이동 | 두 번 스크롤로 이동 |

오버플로우 스크롤링은 다양한 콘텐츠 내용을 넣기에는 화면의 크기가 작을 때 사용됩니다. 스크롤 할 때 원하는 콘텐츠가 나오면 정지하고 스크롤하면 됩니다.

**TIP** 어포던스(Affordance)

어포던스는 제임스깁슨이 처음으로 사용한 용어로서, 흔히 행동 유도성이라고 말합니다. 사람들이 살아가는데 필요한 전반적인 디자인에 사용되며, 본 교재에서는 UIUX 디자인 분야에 한정하여 학습하겠습니다. 오버플로우 스크롤링은 어포던스가 적용된 사례로, 정보가 더 있다는 단서를 제공함으로써 스크롤하는 행동을 유도합니다.

## 1. 제목 설정하기

**01** `Shift` + `G` 를 눌러 Layout grid를 보이게 합니다. ☐ (Frame) 도구로 'X:0, Y:456' 위치에 'W:360, H:220' 크기로 제작한 다음, [Constraints]의 Horizontal constraints는 'Left + Right'로 설정합니다. [Fill]에서 Color는 'FFFFFF'로 지정하고, 레이어 이름을 '음료메뉴'로 변경합니다.

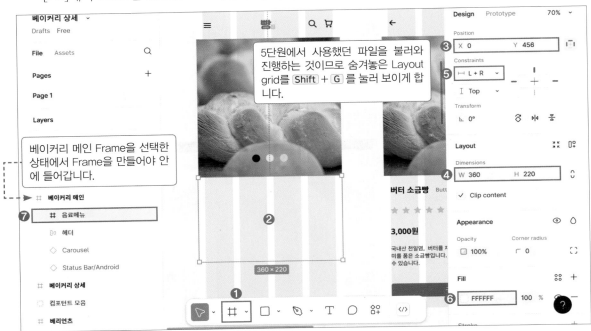

**02** '인기있는 음료'을 입력하고, [Constraints]의 Horizontal constraints는 'Left'로 설정합니다. [Typography]의 폰트는 'Noto Sans', 스타일은 'Bold', 크기는 '18', [Fill]에서 Color는 '000000'으로 지정하고, [Position]에서 X는 '16', Y는 '24'로 배치합니다.

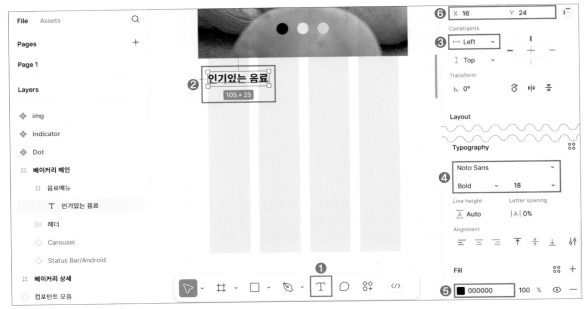

## 2. Overflow scrolling Interaction 제작하기

**01** ⬭ (Shape tools)로 원 도형(X:16, Y:90, W:80, H:80)을 제작한 다음 [Constraints]의 Horizontal constraints는 'Center'로 설정합니다. 원 도형의 레이어 이름은 '음료사진'으로 변경합니다.

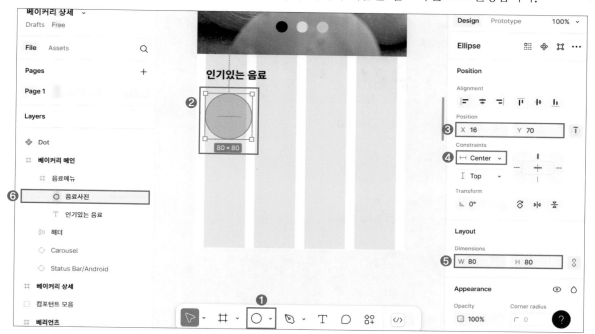

**02** 다음과 같이 텍스트를 입력한 후, [Constraints]의 Horizontal constraints는 'Center'로 설정한 다음, [Typography]의 텍스트 크기는 '14'로 지정합니다. [Position]에서 X는 '43', Y는 '160'으로 배치합니다.

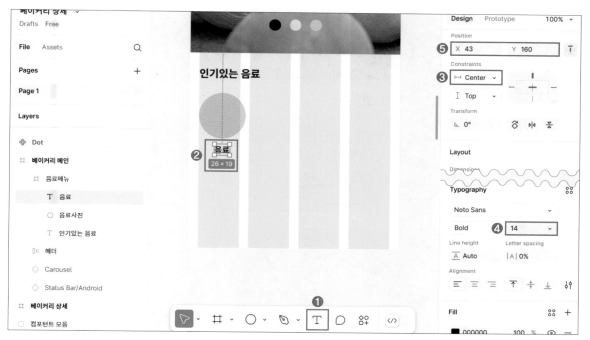

**03** '음료사진'과 '음료' 텍스트 레이어를 선택하고 Shift + A 를 눌러 Auto layout으로 설정한 다음, [Auto layout]에서 'Vertical layout', 'Align top center'로 지정합니다. [Constraints]의 Horizontal constraints는 'Center'로 지정하고, 레이어의 이름을 '음료01'로 변경합니다.

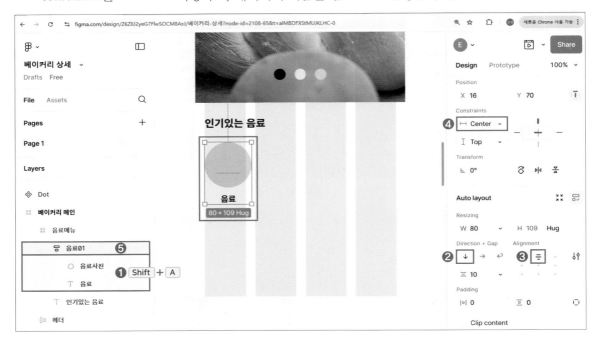

**04** 🔡 (음료01)을 선택하고, Shift + Alt + 드래그하여 오브젝트의 간격이 '16' 떨어진 위치에 이동 복사합니다.

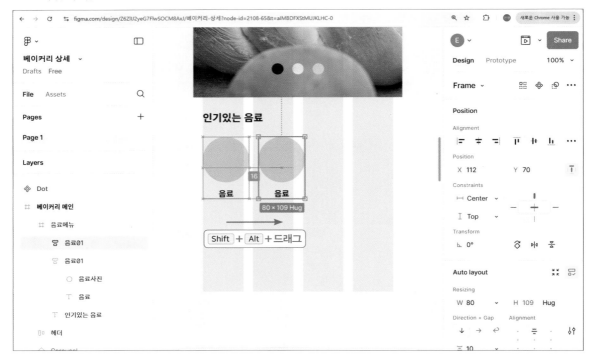

**05** 04에서 복사한 🥤 (음료01)을 선택한 상태에서 Ctrl + D 를 7번 눌러 7개를 더 복사합니다.

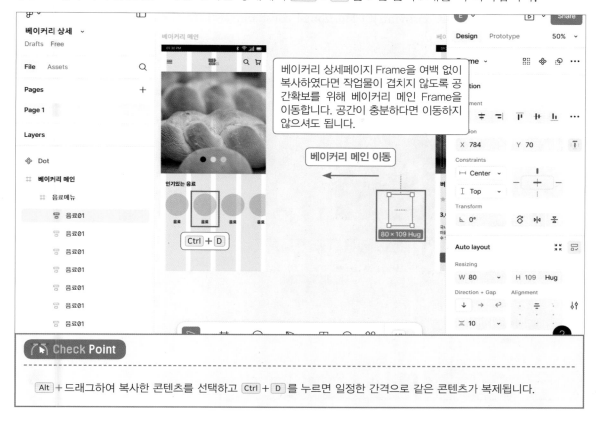

🔍 **Check Point**
- - - - - - - - - - - - - - - - - - - - - - - - - - - - - - - - - - - - - - - - - - - - - - -
Alt + 드래그하여 복사한 콘텐츠를 선택하고 Ctrl + D 를 누르면 일정한 간격으로 같은 콘텐츠가 복제됩니다.

**06** 복사한 8개의 🥤 (음료01) 레이어 이름을 다음과 같이 순서대로 모두 변경합니다.

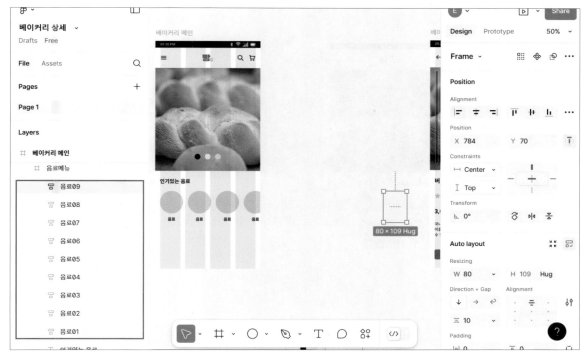

**07** 9개의 레이어를 모두 선택한 다음, `Shift` + `A` 를 눌러 Auto layout으로 설정합니다. [Auto layout]에서 'Align Left'로, [Constraints]의 Horizontal constraints는 'Left'로 지정하고, 레이어의 이름을 '인기음료'로 변경합니다.

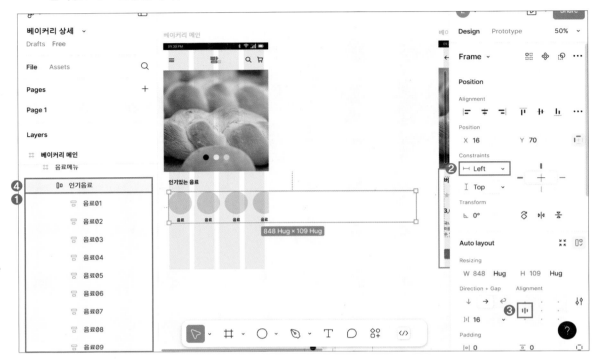

**08** '음료메뉴' Frame을 선택한 다음, Auto layout으로 설정하기 위해 `Shift` + `A` 를 누릅니다.

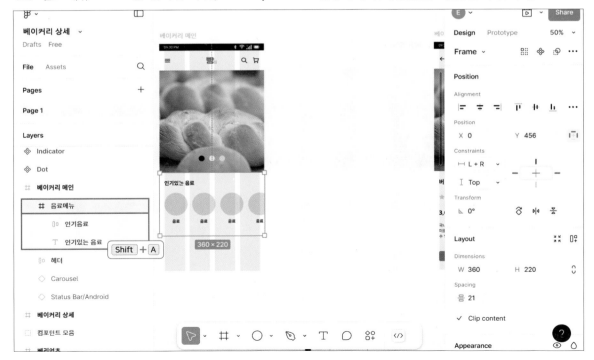

**09** [Design] 패널의 [Auto layout]에서 H는 '220', Horizontal padding에 '16'으로 변경한 다음 Clip content의 체크 표시를 해제합니다.

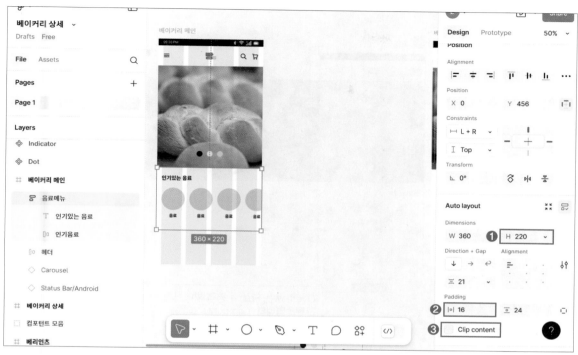

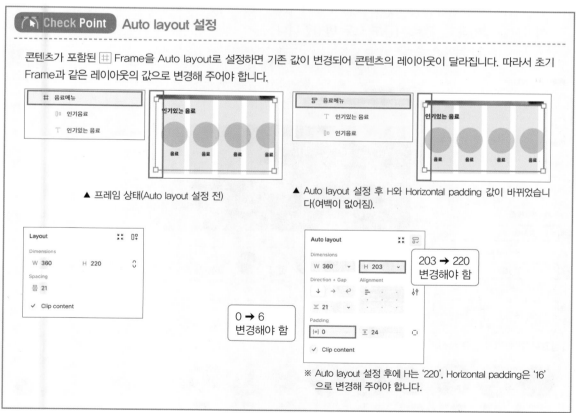

**Check Point** Auto layout 설정

콘텐츠가 포함된 ⊞ Frame을 Auto layout로 설정하면 기존 값이 변경되어 콘텐츠의 레이아웃이 달라집니다. 따라서 초기 Frame과 같은 레이아웃의 값으로 변경해 주어야 합니다.

▲ 프레임 상태(Auto layout 설정 전)

▲ Auto layout 설정 후 H와 Horizontal padding 값이 바뀌었습니다(여백이 없어짐).

203 ➜ 220 변경해야 함

0 ➜ 6 변경해야 함

※ Auto layout 설정 후에 H는 '220', Horizontal padding은 '16' 으로 변경해 주어야 합니다.

**10** '베이커리 메인' Frame을 선택한 다음, [Layout]에서 'Clip content'의 체크 표시를 해제합니다. Overflow 되어 숨겨져 있던 콘텐츠가 모두 표시됩니다.

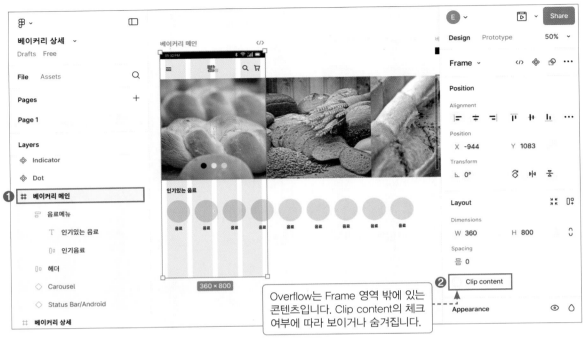

Overflow는 Frame 영역 밖에 있는 콘텐츠입니다. Clip content의 체크 여부에 따라 보이거나 숨겨집니다.

**11** '음료메뉴' 레이어에서 '인기음료' 레이어 안의 '음료사진' 원 도형에 9개의 '음료01.jpg'~'음료09.jpg' 이미지를 삽입하고, 음료 이름도 모두 변경합니다.

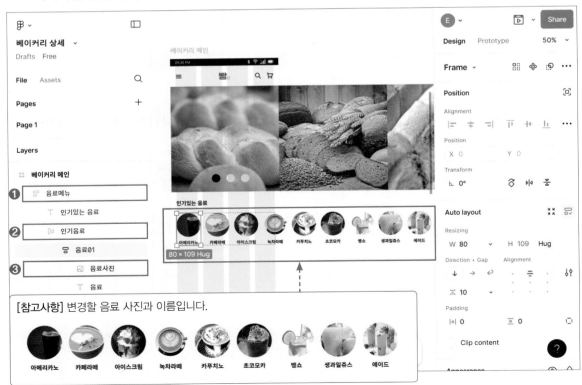

[참고사항] 변경할 음료 사진과 이름입니다.

아메리카노  카페라떼  아이스크림  녹차라떼  카푸치노  초코모카  뺑쇼  생과일쥬스  에이드

**12** '베이커리-메인' Frame을 선택하고, [Layout]에서 'Clip content'를 클릭하여 체크 표시하면 Overflow 되어 Frame 영역 밖에 있는 콘텐츠는 숨겨집니다.

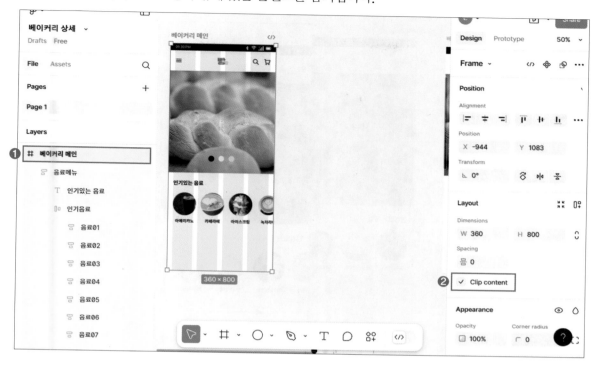

**13** 인기있는 음료를 좌우로 움직이는 'Overflow scrolling'으로 설정하기 위해 [Layers] 패널에서 □□ (인기음료) 레이어를 선택합니다. [Prototype] 패널을 클릭하고, [Scroll behavior]의 Overflow는 'Horizontal'로 설정합니다.

**14** ▶(Preview) 버튼을 클릭하여 Overflow scrolling이 실행된 화면을 확인합니다.

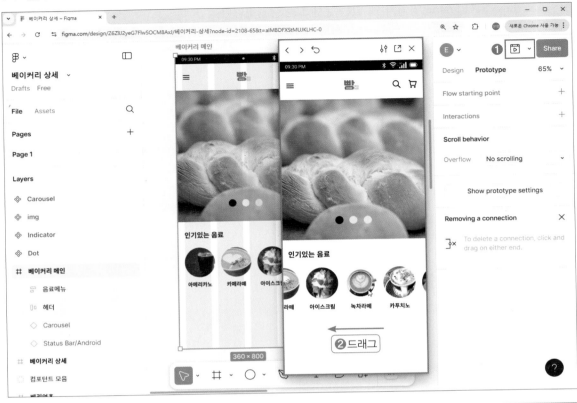

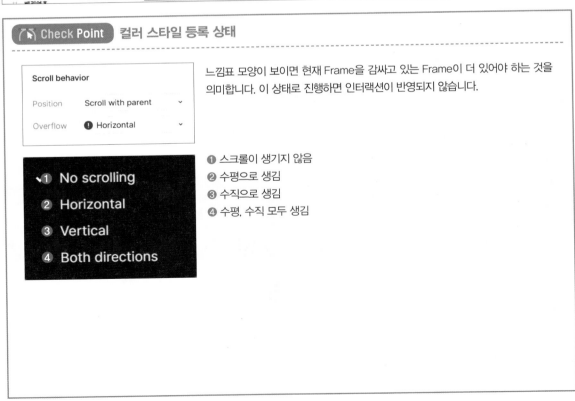

느낌표 모양이 보이면 현재 Frame을 감싸고 있는 Frame이 더 있어야 하는 것을 의미합니다. 이 상태로 진행하면 인터랙션이 반영되지 않습니다.

❶ 스크롤이 생기지 않음
❷ 수평으로 생김
❸ 수직으로 생김
❹ 수평, 수직 모두 생김

# 03 프레임 연결 및 **화면 전환하기**

Frame으로 제작한 여러 개 베이커리 앱의 Frame 화면을 연결하여, 화면 간의 Interaction으로 연동되는 방법에 대해서 알아봅니다.

## 1. Frame 간의 Interaction 설정하기

**01** '베이커리 메인' Frame 레이어에서 ◇ (Carousel)의 'Bread01' 레이어'에 속해 있는 맨 위의 img 레이어를 선택합니다. [Prototype] 패널에서 [Interactions] + (Add) 버튼을 클릭합니다.

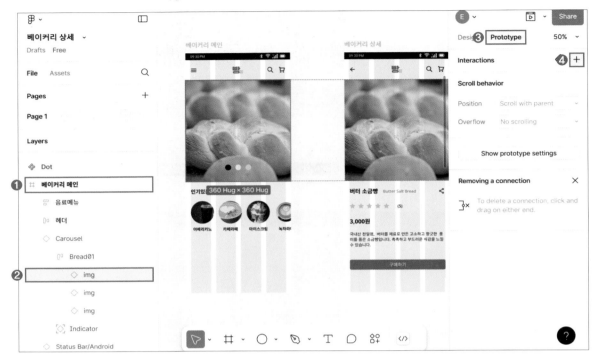

**02** [Interaction] 창이 나타나면 다음과 같이 설정합니다.

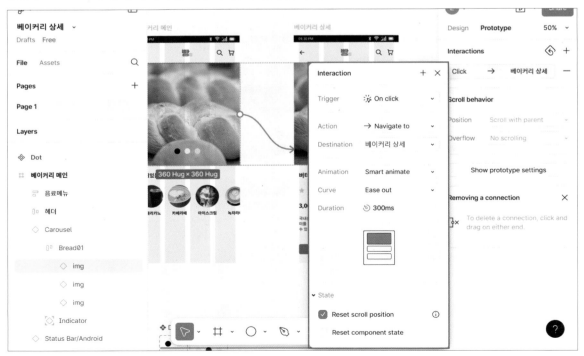

**03** '베이커리 상세' Frame에서 '헤더' 레이어 안에 있는 ◇ (mi:arrow-left)을 선택한 다음, [Prototype] 패널에서 [Interactions] + (Add) 버튼을 클릭합니다.

**04** [Interaction] 창이 나타나면 다음과 같이 설정합니다.

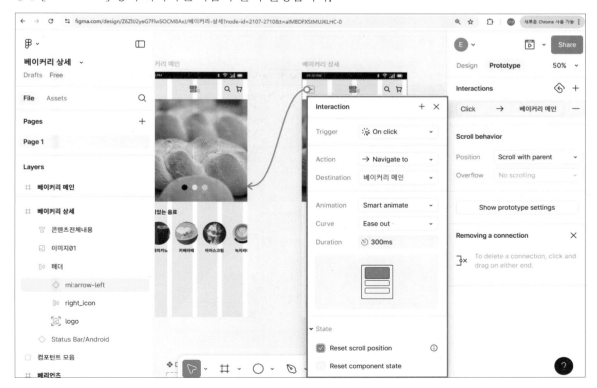

**05** '베이커리 메인' Frame의 첫 번째 이미지를 클릭하면 '베이커리 상세' Frame으로 화면이 이동하고, '베이커리 상세' Frame의 이전 화살표 버튼을 클릭하면 '베이커리 메인' Frame으로 Interaction이 설정된 화면을 확인할 수 있습니다.

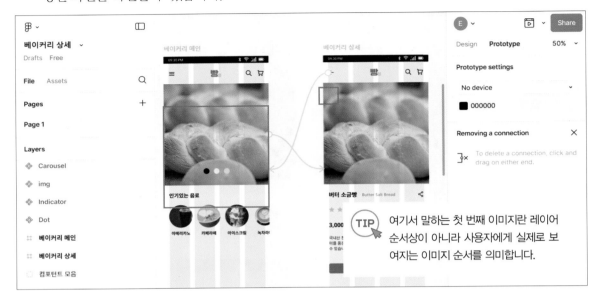

## 2. 상세 화면에서 팝업 형태로 나타나는 Frame 간의 Interaction 설정하기

**01** ⊞ (Frame) 도구로 'W:360, H:180' 크기로 제작한 다음, [Design] 패널의 [Fill]에서 Color는 'FFFFFF', [Stroke]는 'C0C0C0'로 설정합니다. [Effect]의 Drop shadow에서 X는 '0', Y는 '0' Blur는 '10'으로 적용합니다.

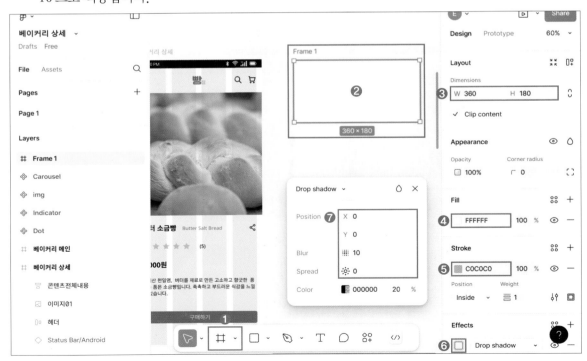

**02** Frame의 이름은 '구매수량'으로 변경한 다음, [Appearance]의 ⊡ (Individual corners)를 클릭합니다. [Corner radius details] 창이 나타나면 Top left corner radius와 Top right corner radius는 '10'으로 설정합니다.

**03** [Layout grid]의 + (Add layout grid)를 클릭한 다음, ⊞ (Layout grid settings)을 선택합니다. [Grid 설정] 창이 나타나면 'Columns'로 변경하고, Count는 '4', Type은 'Center', Width는 '70', Gutter는 '16'으로 지정합니다.

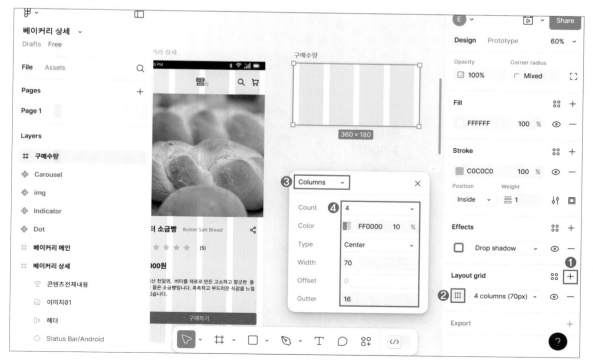

**04** ⊤ (Text) 도구로 '버터소금빵'을 입력하고 [Constraints]의 Horizontal constraints는 'Left'로 설정한 다음, [Typography]에서 스타일은 'bold', 텍스트 크기는 '18'로 지정합니다. [Position]에서 X는 '16', Y는 '24'로 배치합니다.

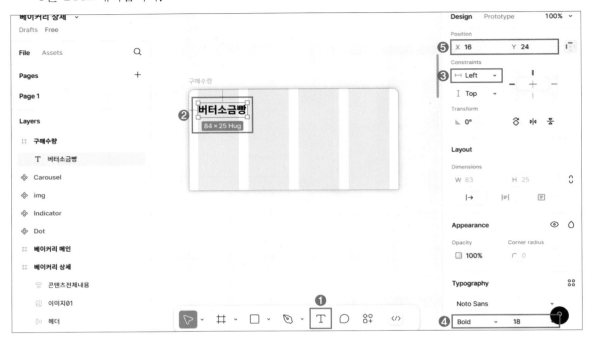

**05** 같은 방법으로 '3,000원'을 입력하고 [Constraints]의 Horizontal constraints는 'Left'로 설정한 다음, [Typography]의 텍스트 크기는 '24'로 지정합니다. [Position]에서 X는 '16', Y는 '48'로 배치합니다.

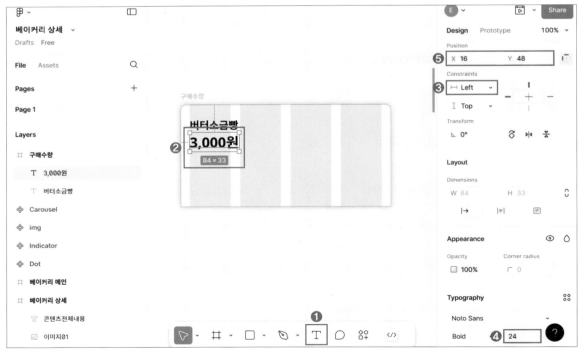

**06** '버터소금빵', '3,000원' 레이어를 선택한 다음, [Shift] + [A] 를 눌러 Auto layout로 설정합니다. [Auto layout]에서 'Align top Left'로, [Constraints]의 Horizontal constraints는 'Left'로 지정하고, 레이어의 이름을 '이름과 가격'으로 변경합니다.

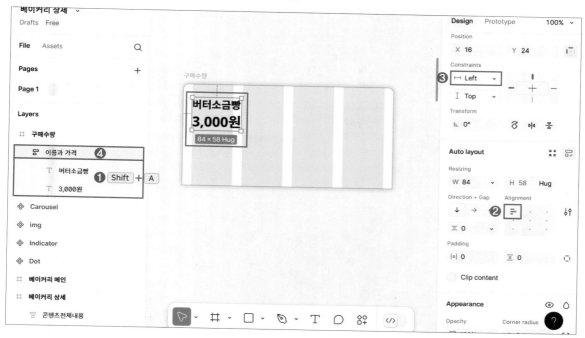

**07** ▢ (Shape tools)로 사각형(X:264, Y:58, W:80, H:24, Corner radius:5)을 제작한 다음, [Fill]에서 Color는 'FFFFFF', [Stroke]는 '000000'으로 설정합니다. [Constraints]의 Horizontal constraints는 'Right'로 지정하고, 레이어 이름을 '수량박스'로 변경합니다.

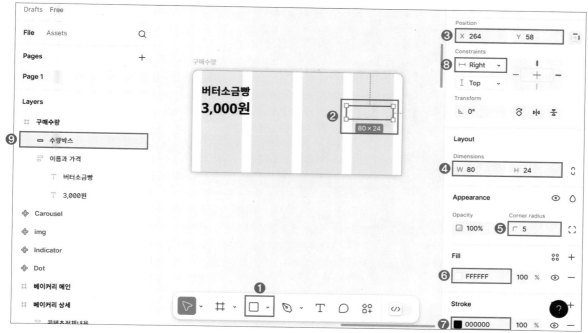

**08** ⊞ (Text) 도구로 '–', '0', '+'을 각각 입력합니다. [Typography]에서 스타일은 'Regular', 텍스트 크기는 '16'으로 지정합니다. 텍스트를 모두 선택한 다음, [Constraints]의 Horizontal constraints는 'Center'로 지정합니다.

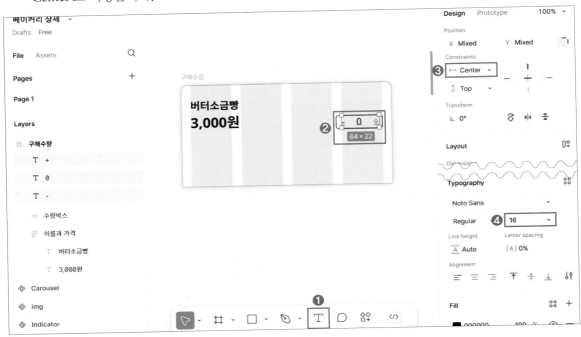

**09** Shift + A 를 눌러 [Auto layout]의 'Align right'를 설정합니다. [Constraints]의 Horizontal constraints는 'Right'로 지정한 다음, 레이어의 이름을 '수량'으로 변경합니다.

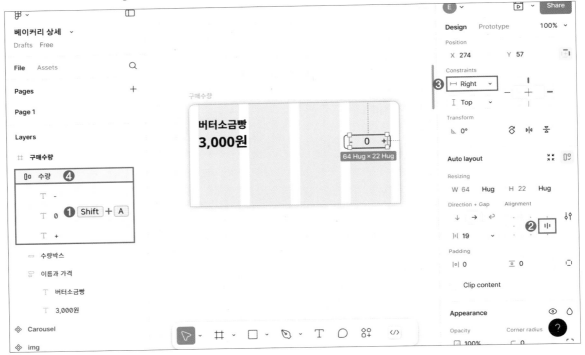

**10** '수량박스'와 '수량' 레이어를 선택한 다음, Shift + A 를 눌러 Auto layout의 'Align top right'를 설정하고, [Constraints]의 Horizontal constraints는 'Right'로 지정한 다음, 레이어의 이름을 '수량선택'으로 변경합니다.

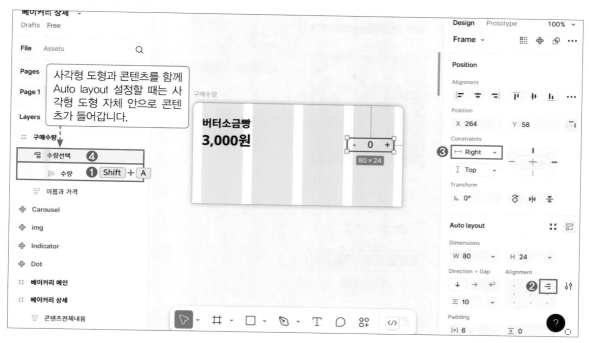

**11** '베이커리 상세' Frame의 ◇ (Default_btn) 버튼을 선택하고, Alt + 드래그하여 '구매수량' Frame으로 복사합니다. [Position]의 X는 '16', Y는 '124'로 지정합니다. [Constraints]의 Horizontal constraints는 'Left + Right'로 설정합니다.

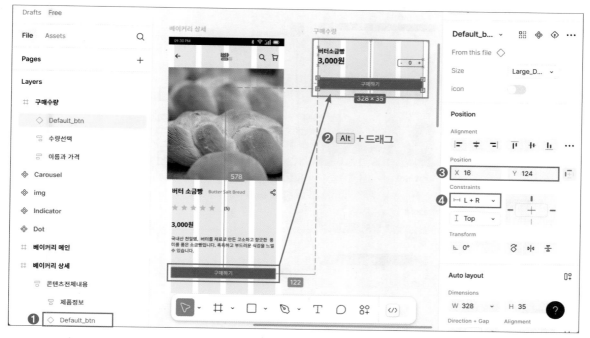

**12** '베이커리 상세' Frame의 'Default_btn'을 선택한 다음, [Prototype] 패널에서 [Interactions]의
 ＋(Add) 버튼을 클릭합니다.

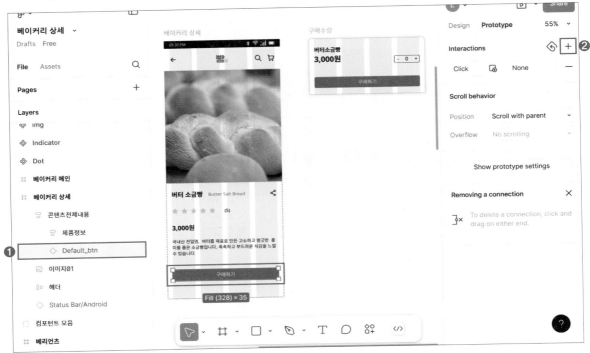

**13** [Interaction] 창이 나타나면 다음과 같이 설정하고, ⊠(닫기)를 클릭합니다.

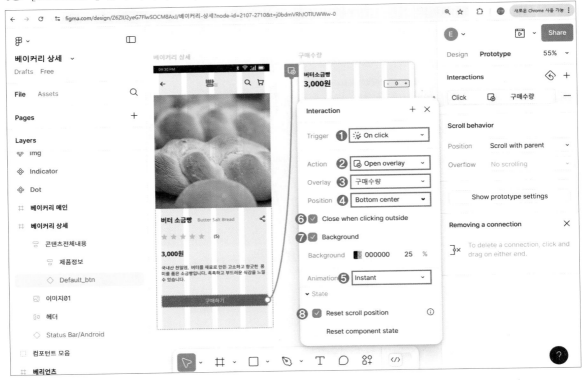

**14** '베이커리 상세' Frame의 '구매하기' 버튼을 클릭하면, '구매하기' Frame으로 이동되도록 Interaction을 설정하였습니다.

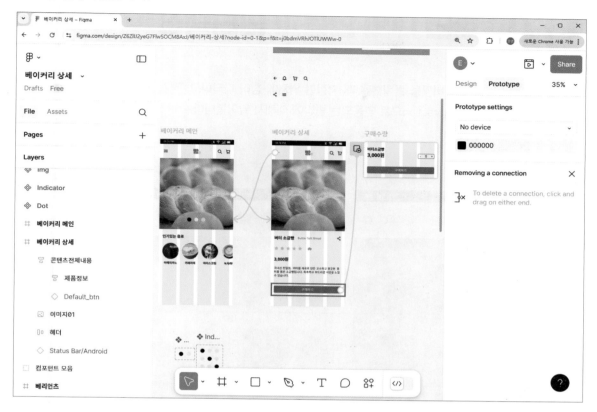

# 04 화면 내의 연동과 **인터랙션**

베이커리 앱의 화면에서, 버튼을 클릭했을 때 지정한 위치에 창이 나타나고, 닫기 버튼을 클릭했을 때 화면이 사라지는 화면 간의 Interaction으로 연동되는 방법에 대해서 알아봅니다.

Preview

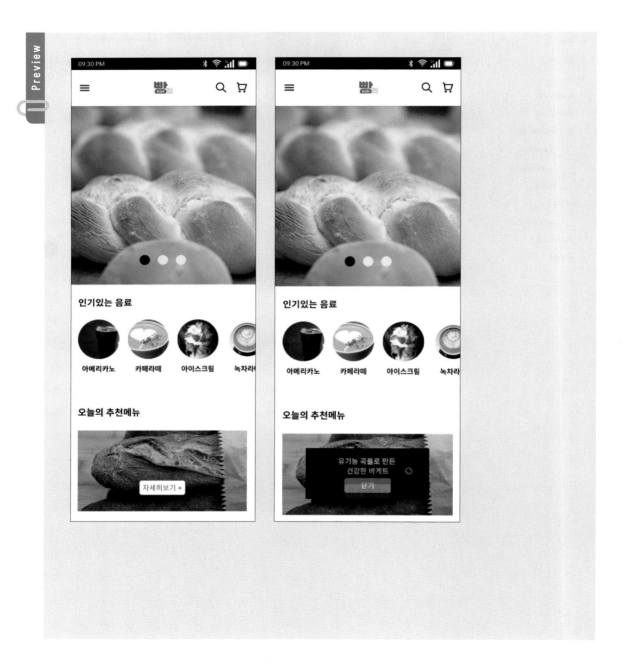

**01** '베이커리 메인' Frame의 현재 높이 값이 '800'이므로 높이를 늘리기 위해 [Design] 패널의 [Layout]에서 H를 '1000'으로 변경합니다.

**02** ⊞ (Frame) 도구로 'X:0, Y:676' 위치에, 'W:360, H:252' 크기로 제작한 다음, [Fill]에서 Color는 'FFFFFF'로 적용합니다. [Constraints]의 Horizontal constraints는 'Left + Right'로 설정한 다음, 레이어의 이름을 '추천메뉴'로 변경합니다.

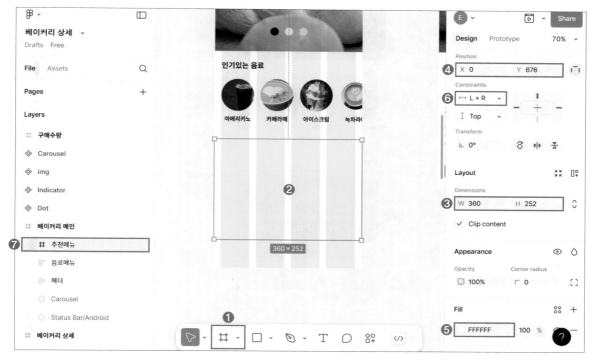

**03** 다음과 같이 '오늘의 추천메뉴'를 입력하고 [Constraints]의 Horizontal constraints는 'Left'로 설정한 다음, [Typography]에서 스타일은 'Bold', 텍스트 크기는 '18'로 지정합니다. [Position]에서 X는 '16', Y는 '24'로 배치합니다.

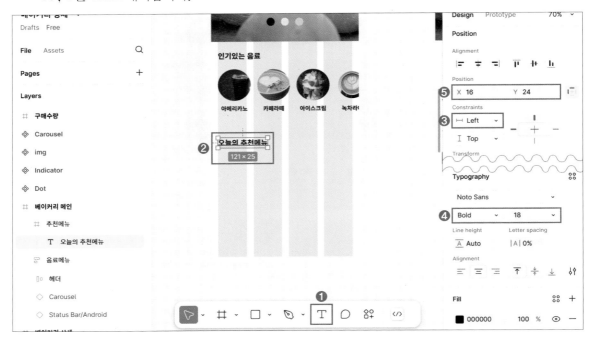

**04** ▢(Shape tools)로 사각형(X:16, Y:72, W:328, H:160)을 제작합니다. [Constraints]의 Horizontal constraints는 'Left + Right'로 지정하고, '이미지04.jpg'를 삽입한 다음, 이름을 '추천'으로 변경합니다.

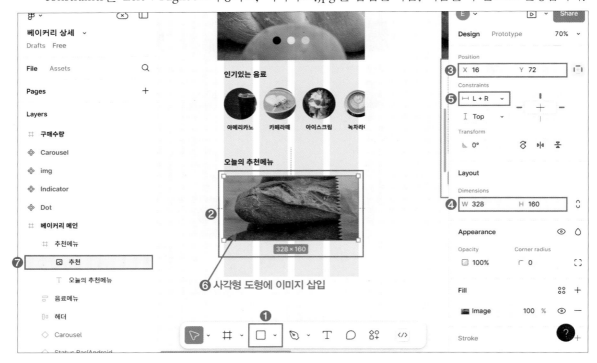

**05** [Assets] 패널에서 'Solid_btn'을 '추천' 레이어 위에 드래그하여 삽입한 다음, 버튼의 이름은 '자세히 보기 +'로 변경합니다.

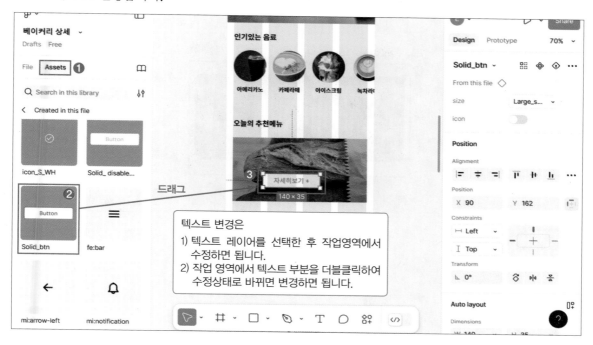

**06** [File] 탭을 클릭합니다. [Design] 패널에서 [Solid_btn]의 size는 'Small_solid'로 변경한 다음, [Position]에서 X는 '135', Y는 '170'으로 배치합니다. [Constraints]의 Horizontal constraints는 'Center'로 지정합니다.

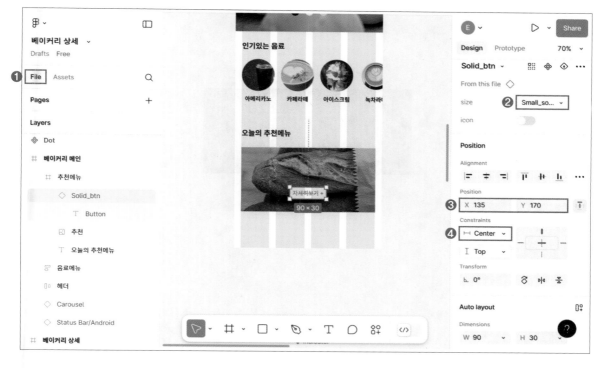

**07** 작업 화면 빈 곳에 ▦ (Frame) 도구로 'W:238, H:100'로 제작한 다음, [Fill]에서 Color는 '000000', [Appearance]의 Opacity는 '80%'로 설정하고, 레이어의 이름은 '모달'로 변경합니다.

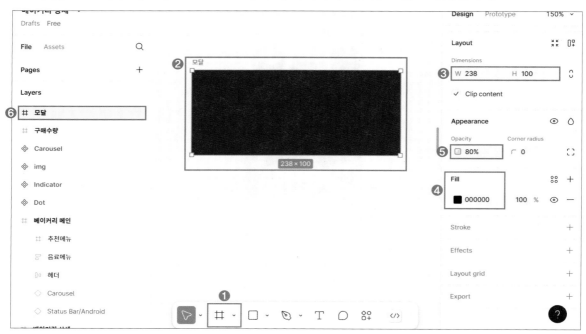

**08** '유기농 곡물로 만든 건강한 바게트'를 입력(줄 바꿈 포함)하고 [Constraints]의 Horizontal constraints 는 'Center'로 설정한 다음, [Typography]에서 스타일은 'Bold', 텍스트 크기는 '14'로 지정하고, [Fill]에서 Color는 'FFB627'로 적용합니다. [Position]에서 X는 '62', Y는 '16'으로 배치합니다.

**09** [Assets] 패널의 'Default_btn'을 '모달' Frame에 드래그하여 삽입한 다음, 버튼 이름을 '닫기'로 변경합니다.

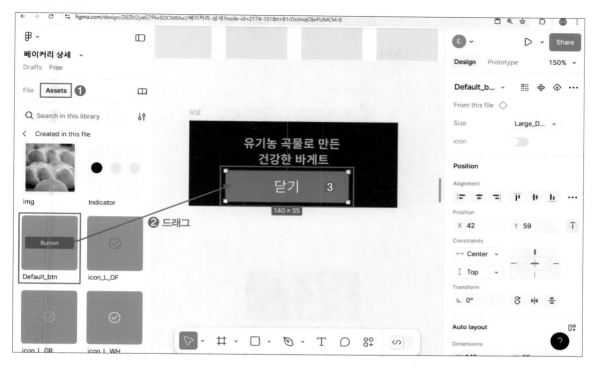

**10** [Design] 패널에서 [Default_btn]의 Size는 'Small_Default'로 변경한 다음, [Position]에서 X는 '74', Y는 '70'으로 배치합니다. [Constraints]의 Horizontal constraints는 'Center'로 지정합니다.

**11** [File] 탭을 클릭한 다음 [Layers] 패널에서 '베이커리 메인' Frame 레이어의 'Solid_btn'을 선택합니다. 이어서 [Prototype] 패널에서 [Interactions]에서 ＋ (Add) 버튼을 클릭합니다.

**12** [Interaction]에서 Trigger는 'On click', Action은 'Open overlay, Overlay은 '모달', Position은 'Manual'로 설정합니다. 삽입된 '모달'의 위치를 가운데로 맞추어 배치합니다.

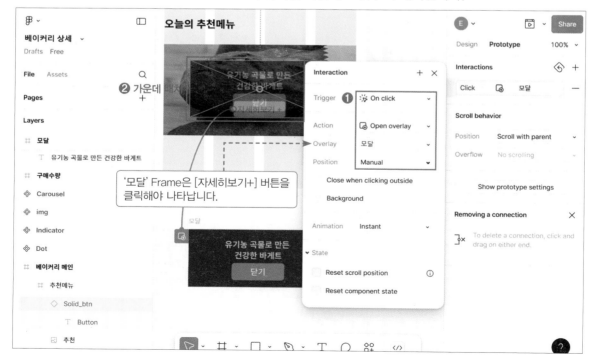

**13** '모달' Frame 레이어의 'Default_btn'을 선택한 다음, [Prototype] 패널에서 [Interactions]에서 ＋(Add) 버튼을 클릭합니다. [Interaction]에서 Trigger는 'On click', Action은 'Close overlay'로 설정합니다.

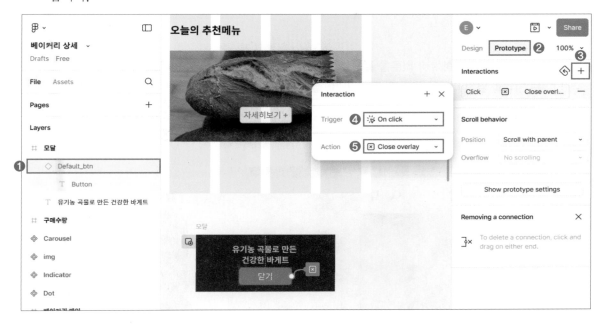

**14** '베이커리 메인' Frame 레이어의 '자세히보기' 버튼을 클릭하면 '모달' Frame 레이어로 이동되도록 Interaction이 설정되었고, '닫기' 버튼을 클릭하면 '모달' Frame 레이어 창이 닫히는 Interaction이 설정된 것을 볼 수 있습니다.

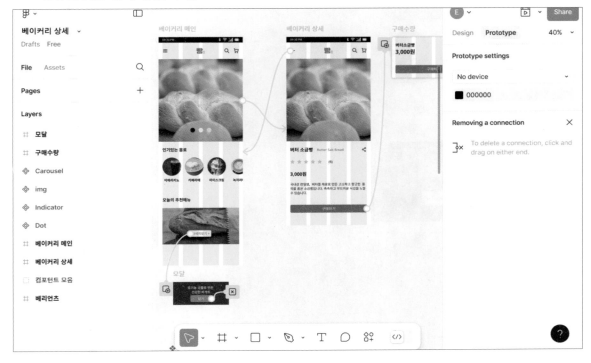

# 05 동적인 내비게이션 메뉴 구성

베이커리 앱의 화면에서 메뉴바 버튼을 클릭했을 때 Navgation 창이 Drawer 형태로 지정한 위치에 나타나게 만드는 방법과 닫기 버튼을 클릭했을 때 화면이 닫히는 Interaction 연동 방법에 대해서 알아봅니다.

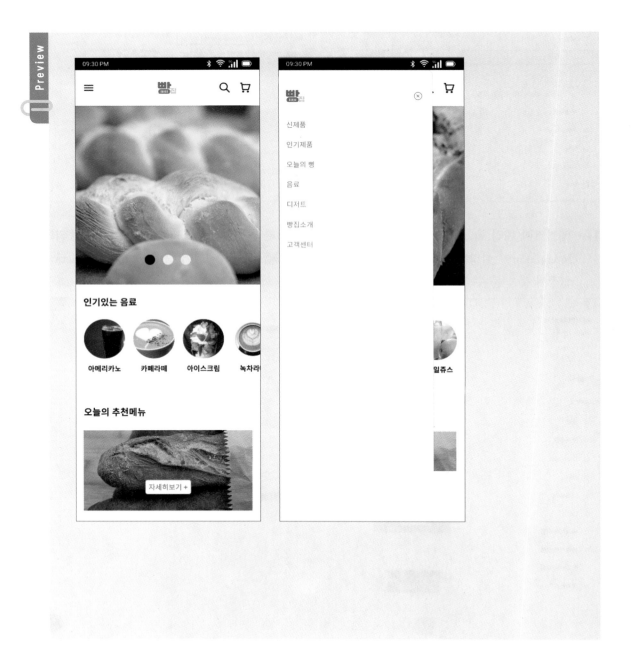

**01** ⊞(Frame) 도구로 'W:300, H:976' 크기로 제작합니다. [Fill]에서 Color는 'FFFFFF'로 적용하고, [Appearance]에서 ⟨⟩ (Individual corners)을 클릭하여 [Corner radius details] 창에서 다음과 같이 설정한 다음, 레이어의 이름을 'Drawer'로 변경합니다.

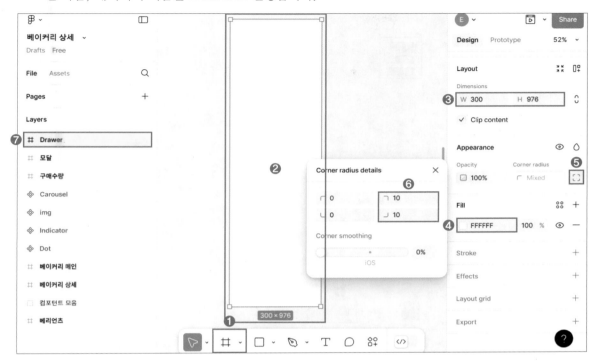

**02** [Stroke]에서 + (Add stroke)을 클릭한 다음, 색상은 'E9E9E9'로 적용합니다. [Effects]의 + (Add effect)를 클릭하여 'Drop shadow'를 적용합니다.

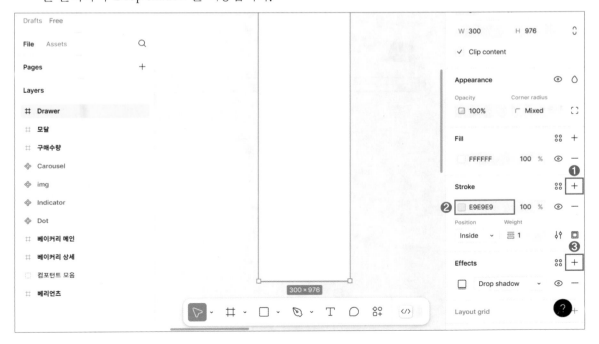

**03** ⬜ (Shape tools)로 사각형(X:16, Y:40, W:36, H:24)을 제작합니다. [Constraints]의 Horizontal constraints는 'Left'로 지정하고, 'logo.png'를 삽입한 다음, 레이어의 이름을 '로고'로 변경합니다.

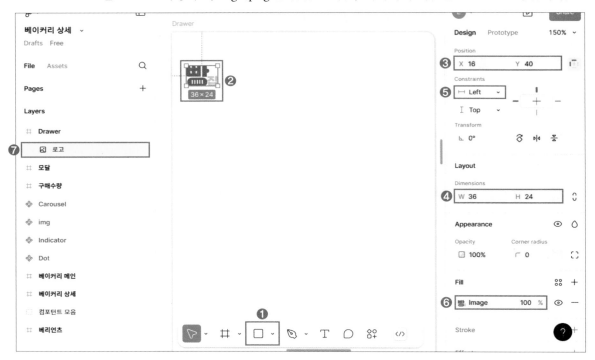

**04** ✏ (Line) 도구로 선(X:16, Y:90, W:264)를 제작한 다음, [Stroke]의 색상은 'E9E9E9'로 지정합니다. [Constraints]의 Horizontal constraints는 'Left + Right'로 설정합니다.

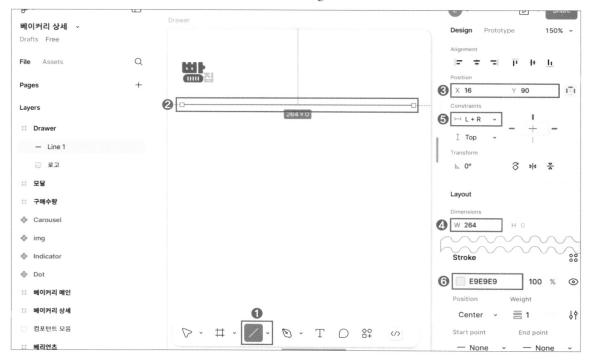

**05** '신제품'을 입력하고, [Typography]에서 스타일은 'Medium', 텍스트 크기는 '14'로 지정하고, [Fill] 에서 Color는 '828282'로 적용한 다음, 'Align left'와 'Align middle'로 정렬합니다.

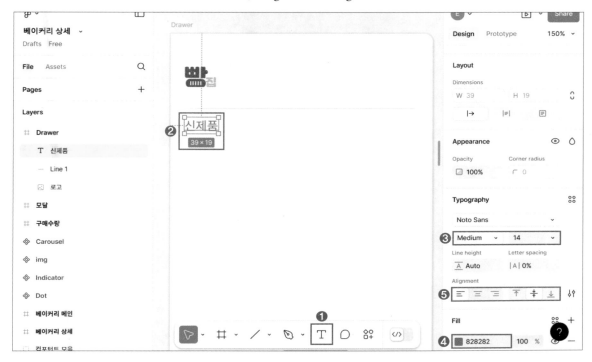

**06** [Position]에서 X는 '16', Y는 '100'으로 배치합니다. [Constraints]의 Horizontal constraints는 'Left' 로 설정합니다.

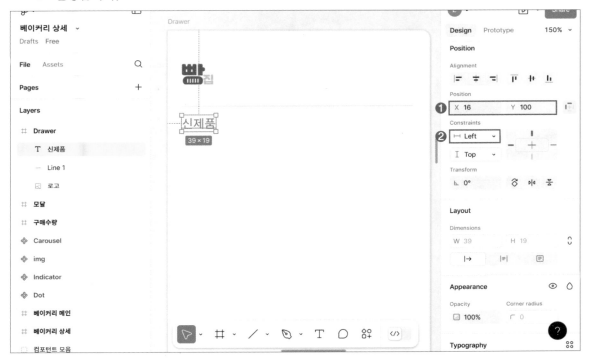

**07** '신제품', 'Line1'를 선택하고, Ctrl + G 를 눌러 레이어 두 개를 그룹화한 다음, 레이어의 이름을 '라인과 메뉴'로 변경합니다.

**08** '라인과 메뉴' 레이어를 선택하고, Shift + Alt + 드래그하여 복사합니다.

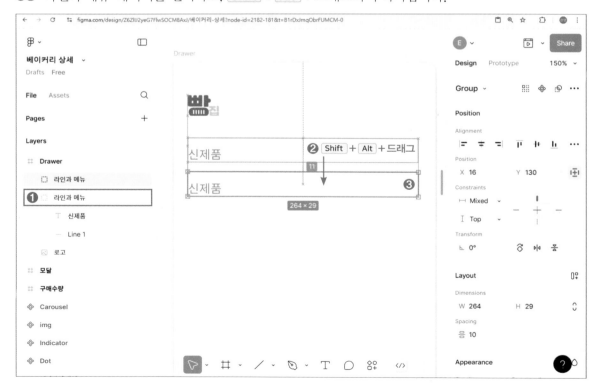

**09** 복사한 '라인과 메뉴' 레이어가 선택된 상태에서, Ctrl + D 를 5번 눌러 아래로 복사합니다.

**10** 복사한 메뉴의 텍스트를 '인기제품', '오늘의 빵', '음료', '디저트', '빵집소개', '고객센터'로 변경합니다.

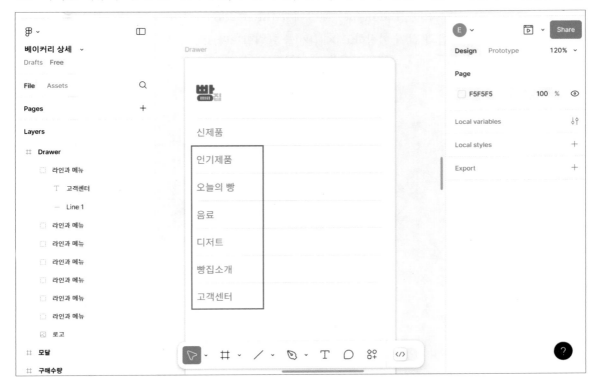

**11** ⚏ (Actions) 도구로 Iconify Plugin에 접속하여 'Close'를 검색합니다. 임의의 아이콘을 선택하고 X는 '264', Y는 '44', [Constraints]의 Horizontal constraints는 'Right'로 설정하고, [Selection colors]는 'A55104'로 지정합니다. 레이어의 이름을 '닫기'로 변경합니다.

**12** ⬥ (닫기) 버튼을 선택하고, [Prototype] 패널에서 [Interactions]의 ＋ (Add) 버튼을 클릭합니다. [Interaction]에서 다음과 같이 설정하고 ☒ (닫기)를 클릭합니다.

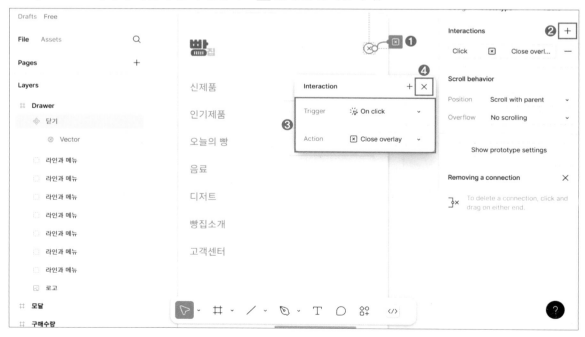

**13** [Layers] 패널에서 [베이커리 메인]−[헤더]− ◇ (fe:bar)의 레이어를 선택하고, [Prototype] 패널에서 [Interactions]의 + (Add) 버튼을 클릭합니다.

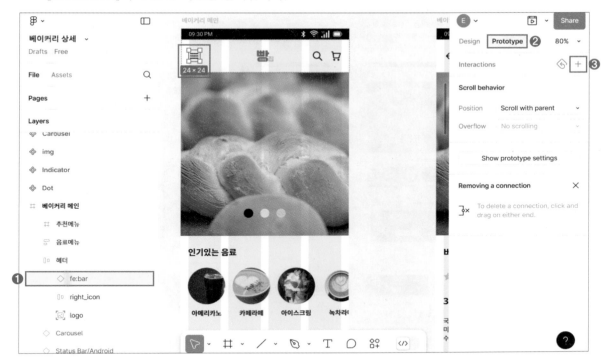

**14** [Interaction] 창이 나타나면 Trigger는 'On click', Action은 'Open overlay', Overlay는 'Drawer', Position은 'Manual', Animation은 'Move in', Direction은 'Right', Curve는 'Ease in and out', Duration은 '300'으로 설정합니다. 삽입된 'Drawer'의 위치를 왼쪽에 맞추어 배치합니다.

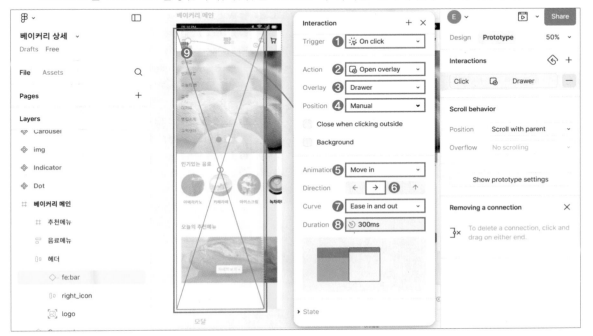

**15** [베이커리 메인]-[헤더]- ◇ (fe:bar) 를 클릭하면, [Drawer] Frame으로 이동되고, '닫기' 버튼을 클릭하면 [Drawer] Frame 창이 닫히는 Interaction이 설정된 것을 확인할 수 있습니다.

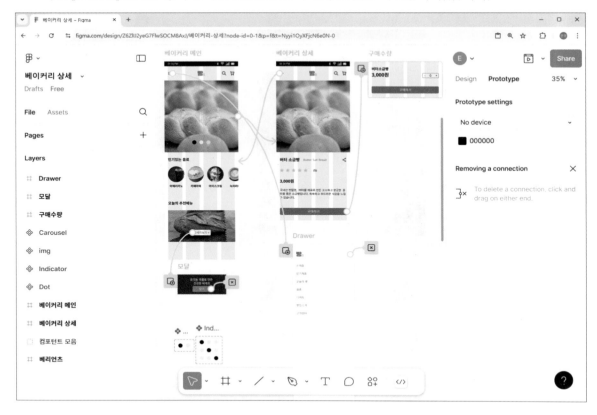

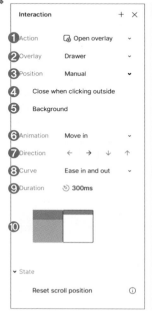 

**TIP** Frame을 선택하면 Design 패널에 Frame 속성이 나타납니다.

❶ Action : Interaction의 종류 선택

❷ Overlay : Interaction 연결할 Frame 선택

❸ Position : 선택한 Frame 위치 지정

❹ Close when clicking outside : x를 누르지 않아도, 여백을 클릭해도 슬라이드로 나온 콘텐츠가 사라짐

❺ Background : Drawer 배경에 불투명도 설정 (슬라이드 된 배경 컬러 및 불투명도 설정)

❻ Animation : 애니메이션 움직임 설정

❼ Direction : 애니메이션 효과 방향(왼쪽/오른쪽/아래쪽/위쪽)

❽ Curve : 애니메이션 효과

❾ Duration : 애니메이션 효과 시간

❿ 미리 보기

# 06 탭바 제작 및 스타일링

베이커리 앱의 화면 하단에 있는 탭바 아이콘 버튼을 탭 했을 때 다른 화면으로 이동하고, 아이콘의 색상도 함께 바뀌는 Interaction 설정 방법에 대해서 알아봅니다. 상태바, 헤더, 탭바를 Fixed 설정하는 방법에 대해서도 알아봅니다.

## 1. 탭바 제작하기

**01** '베이커리 메인' Frame 레이어 안에 ▦(Frame) 도구로 'X:0, Y:928' 위치에 'W:360, H:72' 크기로 제작한 다음, [Fill]에서 Color는 'FFFFFF'로 적용합니다. [Constraints]의 Horizontal constraints는 'Left + Right', Vertical constraints는 'Bottom'으로 설정하고 레이어의 이름을 '탭바'로 변경합니다.

**02** [탭바] Frame 레이어를 선택한 다음, [Effects]의 Drop shadow에서 X는 '0', Y는 '−1' Blur는 '3'으로 적용합니다.

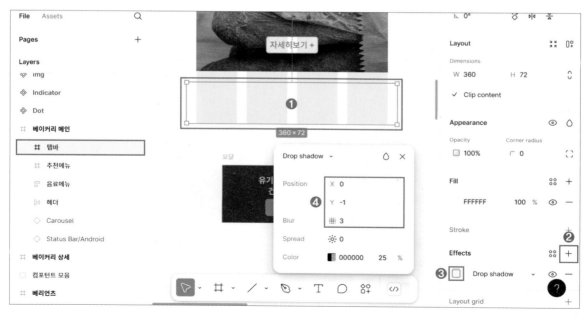

**03** '탭바' Frame에 필요한 아이콘을 삽입하기 위해 ⬚ (Actions)을 클릭하여, [Plugins & widgets]에서 'Iconify' Plugin에 접속합니다.

**04** 검색창에 'home'으로 검색하여 나온 아이콘을 임의로 선택한 다음, [Import as frame]으로 삽입합니다.

**05** 같은 방법으로 Iconify Plugin에 'location', 'coupon', 'person', 'other'를 각각 검색하여 나온 아이콘을 임으로 선택한 다음, [Import as frame]으로 삽입합니다.

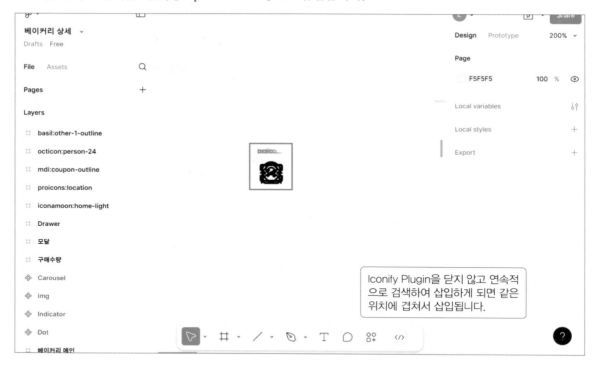

> Iconify Plugin을 닫지 않고 연속적으로 검색하여 삽입하게 되면 같은 위치에 겹쳐서 삽입됩니다.

**06** 같은 위치에 겹쳐서 나온 아이콘을 [Layers] 패널에서 하나씩 선택하여 다음과 같이 배치합니다. 아이콘의 이름을 'home', 'location', 'coupon', 'person', 'other'로 변경합니다.

> 삽입한 아이콘의 크기는 W:24, H:24입니다. 만약 크기가 다른 이미지를 삽입하였다면 크기를 변경하면 됩니다.

**07** 'home', 'location', 'coupon', 'person', 'other'을 모두 선택한 다음 Alt + 드래그하여 아래로 복사합
니다. [Design] 패널의 [Selection colors]는 'A55104'로 변경합니다.

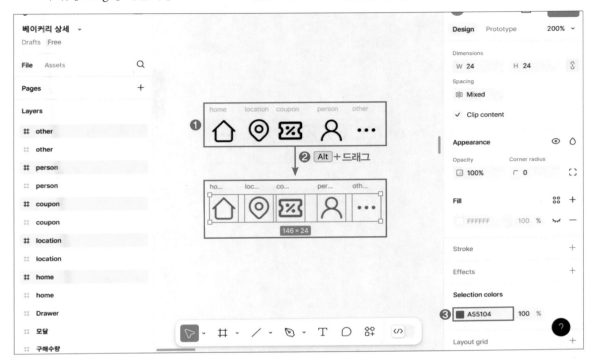

**08** 복사한 5개의 아이콘이 선택되어 있는 상태에서 [Design] 패널의 [Frame]에서 ⊕(Create Multiple
components)를 선택합니다.

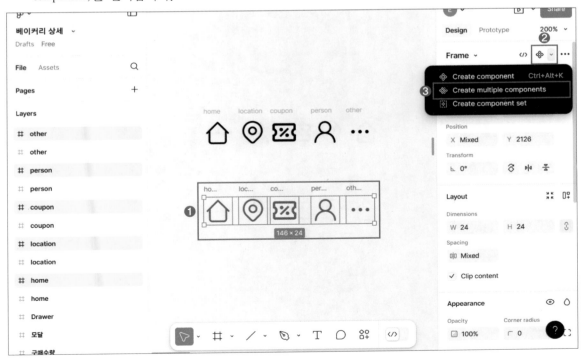

**09** 같은 방법으로 위쪽 아이콘 5개를 선택한 다음, [Design] 패널의 [Frame]에서 ✥ (Create components)−
[Create Multiple components]를 선택합니다.

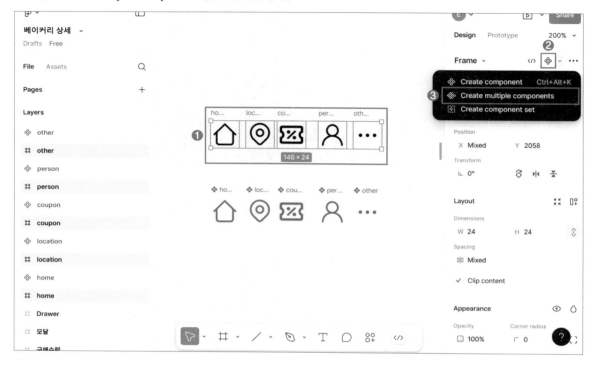

**10** component로 설정된 10개 아이콘을 모두 선택한 다음, Ctrl + G 를 눌러 그룹화하고 레이어의
이름을 '탭바 베리언츠 아이콘'으로 변경합니다.

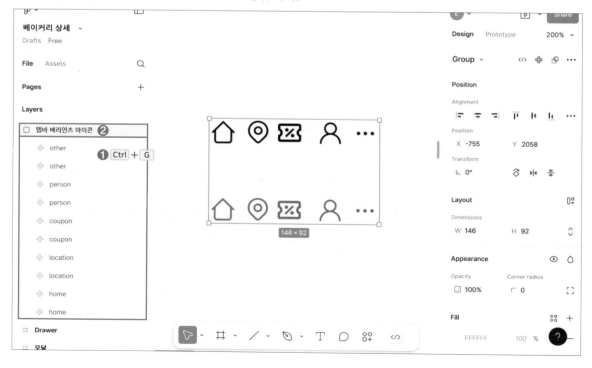

**11** '탭바 베리언츠 아이콘' 레이어가 선택되어 있는 상태에서 아래로 Alt +드래그하여 복사합니다.
레이어의 이름은 '탭바 베리언츠 아이콘의 활용'으로 변경합니다.

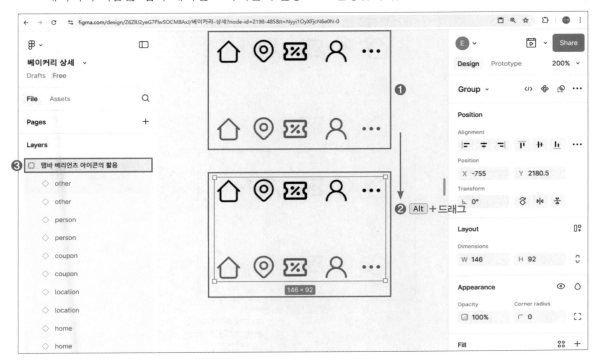

**12** [Layers] 패널에서 [탭바 베리언츠 아이콘의 활용] 레이어를 모두 선택합니다. [Design] 패널의
[Mixed]에서 ▦[Create component set]를 선택합니다.

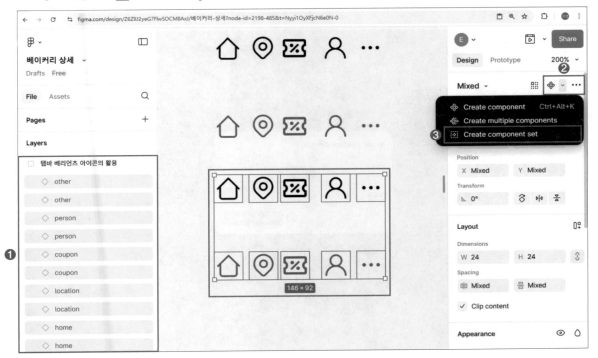

**13** ✥ (component) 레이어의 이름을 '탭바 아이콘'으로 변경합니다. [Design] 패널의 [Properties]에서 ＋ (Add) 버튼을 클릭한 다음, [Variant]를 선택합니다.

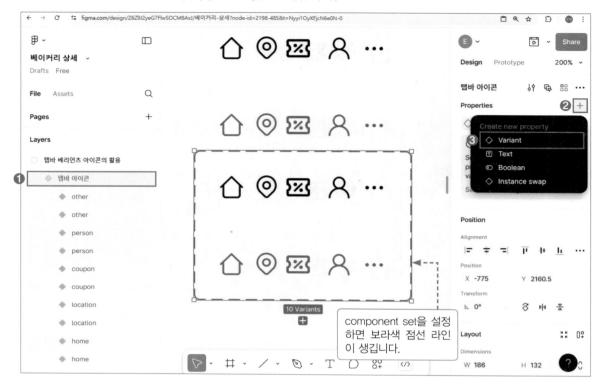

**14** [Create component property]에서 Name은 '아이콘', Value는 'on'을 입력하고 [Create Property] 버튼을 클릭합니다.

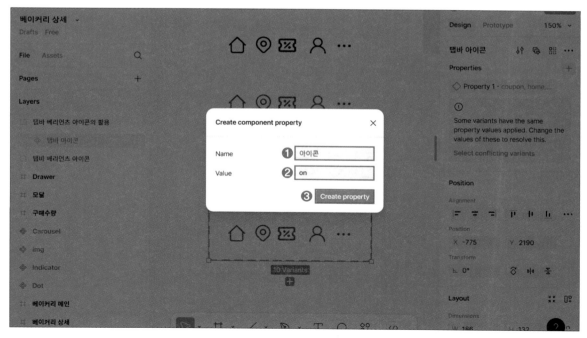

**15** [Layers] 패널에서 ❖ (탭바 아이콘)의 모든 레이어 뒤에 'on'이 추가되었습니다.

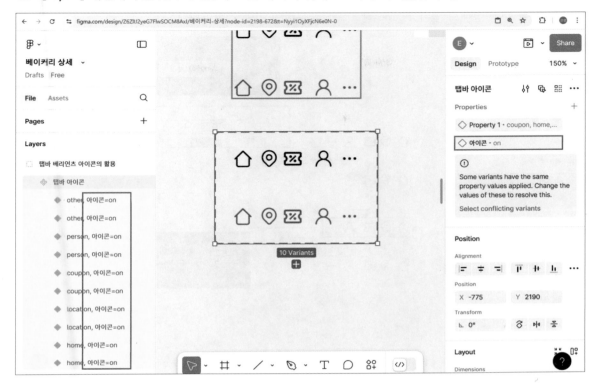

**16** 위쪽 아이콘 5개를 선택한 다음, [Design] 패널의 아이콘에 'off'로 입력합니다.

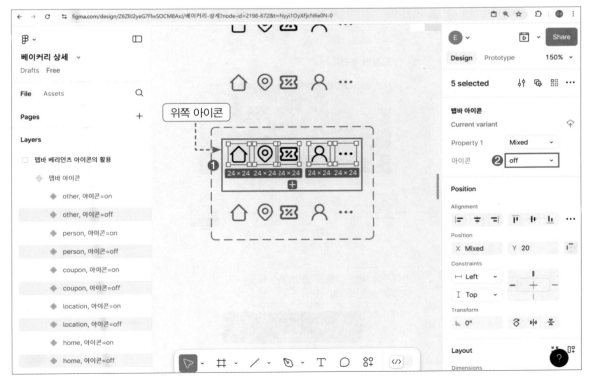

**17** [탭바 베리언츠 아이콘의 활용]-[탭바 아이콘] 레이어 아래 '아이콘=off' 5개를 선택한 다음, Alt 를 누른 상태로 탭바' Frame 안으로 드래그하여 이동 복사합니다.

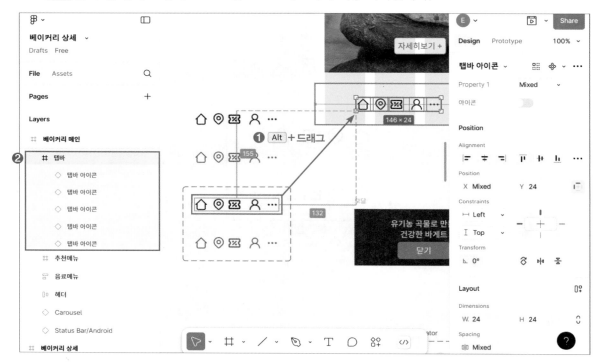

**18** '탭바' Frame에 있는 아이콘의 간격을 일정하게 설정하기 위해 첫 번째(home) 아이콘(X:16)과, 다섯 번째(other) 아이콘을 (X:320)에 배치합니다. [Position]에서 Y는 '24'로 설정합니다.

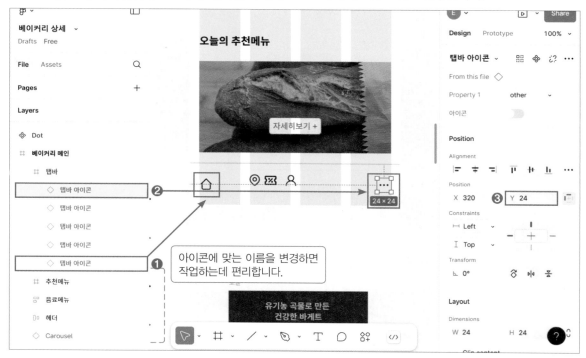

**19** [베이커리 메인]–[탭바] 레이어 아래 [탭바 아이콘] 레이어를 모두 선택합니다. [Design] 패널의 [Position]에서 ╫ (Align vertical centers)를 선택하고, ⋯ (More option)– ▥ (Distribute horizontal spacing)을 클릭하여 정렬합니다.

**20** '탭바 아이콘'이 정렬된 것을 확인한 다음, [Design] 패널의 [Constraints]에서 Horizontal constraints는 'Center'로 설정합니다.

**21** '탭바' Frame에 있는 첫 번째 ⌂ (Home) 아이콘을 선택하고, [Design] 패널에서 Variant의 아이콘을 클릭하여 [on]으로 변경합니다.

## 2. 탭바 메뉴와 앱 화면을 이동하는 Interaction 적용하기

**01** 본 교재에서 기존에 제작한 파일을 열기 위해 [Drafts]를 클릭합니다.

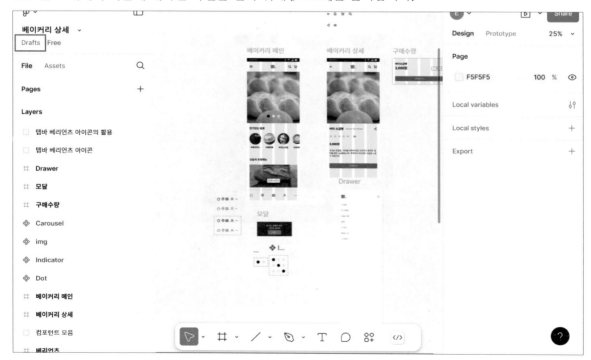

**02** 새 탭에 Drafts 화면이 나타나면 [+ Create new]를 클릭하여 [Import]를 선택합니다.

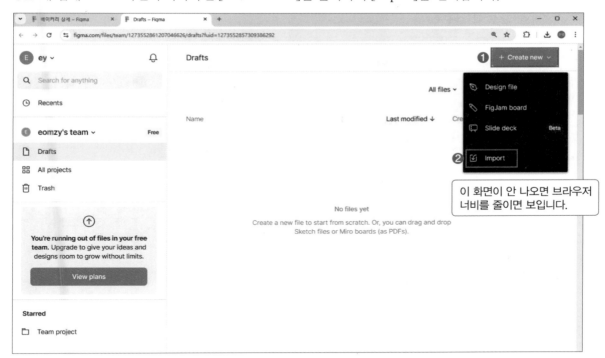

**03** 독자에게 제공한 예제파일인 '내정보, 쿠폰, 위치.fig'를 선택하여 Import 되면 더블클릭하여 파일을 엽니다.

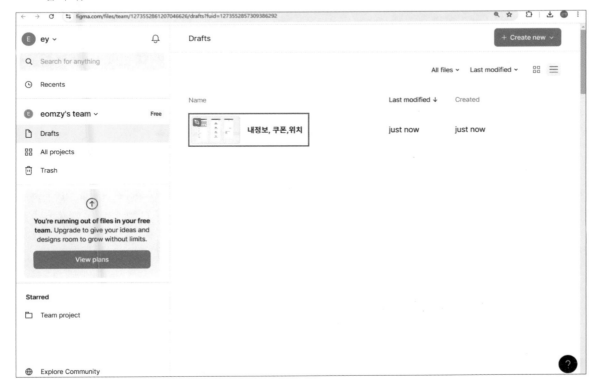

**04** '내정보,쿠폰,위치.fig' 파일이 열리면 전체를 선택한 다음, Ctrl + C 를 눌러 복사하고 '베이커리 상세' 탭을 클릭합니다.

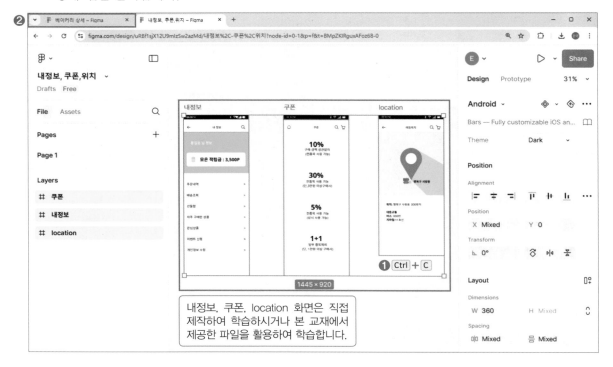

내정보, 쿠폰, location 화면은 직접 제작하여 학습하시거나 본 교재에서 제공한 파일을 활용하여 학습합니다.

**05** '베이커리 상세' 화면에서 Ctrl + V 를 눌러 복사한 파일을 붙여넣은 다음, 빈 여백에 이동합니다.

☐를 클릭하면 화면에 Minimize UI 또는 Expand UI가 적용되어 좁게 넓게 볼 수 있습니다.

**06** '베이커리 메인' Frame 레이어에 배치한 '탭바'를 선택하고, [Alt] + 드래그하여 '베이커리 상세', 'Location', '쿠폰', '내정보' Frame에 이동 복사하여 모두 배치합니다.

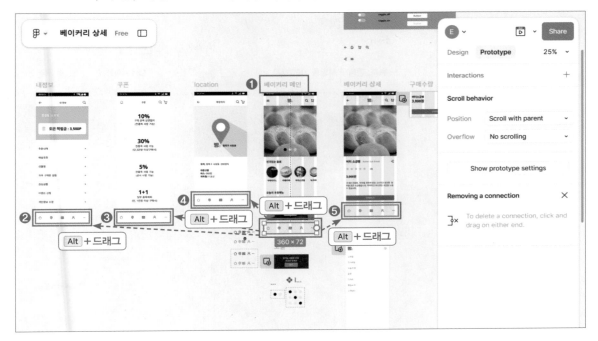

**07** '베이커리 메인' Frame 레이어에 배치한 '탭바'의 두 번째 ◉ (location) 아이콘을 선택하고, [Prototype] 패널의 + (Interactions)을 클릭합니다. [Interaction] 창의 Trigger는 'On click', Action은 'Navigation to', Destination은 'location', Animation은 'instant'로 설정합니다.

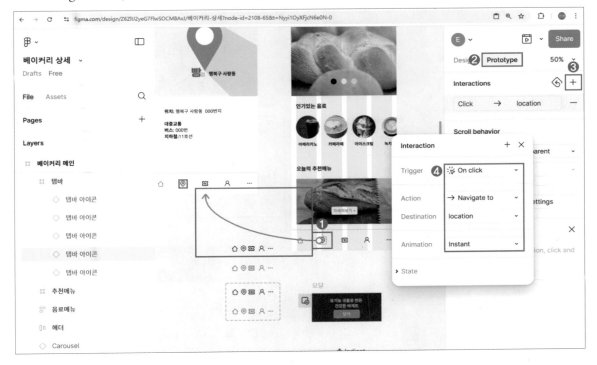

**08** 'location' Frame에 배치한 탭바의 첫 번째 ⌂(Home)을 아이콘 선택한 다음, [Design] 패널의 [탭바 아이콘]에서 아이콘의 'Toggle'을 클릭하여 비활성화합니다.

**09** [Prototype] 패널의 ＋(Interactions)을 클릭합니다. [Interaction] 창의 Trigger는 'Onclick', Action은 'Navigation to', Destination은 '베이커리 메인', Animation은 'instant'로 설정합니다.

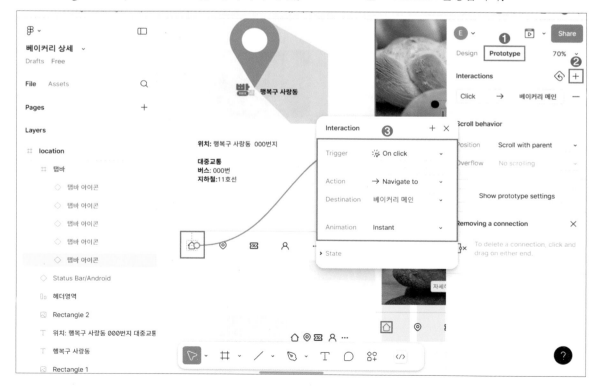

**10** 'location' Frame에 배치한 탭바의 두 번째 아이콘 ⊙ (location)을 선택한 다음, [Design] 패널의 [탭바 아이콘]에서 아이콘의 'Toggle'을 클릭하여 활성화합니다.

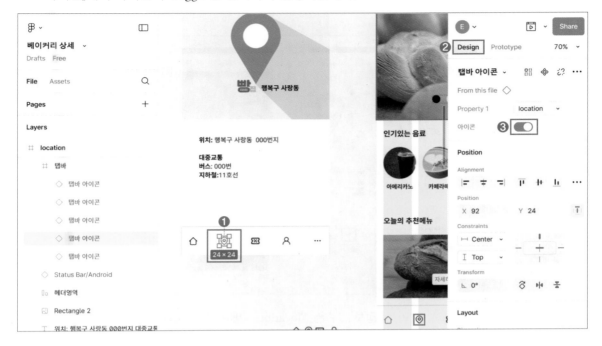

**11** 'location' Frame에 배치한 탭바의 네 번째 아이콘 ⋏ (내정보)를 [Prototype] 패널의 ＋ (Interactions) 클릭하여 [Interaction] 창의 Trigger는 'On click', Action은 'Navigation to', Destination은 '내정보', Animation은 'instant'로 설정합니다.

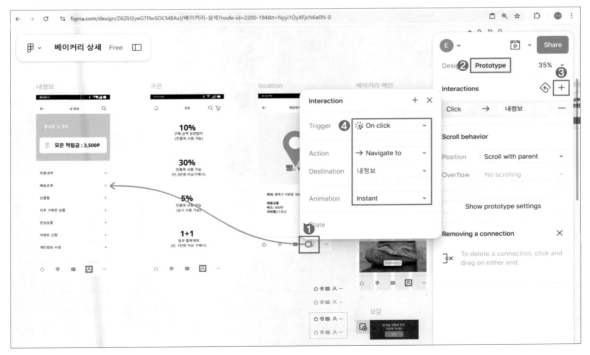

**12** '내정보', '쿠폰', 'location', '베이커리 메인' Frame 화면에서 각 화면에 표시한 탭바 아이콘을
Toggle on으로 설정합니다. 표시하지 않은 나머지 탭바 아이콘은  Toggle off로 아래의 그림과
같이 설정합니다.

**13** 탭바를 활용하여 다음과 같이 '내정보', '쿠폰', 'location', '베이커리 메인' Frame 레이어의 앱 화면
간의 Interaction을 설정합니다. 먼저 '내정보' 앱 화면에서 탭바의 Interaction 설정 경로를 다음과
같이 설정합니다.

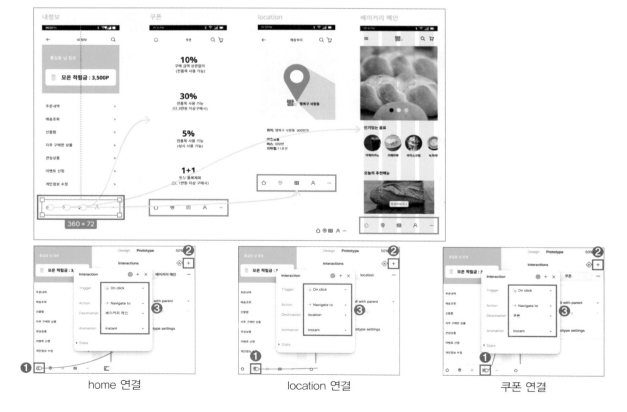

home 연결          location 연결          쿠폰 연결

**14** '쿠폰' 앱 화면에서 탭바의 Interaction 설정 경로를 다음과 같이 설정합니다.

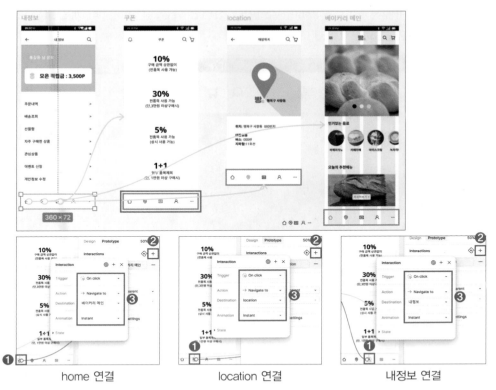

home 연결                    location 연결                    내정보 연결

**15** '베이커리 메인' 앱 화면에서 탭바의 Interaction 설정 경로를 다음과 같이 설정합니다.

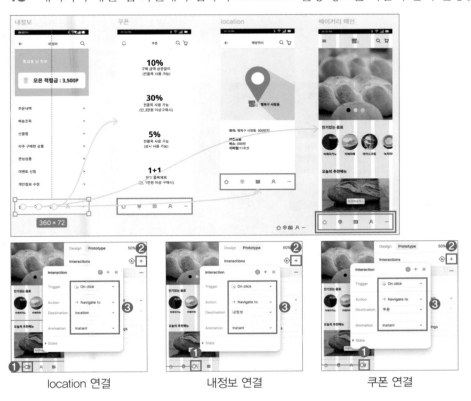

location 연결                    내정보 연결                    쿠폰 연결

## 3. 헤더와 탭바 고정시키기

**01** '베이커리 메인' Frame 레이어에서 헤더와 상태바 레이어를 선택한 다음, [Prototype] 패널을 클릭합니다. [Scroll behavior]의 Position을 'Fixed'로 설정합니다.

**02** '베이커리 메인' Frame의 탭바 Frame를 선택한 다음, [Prototype] 패널을 클릭합니다. [Scroll behavior]의 Position을 'Fixed'로 설정합니다.

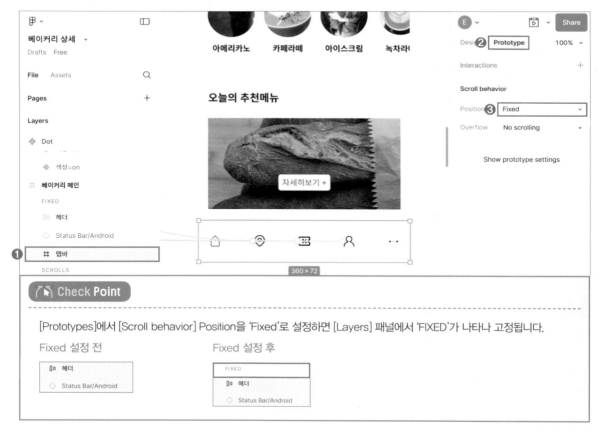

TIP 헤더영역, 상태바, 탭바 Fixed 전, 후 비교

▲ 탭바 고정 Non-Fixed    ▲ 헤더영역 고정 Non-Fixed    ▲ 헤더영역, 상태바, 탭바 Fixed

**03** 같은 방법으로 '내정보', '쿠폰', 'location', '베이커리 메인' Frame [Prototype] 패널에서 Fixed로 설정 합니다(반드시 Fixed 시킬 필요는 없으며, 필요할 때 판단에 따라서 설정하면 됩니다).

### 내정보 화면의 헤더 Fixed 방법

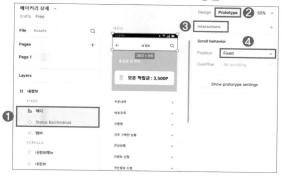

### 내정보 화면의 탭바 Fixed 방법

### location 화면의 헤더 Fixed 방법

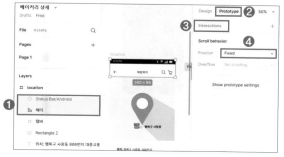

### location 화면의 탭바 Fixed 방법

### 쿠폰 화면의 헤더 Fixed 방법

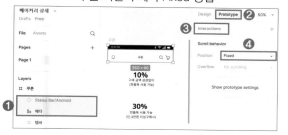

### 내정보 화면의 탭바 Fixed 방법

❶ 이미지로 내보낼 Frame을 선택한 다음, [Design] 패널의 [Export]에서 + (Add export settings)을 클릭합니다.

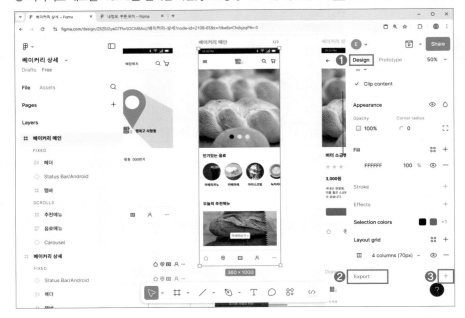

❷ [Design] 패널의 [Export]에서 원하는 크기와 이미지 파일의 종류를 선택하고, Export [메인메이커리] 버튼을 클릭합니다 (Export 된 이미지 파일은 다운로드 폴더에 있습니다).

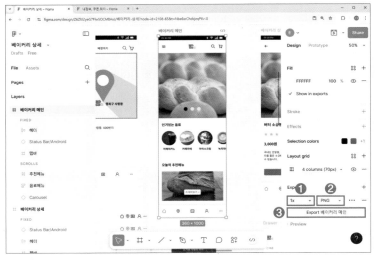

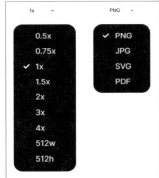

# 피그마로 협업 및
# 개발 모드 살펴보기

피그마로 디자인 작업을 할 때에는 아이콘이나, 카드UI 등을 component로 등록하여 사용합니다. 이때 등록한 component는 현재 작업하고 있는 영역에서만 사용이 가능합니다. 다른 작업영역에서 사용하고 싶을 때에는 라이브러리로 등록하면 component를 불러와 사용할 수 있습니다.

# 01 라이브러리 등록하기

**01** 아이콘, indicator 등을 component로 등록하면, [Assets] 패널의 Local components에 등록되어 있으며, 현재 작업화면에서만 사용할 수 있습니다.

**02** 작업한 아이콘, UI Kid 등을 공유하려면 Assets 패널 [Libraries]를 선택한 다음, [Publish this file]을 클릭하여 절차대로 사용하면 됩니다(단, Libraries를 사용하려면 유료 결제를 한 후 사용이 가능합니다).

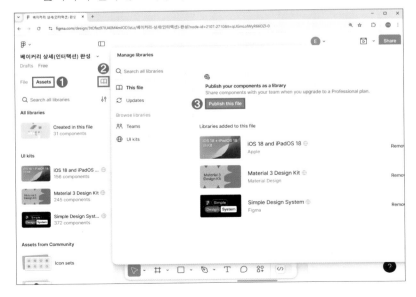

# 02 개발 모드 살펴보기

## 1. Div Mode (유료)

**01** 도구바에서 개발 모드로 보기 위해 ⟨⟩ (Dev Mode)를 클릭합니다.

**02** 개발 모드 화면으로 전환되었지만, 필요 시 유료 결제 후 사용이 가능합니다.

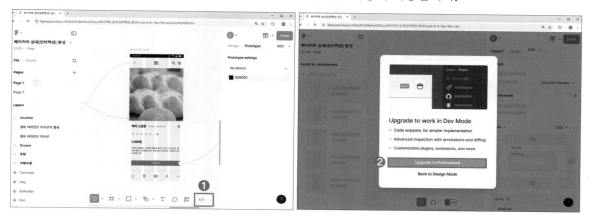

## 2. 플러그인

**01** ⊞ (Actions)를 선택한 다음, [Plugins & widgets] 탭을 클릭하여 ▤ (HtmlGenerator)를 검색하고 다운로드 받은 후 플러그인을 설치합니다.

완벽하게 추출되지는 않기 때문에 Html, CSS 코드는 별도로 충분히 학습한 후 사용해야 합니다.

# 03 공유하여 함께 살펴보기

**01** 작업한 결과물을 공유하려면 웹 브라우저 오른쪽 상단에 [Share]를 클릭합니다.

**02** Copy link를 클릭합니다.

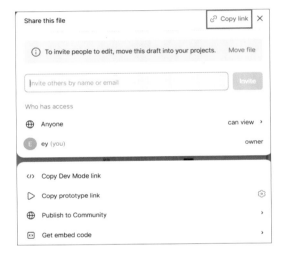

**03** 새창의 주소입력창에 Copy link하여 복사한 주소를 붙여넣으면 공유한 사람의 이름이 웹 브라우저 오른쪽 상단에 보입니다.

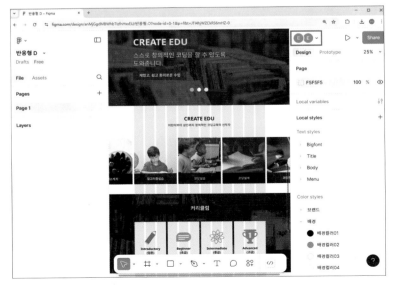

# 04 피그마 버전 history 살펴보기

피그마로 디자인 작업을 할 때, 이전으로 돌아가서 확인해야 할 상황이 생깁니다. 이때 피그마를 버전별로 저장해 두면 원하는 history 버전으로 돌아가 작업을 할 수 있습니다. 피그마의 버전 history에 대해 살펴봅니다.

**01** 작업하는 과정을 버전별로 저장하기 위해서 ⊞ (Main menu)−[File]−[Save to version history]를 클릭합니다.

**02** [Add to version history] 창이 나타나면 버전 관련 내용을 입력하고 [Save]를 클릭합니다.

**03** ⊞ (Main menu)−[File]−[show version history]를 클릭합니다(단, 30일만 저장이 가능합니다).

**04** 오른쪽 패널에서 version history를 확인합니다. 돌아가고자 하는 버전을 클릭하면 그 화면이 나타납니다.

## [단축키]

### ❶ File

| 기능 | 윈도우(Window) | 맥(Mac) |
|---|---|---|
| Place Image | Ctrl + Shift + K | Command + Shift + E |
| Save to Version History | Ctrl + Alt + S | Command + Alt + S |
| Export | Ctrl + Shift + E | Command + Shift + E |

### ❷ Edit

| 기능 | 윈도우(Window) | 맥(Mac) |
|---|---|---|
| Copy, Paste, Cut | Ctrl + C, Ctrl + V, Ctrl + X | Command + C, Command + V, Command + X |
| Duplicate | Ctrl + D | Command + D |
| Find | Ctrl + F | Command + F |

### ❸ View

| 기능 | 윈도우(Window) | 맥(Mac) |
|---|---|---|
| Pixel Grid | Shfit + ' | Shfit + ' |
| Layout Grid | Shfit + G | Command + D |
| Ruler | Shfit + R | Command + F |
| Show UI / Hide UI | Ctrl + ₩ | Command + ₩ |
| Show Left side bar | Ctrl + Shfit + ₩ | Command + Shfit + ₩ |
| Zoom in / Zoom out | Ctrl + (+) / Ctrl + (-) | Command + (+) / Command + (-) |

### ❹ Object

| 기능 | 윈도우(Window) | 맥(Mac) |
|---|---|---|
| Frame selection | Ctrl + Alt + G | Command + Option+G |
| Group selection | Ctrl + G | Command + G |
| Ungroup selection | Ctrl + ← | Command + ← |
| Ruler | Shfit + R | Command + F |
| Show UI / Hide UI | Ctrl + ₩ | Command + ₩ |
| Show Left side bar | Ctrl + Shfit + ₩ | Command + Shfit + ₩ |
| Add auto layout | Shfit + A | Shfit + A |
| Create component | Ctrl + Alt + K | Command + Option + K |

❺ Text

| 기능 | 윈도우(Window) | 맥(Mac) |
|---|---|---|
| Bold | Ctrl + B | Command + B |
| Italic | Ctrl + I | Command + I |
| Underline | Ctrl + U | Command + U |
| Strikethrough | Ctrl + Shfit + X | Command + Shfit + X |
| Bulleted list | Ctrl + Shfit + 8 | Command + Shfit + 8 |
| Numbered list | Ctrl + Shfit + 7 | Command + Shfit + 7 |

❻ Tool

| 기능 | 윈도우(Window) | 맥(Mac) |
|---|---|---|
| Resources | Shift + I | Shift+I |
| Rectangle / Ellipse / Line | R / O / L | R / O / L |
| Text | T | T |

**[플러그인( Shift + I )]**

⬚ (Actions) 도구를 선택한 다음, [Plugins & widgets] 탭을 클릭합니다. 검색 입력창에 찾고자 하는 Plugin을 입력하고 검색합니다.

| 아이콘 | 이름 | 내용 |
|---|---|---|
| ☺ | Iconify | 필요한 아이콘을 검색하여 피그마 작업 창에 사용합니다. |
| 📷 | Unsplash | 필요한 이미지를 검색하여 피그마 작업 창에 사용합니다. |
| 📄 | Figma to html | 피그마에서 작업한 디자인 파일을 html로 변환하여 다운로드 받아 html 프로그램에서 수정할 수 있습니다. |
| 📑 | HtmlGenerator | 피그마에서 작업한 디자인 파일을 html로 변환하여 다운로드 받아 html 프로그램에서 수정할 수 있습니다. |